辅导员工作实务系列丛书

主题班会
策划方案精选

ZHUTI BANHUI
CEHUA FANGAN JINGXUAN

台启权◎主编

安徽师范大学出版社
·芜湖·

责任编辑:孔令清
装帧设计:丁奕奕

图书在版编目(CIP)数据

主题班会策划方案精选 / 台启权主编 .—芜湖:安徽师范大学出版社,2017.12(2018.5 重印)
(辅导员工作实务系列丛书)
ISBN 978-7-5676-2634-8

Ⅰ.①主… Ⅱ.①台… Ⅲ.①班会—小学—教学参考资料 Ⅳ.①G625.5

中国版本图书馆CIP数据核字(2016)第219007号

主题班会策划方案精选

台启权 主编

出版发行:安徽师范大学出版社
芜湖市九华南路189号安徽师范大学花津校区 邮政编码:241002
网 址:http://www.ahnupress.com/
发 行 部:0553-3883578 5910327 5910310(传真) E-mail:asdcbsfxb@126.com
印 刷:虎彩印艺股份有限公司
版 次:2018年1月第1版
印 次:2018年5月第2次印刷
规 格:700 mm×1000 mm 1/16
印 张:23
字 数:440千字
书 号:ISBN 978-7-5676-2634-8
定 价:61.50元

总　序

习近平总书记指出，“高校思想政治工作，从根本上说是做人的工作，我们必须围绕学生、关照学生、服务学生，要不断提高学生思想水平、政治觉悟、道德品质、文化素养，让学生成为德才兼备、全面发展的人才。”辅导员作为开展大学生思想政治教育的骨干力量，成为学生的知心朋友和人生导师，必须按照这一要求，努力掌握大学生思想政治工作的规律和能力，成为高校思想政治工作的行家里手。

在学生工作实践中摸索积累经验和学习借鉴成功经验，是辅导员提升工作能力的重要途径。对于年轻的辅导员而言，欲具备“因事而化、因时而进、因势而新”的能力，首先在于借鉴成功经验。习近平总书记说，“不论是新问题还是老问题，不论是长期存在的老问题还是改变了表现形式的老问题，要认识好、解决好，唯一的途径就是增强我们自己的本领。增强本领就要加强学习，既把学到的知识运用于实践，又在实践中增长解决问题的能力。”当前，高校学生工作面临越来越多的“变量”和“挑战”，辅导员唯有准确把握大学生思想政治教育工作的规律和大学生成人成才规律，在工作实践中学习思考、借鉴比较、探索创新，才能把学生工作做精、做细、做实，才能让思想政治教育“从天上回到人间、从空中回到地上、从文本进入学生心中”。

实践是认识的来源，也是认识的目的。学生工作的生命力在于实践，从实践中得来的认识才更有价值。为“把辛苦转化为成果，把经验上升到科学”，近年来，我们组织一批长期在学生工作战线的同志总结梳理安徽师范大学学生工作成果，编撰出版“辅导员工作实务系列丛书”。本丛书立足于提高辅导员实务工作能力，涉及“学生工作案例”“主题班会策划方案”“辅导员工作精品项目方案”“辅导员工作百问”“辅导员工作实务手册”等内容，贯穿学生在校四年，覆盖工作各个方面。“凡情之至者，其文未有不至者”，书中每一段文字，都凝结着我校一线学生工作者躬身实践的汗水和智慧，凝结着他们对青年学子的关爱和感情，凝结着他们对学生工作的热爱和追求。我们期望以丛书出版为契机，与学工同仁共同探讨新形势下的学生工作，思考新特点、解决新问题、探索新方法，不断提高学生工作的科学化水平。

丛书得以付梓，感谢学校领导的大力支持和全体参与者的倾心付出，同时对于长期以来关心、支持安徽师范大学学生工作发展的学界同仁，致以崇高的敬意！由于编者水平所限，书中难免存在诸多不足之处，恳请提出宝贵建议和意见。

李琳琦

二〇一七年十月

前　言

“加强班级集体建设，组织开展丰富多彩的主题班会等活动，发挥团结学生、组织学生、教育学生的职能”是辅导员工作的基本任务之一。主题班会是高校开展思想政治教育的一项经常性工作，也是解决班级普遍性问题的有效教育方式。开展丰富多彩的主题班会、开好主题班会是辅导员将大学生思想政治教育做精、做细、做实的具体要求。

现实不断提醒着我们，简单灌输与生硬说教的主题班会再也不能成为大学生思想政治教育的方式与手段，形式看似丰富但内容空洞的“表演型”主题班会同样也无法达到触及大学生的心灵深处、引发共鸣的效果。一堂成功的主题班会对学生的成长意义重大。为了帮助一线辅导员开好主题班会，让主题班会成为学生坚定信念、明德修身、合作学习且乐于参加的教育载体，我们着力加强主题班会建设。学校将主题班会项目建设工程列入学生工作的整体规划，按照“主题化、项目化、方案化、全程化”的总体要求，系统设计、分类指导、分步推进，旨在建立一个能够贴近大学生实际、符合学生身心特点和知识水平的主题班会项目体系，并且取得了丰硕的成果。据此成果，特辑成本书。

本书根据学生工作实际，分年级、分专业设计，共遴选了诚信教育、民族团结教育、理想信念教育、党团意识教育、安全教育、文明教育、感恩教育、资助育人教育、心理健康教育等40个主题。主题班会内容贯穿大学四年，一年级注重适应性教育和生涯规划，二年级注重专业教育与技能训练，三年级注重创新创业和职业教育，四年级注重创业指导和毕业教育。在主题班会策划书的基础上，我们完成了配套的主题班会课件和视频制作。按照共建共享原则，我们将主题班会的成果作为学工队伍学习、培训、交流的材料，以期帮助辅导员提高业务本领，不断提升大学生思想政治教育质量。

感谢担任丛书顾问的顾家山同志、张庆亮同志和丛书编委会主任的李琳琦同志对本书编写提出的指导意见。台启权、汪贻洋、余妍霞、张园园、杨一飞、汪婕、左方敏、孙良林、龚伟、吴青山、宫超、徐雅萍等同志参与了全书的统稿、修订及审校工作，在此向他们以及执笔人员付出的辛勤劳动一并表示感谢。由于时间仓促、水平有限，本书在理念结构和内容上难免存在不足，我们将在今后的实践工作中继续探索、完善，恳请各位同仁批评指正！

目　录

CONTENS

孝亲·感恩·责任 ……………………………………………………1

奋斗，为最美的青春

——“青春·成长”系列主题班会之一 ……………………………7

共筑民族同心愿

——民族团结主题班会 ……………………………………………12

有一种青春叫宿舍 …………………………………………………20

风雨之后的彩虹

——挫折教育主题班会 ……………………………………………31

规划，为最美的青春

——大学生涯规划主题班会 ………………………………………38

与法相伴，逐梦前行

——法治教育系列主题班会之一 …………………………………47

立信于行，至诚则成

——争做一名诚实守信的大学生 …………………………………59

点燃创业激情，放飞创业梦想

——大学生创业意识激发主题班会 ………………………………67

为优秀班集体添砖加瓦

——班风建设主题班会之集体主义精神培养 ……………………77

向祖国报到，与光荣同行

——国防教育主题班会之国防建设 ………………………………86

树立正确恋爱观，纠正不当恋爱行为 ……94
背壳前行，逆风飞翔
——家庭经济困难学生自立自强教育 ……101
大学生奖助“一条龙”的背后
——资助育人主题班会 ……110
站在人生的第三个十年的起点
——谈大学梦想与毕业发展 ……119
坚定价值取向，让成长从“战拖”开始
——“敬业”教育主题班会 ……129
学分，一切皆有……可能？
——规划“素拓”活动，提升个人能力主题班会 ……138
毕业季，如何坚守文明？
——文明离校教育主题班会 ……149
我的中国心
——大学生爱国教育主题班会 ……156
和谐寝室，快乐成长
——大学生寝室人际关系教育主题班会 ……166
学霸是怎样炼成的
——大学学习主题班会 ……175
亲们，别拿自己的健康不当回事 ……184
团结就是力量
——团队合作教育主题班会 ……193
我们走在实践的道路上
——专业实践教育主题班会 ……204
让梦想照进现实
——中国梦，我们在行动 ……212

做文明学生，建美丽校园
——文明礼仪教育主题班会 ······221
老祖宗的东西为什么不能丢？
——和大学生谈优秀传统文化 ······230
告别“低头族” ······239
“证途”漫漫，能力为先
——大学生考级、考证规划主题班会 ······248
传承勤俭美德，争做节约达人 ······256
青春·信仰·行动
——用信仰的力量驾驭青春的航向 ······267
考研压力不是事儿
——考研与压力相伴 ······280
防骗Style
——别让你的手机成为骗子的工具 ······289
因为有你，向阳花开
——做一名温暖的青年志愿者 ······298
前“功”尽弃，无“率”无忧 ······308
新生活，我为自己代言
——新生入学适应教育主题班会 ······315
涵养高尚品德，你准备好了吗？
——师范生“师德”教育主题班会 ······323
考试作弊“成本”有多高 ······332
守护我们共同的家园
——大学生环保教育主题班会 ······342
考研梦，从这里出发
——就业指导系列主题班会之一 ······349

孝亲·感恩·责任

一、班会主题

孝亲·感恩·责任

二、班会地点

多媒体教室

三、班会时间

母亲节、父亲节等

四、班会对象

大一、大二年级学生

五、主讲人

吴青山、赵静、王坎

六、班会背景及目的

通过观察，我们不难发现学生“情感冷漠”现象比较普遍。在家里，对父母之恩熟视无睹者有之，以怨报德者亦有之；在学校，对老师的教导无动于衷、没有上进心、集体生活中我行我素等现象屡见不鲜；走入社会以后，工作浮而不实、崇尚金钱、无社会担当等现象也屡见报端。希望本次主题班会的教育活动，能让学生学习、继承中华民族优秀文化传统，体会父母、师长、亲人、同学、朋友之间的无私的亲情、友情，懂得“滴水之恩、涌泉相报”的真正内涵，从而培养学生的责任感，使其以实际行动为创建一个美好、和谐的社会而努力。

七、班会准备

（1）布置黑板、教室，寻找与主题相关的背景歌曲、视频、道具等；

（2）制作一份主题为“孝亲·感恩·责任”的PPT；

（3）准备多媒体教室、粉笔4支；班会过程中，要求学生手机置于静音状态；

（4）安排好活动记录员；

（5）整理好班会内容活动资料，为活动报道和总结做好准备。

八、预期效果

（1）懂得感恩，完善心智；

（2）身体力行，知孝行孝；

（3）强化责任，勤奋学习。

九、环节设置与时间分配

【环节一】故事分享，引发思考：爱不爱他（10分钟）

通过两个简单的爱情故事，激发学生参与的积极性。但在选择故事的结局时，学生的答案不同，很难形成共识。而当故事中的主语和宾语更换为父子或母子关系后，学生则可以迅速形成统一答案。师生共同对产生此现象的原因进行探析，并分享自身成长的故事。

【环节二】配乐朗诵，产生共鸣：爱的点滴（10分钟）

通过朗诵配乐诗文《给双亲，一声感恩您》和图文并茂的PPT，立体化激发学生产生情感共鸣。紧接着播放视频《跪羊图》，进一步引发学生思考。

【环节三】共情分享，释疑解惑：大学生如何孝养父母（20分钟）

先通过三个问题的层层递进，引发学生关于孝道的深入思考；再通过现场组织，引导学生现场表达。在学生表达的基础上，辅导员要起到总结和引导的作用，升华班会主题，提升班会质量。

【环节四】力行孝亲，落实行动：一封家书忆恩情（5分钟）

最后一个环节，通过一封家书，引导学生回忆父母关爱自己的温馨画面，从而表达对父母的感恩之情。

十、过程设计

步骤	班会具体流程	备注
【环节一】故事分享，引发思考	1. 导入 利用两道选择题与学生互动沟通，让学生认识到父母之爱的无私伟大。 (1)他很爱她。她明星般的瓜子脸，弯弯的蛾眉，面色白皙，美丽动人。可是有一天，她不幸遇上了车祸，痊愈后，脸上留下几道大大的丑陋疤痕。你觉得，他会一如既往地爱她吗？ A.他一定会　　B.他一定不会　　C.他可能会 (2)她很爱他。他是商界的精英，儒雅沉稳，敢打敢拼。忽然有一天，他破产了。你觉得，她还会像以前一样爱他吗？ A.她一定会　　B.她一定不会　　C.她可能会 根据学生的反应情况进行总结，“他”和“她”可能是“恋人关系”。我们来假设一下，如果(1)中的“他”是“她”的父亲，(2)中的“她”是“他”的母亲，那么让你把这两道题重新做一遍，你还会坚持原来的选择吗？ 学生的选择将会达成一致，均选择A。 提问：原因在哪里呢？ 达成共识：父母之爱是最无私的爱。 汉字游戏：爱=用心感受他人的需要。在我们成长过程中，能一直用心感受我们需要的是父母。 2. 故事分享 讲述自身故事： (1)有一次去同学家玩，忘记回家也没有告知父母，父母着急寻找的故事。 (2)父母为我们吃粗粮的故事。 总结：可怜天下父母心。天下父母的心情都是一样的，那就是父母永远都会爱着自己的孩子，有时候，只是表达爱的方式不同而已。请记住：无论何时何地，孝敬父母永远都是人生的大事。 3. 互动游戏 教=孝+文，从而引申至《论语·学而篇》：“弟子，入则孝，出则悌，谨而信，泛爱众，而亲仁。行有余力，则以学文。” 我们在学习文化知识之前，要先培养好自己的品行。百善孝为先，孝顺父母是所有品德之首。	提出问题：爱不爱他？

续表

步骤	班会具体流程	备注
【环节二】配乐朗诵，产生共鸣	1. 朗诵诗文 给双亲，一声感恩您 当我们还没有出生时，母亲就为我们出生后的一切做准备了，甚至在吃东西的时候都要考虑日后对我们的健康是否有好处。 母亲忍受剧痛把我们带到这个美丽的世间。当我们长到几个月，母亲喂我们吃奶时，我们报答母亲的可能是咬她一口，甚至在母亲抱着我们的时候，我们还经常尿在她身上。 我们一岁之前，每两三个小时就要吃一次奶并更换一次尿布。为了我们的健康成长，我们三岁以前，母亲都不能在夜里睡一个安稳觉。 父母不知道花了多少时间教我们走路、说话、读书、写字，教我们做人的道理。 上小学时，我们吵着要电玩具，母亲省吃俭用花几个月的工资买回电玩具，我们乒乒乓乓玩几天就扔下再也不玩了；上中学时，如果我们成绩考得好，还要父母给予物质上的奖励；上大学时，我们还拿着父母的血汗钱来满足自己的虚荣心；在结婚时，我们忙于应酬同事、朋友，把父母冷落到了一边…… 当父母为了我们回家吃饭忙了很久，而我们为了应酬，一个电话打回家告诉他们不回家吃饭时，他们不得已下一餐还要吃剩饭剩菜。 当父母不断重复讲述那些老掉牙的故事时，请不要打断他们，我们是否还记得小时候，要他们重复那个讲过千百遍的故事直到我们入睡。 当父母对新科技和新事物不知所措时，千万不要不耐烦，我们是否还记得当初父母怎样耐心地为我们解答我们那提不完的“为什么”。 当父母想不起来或接不上话时，请不要转身就走，其实谈什么并不重要，只要我们陪伴在他们身边，他们的心就会感到非常温暖。 当我们沉浮在社会当中，蓦然回首，父母正佝偻着腰用关切的目光注视着我们，就像冰冷的夜晚，始终有一盏灯在等待着我们。 在我们和父母还可以在一起度过的日子里，让我们紧紧握住他们的手，陪他们慢慢地走，就像当年他们牵着我们的手一样。 老乌鸦不能出去觅食的时候，小乌鸦就会去外面找食物带回来，喂老乌鸦吃，这就是著名的乌鸦反哺。小羊羔在吃奶时，总是把两个前腿跪下来吃母亲的奶，它好像在告诉人们，要懂得感念母亲的养育之恩。动物尚且能做到孝养父母，何况我们人呢！ 2. 播放视频 学生观看视频《跪羊图》。	引导学生回忆父母的点滴之爱。

续表

步骤	班会具体流程	备注
【环节三】共情分享，释疑解惑	1. 话题分享 (1)以上环节是否勾起了大家往日与父母相处的点滴？请分享那些让我们铭记至今的温馨情节。 (2)父母为我们付出一切，但当初年幼无知的我们是否做过令他们伤心、难过的事情？ (3)作为在校大学生，我们该如何孝养父母呢？ 2. 共情总结 乌鸦反哺、羊羔跪乳，我们又是怎样孝顺我们的父母的呢？ (1)孝养父母的三个层次。 ①养父母之身。 [引用]今之孝者，是谓能养。至于犬马，皆能有养，不敬何以别乎？——《论语》 结合学生在校实际情况，详细阐述养父母之身的内涵。 ②养父母之心。 [引用]身体发肤，受之父母，不敢毁伤，孝之始也。——《孝经》 身有伤，贻亲忧；德有伤，贻亲羞。——《弟子规》 结合学生在校实际情况，详细阐述养父母之心的内涵。 ③养父母之志。 [引用]立身行道，扬名于后世，以显父母，孝之终也。——《孝经》 结合学生在校实际情况，详细阐述养父母之志的内涵。 (2)分别讲述孝养父母的三个层次的含义以及三个层次间的递进关系。 [小结]我们是新时期的大学生、天之骄子、祖国的未来和栋梁，在家要感恩父母，进入社会要学会担当，对祖国要有强烈的责任感，这才是孝顺父母的最好选择。	引导学生思考大学生如何孝养父母。
【环节四】力行孝亲，落实行动	1. 现场互动 学生给父母发送感恩短信。 2. 一封家书忆恩情 学生现场给父母写一封家书。 [总结]把我们对父母的爱融入日常生活中，从现在做起，从点滴做起，以实际行动来回报自己的父母。珍惜目前的机会，好好善待自己的父母。 在求学的路上我们要不断提升自己，能以天下为己任，为天地立心，为生民立命，把自己培养成德才兼备的社会主义合格建设者和可靠接班人。	

十一、总结

本次主题班会，让学生真正体会到了父母对自己的爱，从而唤起他们的感恩意识。但本次班会的最终目的不仅仅是教育学生感恩父母，更重要的是以感恩的心态对待别人给予的关怀和帮助，并且在学习和生活中从点滴做起，学会感恩，以实际行动回馈别人给予的恩情，有社会担当。

奋斗，为最美的青春

——“青春·成长”系列主题班会之一

一、班会主题

奋斗，为最美的青春——“青春·成长”系列主题班会之一

二、班会地点

多媒体教室

三、班会时间

大二学年开学初期

四、班会对象

大二年级学生

五、主讲人

吴青山、赵静、王坎

六、班会背景及目的

大二学生在经历新生入校后的迷茫和适应后，需要进一步明确大学成长目标，进一步明确成长路径，进一步明确奋斗的意义。

希望通过本次主题班会的教育活动，引导学生开展自我剖析，发现自身不足，明确奋斗目标，树立奋发图强、积极进取的决心和信心。

七、班会准备

1. 前期工作

（1）召开班干部会议，讨论活动形式；

（2）做好策划工作，收集相关资料；

（3）选定典型榜样人物，挑选好人物故事；

（4）制作梦想卡，申请多媒体教室。

2. 宣传工作

活动中主要由宣传委员对活动过程进行拍照记录。

3. 后期工作

（1）整理班会内容活动资料及活动报道；

（2）汇编榜样人物小传；

（3）做好活动总结。

八、预期效果

（1）学生能开展自我剖析，发现自身不足；

（2）帮助学生明确奋斗目标，积极进取，奋发图强。

九、环节设置与时间分配

【环节一】榜样初印象：话题引入，吸引学生关注（6分钟）

本环节包括“导入”和“榜样初印象”两个部分。由本次班会所要讲述的王珊珊同学的一条短信开始导入，激发学生参与的兴趣。在激发学生的好奇心之后，介绍王珊珊同学优异的学习成绩，进一步激发学生的钦佩之情。

【环节二】榜样再认识：故事讲述，剖析榜样成长（6分钟）

本环节主要从专业技能、专业研究、社会服务等方面全面介绍王珊珊同学在校期间的优异表现，引导学生达成共识：奋斗可成就最美青春。

【环节三】榜样面对面：榜样分享，感悟梦想可为（20分钟）

本环节作为本次班会的亮点之一，要事先做好安排。邀请王珊珊同学参与本次班会，并在本环节中出现在现场，给学生以惊喜。榜样出场，现场解疑释惑，分享青春奋斗故事，激励学生矢志奋斗。

【环节四】榜样激励前行：抒写青春，梦想激励前行（18分钟）

本环节通过三个递进关系的问题设置和制作梦想卡片等步骤，引导学生从榜样身上汲取能量，剖析自身不足，并能以榜样为楷模，树立奋斗目标，积极进取，用奋斗书写青春华章。

十、过程设计

步骤	班会具体流程	备注
【环节一】榜样初印象	（一）导入 （针对学生“手机不离手”的习惯，编辑短信在班会开始前群发至学生手机上，共同阅读短信内容，吸引学生关注话题。） （1）请同学们拿出手机，阅读刚刚收到的短信内容； （2）请一位同学分享短信内容； （3）PPT展示短信来源（短信为本院一位大四毕业生王珊珊同学收到的北京大学中文系推荐免试研究生的录取通知）。 （二）榜样初印象 （针对大多数同学以好成绩来评价“好学生”的标准，展示王珊珊同学在校期间优异的学业成绩，引发学生的钦佩之情。） （1）PPT展示其优异的学业成绩：10门论文作业成绩均为班级最高分，4门专业课成绩均为年级最高分，2013—2014学年必修课成绩年级第一。 （2）介绍她获得的相关奖学金情况：连续三年获得校一等奖学金，获得校朱敬文特别奖学金和国家奖学金。 （3）提问：你对这位同学的初印象是什么？请用一个词概括。 （根据学生的思维特点，大多数同学会选择“学霸”一词。） （4）反问：您以为她只是“学霸”？仅仅是一个“学霸”就可以获得北京大学的青睐吗？	
【环节二】榜样再认识	（一）分层次介绍王珊珊同学的青春奋斗故事 （1）专业技能上，她争当师范精锐。通过认真执着，她在安徽省第四届高校师范生教学技能竞赛中斩获佳绩，荣获文科全能特等奖、课件制作特等奖以及说课第一名（均为全省唯一）。 （2）专业研究中，她争当学术新秀。她广泛涉猎，读书笔记十余万字；细读五卷本《李商隐诗歌集解》；在《江淮论坛》等多家省级学术期刊发表学术论文。 （3）创新领域里，她争当创新先锋。她获得了国家创新训练计划项目立项，还获得了省大学生职业生涯规划大赛暨创业大赛金奖。	

续表

步骤	班会具体流程	备注
【环节二】榜样再认识	(4)用心灌溉,她是贫困学子的免费家教老师。她把社会当作自己成长成才的大舞台,连续两年利用自己的周末时间,走进社区,为城市贫困家庭的学生提供免费家教服务,志愿服务时长200余小时,她的支教事迹还荣登光明网的"光明图片"栏目。 (5)用爱关怀,她是留守儿童的护航使者。她连续两年组建支教团队,利用暑期,走进大山深处的留守儿童家中,支教时间每年均超过一个月。 (二)榜样再认识,引导学生重新定位王珊珊同学在大家心目中的印象 (1)提问:现在,你对这位同学的印象又是怎样的呢?请自由表达。(依据学生的思维特点,学生会选择"女神""榜样"等字眼来形容,也会选择"甘拜下风""自愧不如""钦佩不已"等词汇来表达。) (2)提问:在钦佩、感慨之余,同学们是不是还有很多的疑问呢?取得如此优异的成绩,有如此丰富的奋斗故事,她是怎样做到的?她又是怎样安排自己的时间的呢? 带着诸多问题,进入第三环节。	
【环节三】榜样面对面	(本环节由学生与王珊珊同学面对面互动。) (一)榜样出场 (在本环节开始之前,王珊珊同学不会出现在班会现场。除个别班委知道之外,榜样来现场交流是保密的。) (1)介绍榜样出场:带着众多疑问,我们今天把王珊珊同学请到了班会现场,大家掌声欢迎。 (2)引导:榜样的到来不仅让同学们感到兴奋,更给同学们带来力量。下面的时间交给王珊珊同学,大家可以自由提问,王珊珊同学一定会知无不言。(交流时间控制在20分钟左右。) (二)简要总结交流成果 辅导员引导学生总结王珊珊同学的奋斗经验。	
【环节四】榜样激励前行	(一)补充榜样奋斗故事:选取王珊珊一直珍藏的两张照片,补充榜样的两个励志故事 照片1:每天清晨,王珊珊同学可能第一个从宿舍楼中走出来,或去晨读,或去支教,用手机记录下学校的晨景。这个时候,大多数同学可能还在睡梦中,她提醒自己"笨鸟先飞早入林"。 照片2:每个夜晚,王珊珊同学最后一个从图书馆离开,一个人孤寂地走在回宿舍的路上,用手机记录下学校的夜景。这个时候,大多数同学已经上床休息,她告诉自己"坚持就是胜利"。	

续表

步骤	班会具体流程	备注
【环节四】榜样激励前行	(二)分享环节 分享一：榜样身上有哪些品质值得我们学习? 总结：从榜样的身上，我们看到这样的三种品质：首先是梦想，有梦想千里行；其次是目标和规划，她可以把大的梦想规划为一个个可以实现的小目标；最重要的一点是坚持，正是有每一天的晨光和灯光陪伴才成就了王珊珊同学最美的青春。我们要从榜样身上汲取正能量，激励自我，努力奋斗。 分享二：通过今天了解的奋斗故事，你最需要修正的自身不足是什么? 总结：注重强调每一位同学都是平凡的，包括王珊珊同学，也不是每一位同学最后都要像王珊珊一样进入北京大学继续深造，重要的是每一位平凡人的背后都要有一个不平庸的追求，要在自己感兴趣的领域里努力奋斗，成就自己最美的青春。 分享三：我的梦想卡。 (1)邀请王珊珊同学为同学们分发梦想卡片(填写时间约6分钟)； (2)邀请同学上台分享自己的梦想。 总结：希望同学们不仅要认真写下自己的梦想，更要以此为契机，做好大学生涯规划，更要脚踏实地，按照既定目标，用“踏石有印，抓铁留痕”的精神与毅力，勇于成就自己最美的青春。	

十一、总结

通过本次主题班会，学生学会自我剖析，勇于正视自己的不足，树立奋发图强、积极进取的决心和信心，进一步明确大学成长目标，进一步明确成长路径，进一步明确奋斗的意义。

共筑民族同心愿

——民族团结主题班会

一、班会主题

共筑民族同心愿——民族团结主题班会

二、班会地点

多媒体教室

三、班会时间

大一上学期

四、班会对象

大一年级学生

五、主讲人

李震、徐雅萍

六、班会背景及目的

1. 班会背景

近年来，内地高校招收的维吾尔族、藏族、哈萨克族等少数民族大学生逐渐增多，他们独特的民族文化和他们家乡的宗教文化并不为人们所熟知，使得如何在大学四年与他们一起生活、学习成为一些内地大学生面临的新课题。

从学生教育角度看，大一是适应性教育非常关键的时期，尤其是有少数民族学生所在的寝室，同学间的相处容易因生活习惯、社会风俗方面的差异产生矛盾，因此有少数民族学生所在的班级，在学生入学不久召开民族团结主题班会是十分必要的。

2. 班会目的

（1）引导学生认识民族团结对个人成长及国家发展的意义。中华民族的生生不息、繁荣富强、伟大复兴，靠的是各民族团结友爱。通过主题班会的形式，让学生认识“三个离不开”（即“汉族离不开少数民族，少数民族离不开汉族，各少数民族之间也相互离不开”），领会社会主义民族关系和谐的本质，充分认识民族团结对个人成长和国家发展的重大意义。

（2）引导学生树立正确的民族观。当代大学生要践行社会主义核心价值观，做好个人层面的“爱国”“友善”，其中很重要的一点，就是要树立正确的民族观，各民族相互了解、相互尊重、相互包容、相互欣赏、相互学习、相互帮助，加强各民族交往交流交融，尊重差异、包容多样，让各民族在中华民族大家庭中手足相亲、守望相助。

（3）引导少数民族学生不畏困难、自强不息。通过我校优秀毕业生古孜里努尔·艾尼瓦尔的典型事迹，激励班级少数民族学生克服学习和生活上遇到的各种困难，尽快适应大学生活，怀着一颗感恩的心，在大学里学习和成长，与老师同学建立良好的关系。

（4）引导汉族学生与少数民族学生和睦相处。通过介绍风俗习惯、风土人情，引导学生感受少数民族人民的淳朴、热情、善良，引导学生尊重风俗差异，处理好与不同民族同学之间的关系。少数民族同学，尤其是从新疆等偏远省份到内地来上学的同学很不容易，他们远离家乡、执着求学的勇气让人敬佩。我们应该自觉参与到构建和谐校园、美丽校园的行动中，自觉规范自己的言行。

七、方法与手段

1. 素材

视频、地图、案例、音乐等。

2. 方法

视频观摩法、讨论法和行动导向方法等。

3. 模式

学生为主体，辅导员为主导。

八、班会准备

1. 环境准备

布置黑板，摆放座位，渲染环境，营造轻松舒适的外部氛围。

2. 人员准备

班会主持人即辅导员，班会参加人员即2015级汉语言文学专业1班49名学生（提前做好回答问题学生的预案工作），通知需要上台展示和表演的学生做好准备。

3. 资料和道具准备

搜集相关视频、图片、新闻、案例等。

4. 多媒体准备

制作PPT，准备好多媒体教室，同时安排专人拍摄视频。

5. 学生准备

班会开始前根据学生的状态适时进行小游戏，提升学生的班会参与积极性；在班会过程中择机提问，引导学生主动思考。

6. 问题准备

对可能存在的问题做好预案，例如问题讨论中产生的各种可能答案、同学之间答案争端的处理、班会现场气氛的活跃等。

九、预期效果

（1）学生体验民族团结的感染力量和磅礴情怀，思考和感知民族团结对于中华民族意味着什么，对于自己和身边的同学又意味着什么；

（2）学生能从民族问题的思考转向民族问题的解决与防范和对民族团结进步事业的高度关注；

（3）学生能着眼身边的少数民族同学，学会与不同民族的同学和谐相处、团结友爱、互帮互助。

十、环节设置与时间分配

(一)班会导入:引发民族团结的思考(5分钟)

【环节一】正面阐释,产生共鸣:民族团结对国家发展的意义(2分钟)

辅导员宣布班会开始，点明班会主题，简单介绍我国少数民族状况、分布特点及记忆口诀等。通过大事件，即2015年10月1日庆祝中华人民共和国成立66周年暨新疆维吾尔自治区成立60周年大会在新疆人民会堂举行，引导学生思考民族团结的意义。

引用习近平总书记的话，阐释班会主题——共筑民族同心愿，这是全体中华儿女的共同心愿，也是全国各族人民的共同目标。实现这个心愿和目标，离不开全国各族人民大团结的力量。

【环节二】聚焦时事,引发思考:用反面例子阐述民族团结的重要性(3分钟)

用破坏民族团结的例子进行对比，以少数民族暴力冲突事件的发生，如“3·01”昆明暴恐事件、“3·14”甘南暴力事件、“5·22”乌鲁木齐爆炸案件，引发学生思考，并让大家意识到，促进民族团结需要所有民族的共同努力。

(二)进入主题:共筑民族团结的心愿(30分钟)

【环节三】播放视频,榜样引领:校优秀毕业生古孜里努尔(10分钟)

通过播放新疆卫视大型人物纪事系列片《东西南北新疆人》对我校优秀毕业生古孜里努尔·艾尼瓦尔的专题报道，让大一新生认识我校2011级心理学专业本科生、“中国大学生自强之星标兵”及安徽省五四青年奖章获得者古孜里努尔·艾尼瓦尔，聆听新疆同学乐观、向上、顽强拼搏、不断追寻梦想的真实故事，从而以小见大反映出新疆人“爱国爱疆、团结奉献、勤劳互助、开放进取”的新疆精神。

【环节四】知识普及,增加趣味:少数民族风俗、语言(10分钟)

通过邀请班级少数民族学生介绍其民族风俗、语言，并设置互动环节，邀请汉族学生学习少数民族舞蹈动作、日常用语，减少彼此的陌生感，拉近汉族学生与少数民族学生之间的距离。

【环节五】互动交流，了解安徽：介绍安徽，欢迎少数民族同学的到来（5分钟）

邀请汉族学生介绍安徽、芜湖、师大，欢迎少数民族同学的到来。让少数民族同学感受到虽然在气候、饮食等方面需要一个适应的过程，但安徽是一个具有深厚文化底蕴的地方，汉族同学乐意在四年的大学生涯里和他们成为知心朋友、同窗好友。

【环节六】敞开心扉，互相融合：各民族同学齐演具有少数民族风情的节目（5分钟）

通过合唱的形式，为同学们提供一个表演的舞台，让少数民族同学感受到汉族同学的和善、友好与热情，以便更好地适应大学生活，融入集体。

（三）总结升华：落实民族团结的行动（5分钟）

【环节七】情感升华，落实行动：从身边出发，为民族团结贡献自己的力量

再次阐明主题，将班会的内容升华至实际行动层面，利用班会结束前的重要时机，引导学生从身边做起，关心关爱少数民族同学，让他们感受到家一般的温暖，为民族团结贡献自己微薄的力量。

十一、过程设计

步骤	班会具体流程	备注
（一）班会导入	**【环节一】正面阐释，产生共鸣：民族团结对国家发展的意义** 辅导员：同学们，大家下午好。今天，我们班会的主题是“共筑民族同心愿”。大家都知道，我国自古以来就是统一的多民族国家，共有56个民族，分布特点是“大杂居、小聚居”。网上有这样一个记忆口诀（略），涵盖了56个民族的名称，很有意思，咱们一起读一遍。 请大家看这样几张图片（略）。 图（1）是2015年10月1日上午，庆祝中华人民共和国成立66周年暨新疆维吾尔自治区成立60周年大会在新疆人民会堂举行。 图（2）是乌鲁木齐民众挥舞国旗，庆祝新疆维吾尔自治区成立60周年。中华民族的繁荣富强离不开各民族的团结友爱。习近平总书记指出，中华民族一家亲，同心共筑中国梦，这是全体中华儿女的共同心愿。	点明班会主题，简单介绍我国少数民族状况、分布特点及记忆口诀等。

续表

步骤	班会具体流程	备注
(一)班会导入	**【环节二】聚焦时事,引发思考:用反面例子阐述民族团结的重要性** 辅导员:即使我们都有这样一个共同的心愿,但我们也痛惜地看到,有少数极端分子采取暴力手段,制造恐怖流血事件,伤害无辜百姓,破坏民族团结,如“3·01”昆明暴恐事件、“3·14”甘南暴力事件、“5·22”乌鲁木齐爆炸案件。 辅导员:加强民族团结,实现中华民族伟大复兴的中国梦是我们每个当代大学生义不容辞的责任。实现民族团结,我们要做什么?请同学们谈谈自己的看法。 几位同学谈了自己的看法。 辅导员:同学们说得很好,团结就是力量,我们可能不能做出什么惊天动地的贡献,但我们却可以从身边做起。下面,我就给大家介绍一位我们身边的少数民族同学,她就是古孜里努尔·艾尼瓦尔。 古孜里努尔是我校首位维吾尔族学生党员,是少数民族学生学习的标杆,是民族团结的先锋,是志愿服务的榜样。在校期间,她深入芜湖市各中小学开展心理健康辅导,为500多名学生累计服务超过1000小时。四年来,她坚持无偿献血,累计超过1000毫升,她的先进事迹被《中国青年报》头版、《光明日报》等深入报道,并获得2014年度“中国大学生自强之星标兵”称号。 她从一个放羊的小女孩成为内高班的大学生,又从内高班的大学生蜕变为内高班的教育者,下面让我们一起聆听古孜里努尔的“鸡蛋哲学”。	用民族团结的反面例子进行对比,引发学生思考。让大家意识到,搞好民族团结,实现这个共同的心愿,需要中华儿女的共同努力。
(二)进入主题	**【环节三】播放视频,榜样引领:校优秀毕业生古孜里努尔** 辅导员:看完这个纪录片,我非常感动。一是感动于古孜里努尔同学的成长,因为这个新疆姑娘的成长故事感染和激励着很多人;二是她谈到与汉族还有其他各民族同学的和睦相处,她说最重要的是两个字:沟通。她认为世界上只有两种人:好人和坏人,不分民族,不分宗教,不分国家。当听到以上这些话时,同学们有什么感受? 同学们说了说自己的看法和感悟。 **【环节四】知识普及,增加趣味:了解少数民族风俗、语言** 辅导员:每个民族都有自己颇具特色的风俗。下面,我们掌声有请咱们班的新疆姑娘古丽给我们介绍一下维吾尔族的风俗。 少数民族学生古丽借助图片介绍维吾尔族风俗。	

续表

步骤	班会具体流程	备注
(二)进入主题	辅导员:我们都知道,维吾尔族姑娘舞姿曼妙,我们邀请几位同学上来跟古丽学几个舞蹈动作,好不好? 几位汉族学生上台学习舞蹈动作。 辅导员:大家可以很明显地感受到,古丽的中文进步非常快,那么大家想不想让古丽教大家几句维吾尔族语言呢? 少数民族学生古丽用维吾尔族语言教:你好——亚克西拇塞斯,谢谢——热合买提,朋友——阿达西,再见——好喜,祝福——萨拉木艾里坤。 (注:班级有多少个少数民族学生,就请不同民族的学生代表上台介绍。) **【环节五】互动交流,了解安徽:介绍安徽,欢迎少数民族同学的到来** 辅导员:谢谢古丽!通过她的介绍,我们对维吾尔族的风俗有了初步的了解。安徽芜湖,除了芜湖本地的同学,可以说是大家的第二故乡。下面我们请姚卉同学给大家介绍安徽,还有芜湖的特色和风俗。 学生代表介绍安徽及芜湖的特色和风俗等。 **【环节六】敞开心扉,互相融合:各民族同学齐演具有少数民族风情的节目** 辅导员:同学们入学报到的那天,在五栋宿舍楼旁悬挂着一条横幅,“接过行囊,我们就是一家人”。同学们之间的相处最重要的是包容,学会换位思考,学会理解他人,才能实现我们共同的心愿:56个民族成为一个大家庭。下面我们有请214寝室的四位同学,这个融合了不同民族同学的小家庭,给我们表演她们精心准备的节目:合唱《远方的客人请你留下来》。	通过少数民族学生与汉族学生的互动,减少陌生感,拉近汉族学生与少数民族学生之间的距离,从而让少数民族学生感受到汉族学生的和善、友好与热情,更好地适应大学生活,融入集体。
(三)总结升华	**【环节七】情感升华,落实行动:从身边出发,为民族团结贡献自己的力量** 辅导员:同学们,《爱我中华》唱道:五十六个民族,五十六枝花,五十六个兄弟姐妹是一家,五十六种语言,汇成一句话:爱我中华。希望同学们敞开心扉,张开双臂,关心团结少数民族同学,互帮互助,共同进步,从身边做起,为实现中华民族一家亲,同心共筑中国梦贡献自己的力量! 最后请大家思考一个问题:除了尊重和了解,我们在日常学习和生活中,还能为少数民族同学做些什么?而少数民族同学又能为汉族同学做些什么呢? 布置两项小作业: (1)为身边的少数民族(汉族)同学做一件小事,包含平等、团结、友善的因子。 (2)写下今天主题班会的感受,并配合图片发布微博。 好,今天的班会到此结束,我们下次再见。	再次阐明主题,引导学生从身边做起,关爱少数民族同学,为民族团结贡献微薄力量。

十二、注意事项

1. 主题班会前

（1）教室卫生：由生活委员负责；

（2）活动秩序：由班长带头，全体班委共同协作；

（3）活动宣传：由宣传委员负责撰写宣传稿及照相，并进行及时报道。

2. 班会过程中

注意观察学生的反应与表现，及时做出有针对性的细微调整与反馈，加深学生对民族团结的理解，调动学生的积极性。

3. 主题班会后

主题班会结束后，要进行及时总结与反思，深化活动的教育和影响。

十三、总结

（1）对班会的过程进行全面总结与反思，总结经验，改进不足，以完善主题班会的内容与形式；

（2）深入了解学生在经历班会后的感受，并进行后续引导，固化和延伸班会的作用与效果，加强社会主义核心价值观中“团结”“友善”的教育，提升大学生思想政治教育的实效性，充分发挥民族团结教育的能动作用，让学生学会用发展的眼光和思路看待民族问题。

（3）通过活动宣传、会后讨论、上传视频等方式，充分利用班级QQ群、微博等新媒体平台，扩大本次主题班会的影响，营造良好的校园民族团结氛围。

有一种青春叫宿舍

一、班会主题

有一种青春叫宿舍

二、班会地点

多媒体教室

三、班会时间

寝室文化节等

四、班会对象

大一、大二年级学生

五、主讲人

杨穆龙、朱露露

六、班会背景及目的

1. 班会背景

宿舍人际关系是大学生人际关系中最普遍、最直接和最重要的人际关系之一。“90后”大学生在经济全球化、文化多元化的新时代大背景下成长，他们激流勇进，敢于尝试，自我意识和独立意识较强，但存有对父母的依赖性大、心理不成熟、心理承受能力弱、功利性明显等问题。因此，在人际交往中往往出现遇事急躁、言语冲动、行为鲁莽等影响人际关系的情况。这一群体所具有的诸多特殊性必然影响其宿舍人际关系的构建，而近年来我国高校因宿舍人际关系冲突而导致的血案频发现象，进一步凸显了对“90后”大学生宿舍人际关系予以研究的现实必要性。

2. 班会目的

教育部在《关于进一步加强高等学校学生公寓管理的若干意见》中指出：“改进和加强学生公寓的管理，是高等学校后勤社会化改革的一项重要任务，直接关系学生的切身利益、正常的教学、科研秩序和高等学校的稳定，影响后勤社会化改革工作的成效。”该文件要求“各高等学校要切实负起责任，把这项工作列入高等学校思想政治工作的日程，作为高等学校的一件大事来抓”，解决和处理好寝室矛盾，构建和谐寝室自然成为教育部所要求的“公寓管理”的题中之义。因此，构建和谐寝室不仅对促进大学生成长成才有着重要作用，同时也有利于高校管理与发展。

七、方法与手段

1. 素材

问卷调查、案例、图片、音频、视频、游戏等。

2. 方法

文体引导、讲授法、小组讨论法、演示法、情境陶冶等。

3. 模式

学生为主体，辅导员为主导。

4. 注意事项

（1）教育与自我教育相结合。辅导员起到教育引导作用，充分发挥学生的主观能动性，引导学生学会自主学习，让学生努力做到学有所用、学以致用。

（2）解决思想问题与解决实际问题相结合。坚持讲道理与办实事相统一，引导学生结合所学知识及时发现问题、解决问题。

（3）继承优良传统与改进创新相结合。努力拓展教育方法和途径，注重利用现代科学技术和手段，贴近实际、贴近生活、贴近学生，提高教育的针对性、实效性、吸引力和感染力。

八、班会准备

（1）深入学生：通过问卷调查，深入了解造成寝室关系不和谐的主要因素，制订班会方案；

（2）学生准备：班会开始前根据学生的状态适时进行小游戏，提升学生参与班会的积极性；在班会过程中择机提问，引导学生主动思考；

（3）做好材料准备工作：如PPT、音频、寝室故事、寝室关系破裂素材、解决寝室问题方法等；

（4）做好会场布置工作：如布置黑板、营造氛围等；

（5）参会人员：辅导员和本科一、二年级学生。

九、预期效果

（1）认识寝室关系的重要性，珍惜室友之间的友谊；

（2）分析寝室关系不和谐的因素，从根本上化解寝室矛盾；

（3）培养学生公共责任意识和团结意识，树立集体主义观念。

十、环节设置与时间分配

【环节一】引出话题，案例分析：宿舍问题普遍存在（5分钟）

通过热门网络事件“叶良辰”事件引出宿舍关系的话题。“叶良辰”事件是由某大学校园内女生宿舍值日问题而引发的。这些鸡毛蒜皮的小事真的会引起宿舍矛盾吗？通过导入其他一些反映宿舍关系的不良事件，表明宿舍矛盾在大学校园普遍存在。

【环节二】联系实际，阐释必要：我们是否需要解决宿舍问题（10分钟）

从大的方面来说，教育部在《关于进一步加强高等学校学生公寓管理的若干意见》中指出：“改进和加强学生公寓的管理，是高等学校后勤社会化改革的一项重要任务，直接关系学生的切身利益、正常的教学、科研秩序和高等学校的稳定，影响后勤社会化改革工作的成效。”该文件要求“各高等学校要切实负起责任，把这项工作列入高等学校思想政治工作的日程，作为高等学校的一件大事来抓”。联系实际现象，宿舍关系不但关系到我们大学四年的生活，而且关系到人格是否健全，更关系到踏入社会之后的人际交往能力。提问学生：一种是和谐团结的宿舍关系，一种是矛盾重重的宿舍关系，你愿意选择哪一种？

【环节三】分析原因，探究实质：为什么会存在这样的宿舍问题（10分钟）

首先，分析为什么会出现宿舍矛盾，到底是什么影响了室友关系。向同学提问，让他们讲述亲身体验。回顾前面提到的宿舍恶性事件，产生这些重大的恶性事件其实也是由生活中微小的事情引起的。那么这些微小的矛盾为何会产生如此大的影响，进而从心理学的角度揭示宿舍问题的心理根源。常见的社交心理偏差有如下几种：第一，自负；第二，自卑；第三，妒忌；第四，干涉。

产生宿舍矛盾的其他原因：现实世界与网络虚拟世界的冲突，增强了彼此的陌生感；寝室室友关系发展规律为蜜月期—磨合期—稳定期— 离别期，不同寝室期限不同。

【环节四】系统分析，解决问题：如何建立良好的寝室关系（10分钟）

以小见大，以“中国好室友”事例说明解决宿舍问题也需从小事入手。发动同学讨论：身边室友哪些举动最让你感动？结合班级同学拍下的生活照片，将问卷调查中总结出来的7件最感动的事情通过PPT展示，于细微之处见真情。分析直接影响室友关系的因素。再从教育学的角度分析解决宿舍问题的根本因素是什么，最终提出系统的解决方案。从教育学角度提出我们应该怎样做？在班级中身处不同的角色我们应该怎样做？

（1）遇到问题室友应该遵守的基本准则。

（2）以实际行动践行和谐寝室观。

【环节五】落实行动，深化延伸：建设和谐宿舍，理想变为现实（10分钟）

将理想中的宿舍关系与现实中的宿舍关系对比，我们都想把现实生活中的宿舍关系向理想中的宿舍关系发展。只要我们共同努力、相互包容，现实中的宿舍关系就能走向理想状态。播放漫画《致青春》，全班同学一起唱《时间煮雨》，将情感推向高潮。最后将宿舍问题进行深化和延伸，假如室友得了严重的幻想症，我们该如何帮助他？布置课后作业，观看学习校级心理剧比赛一等奖话剧《苏生》。

十一、过程设计

步骤	班会具体流程		备注
	辅导员活动	学生活动	
【环节一】引出话题，案例分析	辅导员：（打开PPT）同学们，大家下午好。在正式开班会之前，我们也来“八卦”一下。请看这些图片，大家想到了谁？ 学生：叶良辰，这些都是网上盛传的“叶良辰语录”。 辅导员：叶良辰为什么会说出这些话呢，到底是谁惹了“叶大人”，让他说出这么多狂言“语录”呢？ 学生：是他女朋友的室友，事因是大学校园宿舍中寝室关系不和，进而惹怒了叶良辰，才发生了此段“良辰对话女友室友”的奇葩公案。 辅导员：追根溯源，还是因为寝室关系不和惹的祸。今天，我们的班会主题，叫做“有一种青春叫宿舍”。		以网上热议的“叶良辰”事件作为班会开篇，可以立即吸引同学们的注意。同时，此事件与班会主题有密切联系，可以立即切入班会主题。
【环节二】联系实际，阐释必要	辅导员：曾经有一位同学这样告诉我，说叶良辰的行为已经很文明了，也就动动嘴皮子，也没有啥实质性的伤人行为。网上的一些因为寝室关系不和酿成的悲剧事件多得去了，比如中国矿业大学的铊中毒事件，郑州某高校故意杀人事件，清华大学的朱令事件，复旦大学的投毒事件等。寝室矛盾问题是普遍现象还是个别案例呢？请大家看以下几个调查数据。 《重庆日报》曾发表题为《睡在上铺的还是“兄弟”吗——寝室矛盾困扰大学生》的一篇报道。文中指出，据一项调查显示，70.5%的受访学生曾为寝室矛盾而感到烦恼，67.6%的受访学生曾想调换寝室。而《中国青年报》也曾有一份调查，报告显示，13.4%的受访学生对目前所在寝室氛围非常满意，62.1%		让同学们知道，其实寝室关系的和谐与破裂都是因为一些微不足道的小事，日积月累便出现不同结果，从而引出如何避免寝室关系不和。

续表

步骤	班会具体流程		备注
	辅导员活动	学生活动	
【环节二】联系实际，阐释必要	的受访学生基本满意，20.3%的受访学生感觉一般，4.2%的受访学生不满意所在寝室氛围。此时，我想问一下大家，看到这些数据，再联想一下你们和室友的关系，是不是有时候也对自己的室友存有一些不满呢？请举手示意。 学生举手示意。 辅导员：那我想问一下大家，你们是想拥有一个和谐团结的寝室环境，还是和室友保持一种矛盾重重的紧张的寝室关系呢？ 学生：我们需要一个和谐融洽的寝室环境。 辅导员：所以，解决宿舍问题势在必行。		
【环节三】分析原因，探究实质	辅导员：既然大家都很想拥有一个和谐之家，那我们首先要做的就是分析为什么会出现宿舍矛盾，到底是什么影响了宿舍关系？请大家结合自己的亲身经历谈一谈。 学生：进入大学，大家更加自由却缺乏交流，只干自己的事。有人会很自私，只考虑自己的感受，不讲究卫生，喜欢制造噪音，打扰他人的学习和生活。有人睡觉特别不老实，影响他人的睡眠，屡次提醒却没有任何效果。有人特别爱发号施令，让他人感觉大家是不平等的。也有人自我优越感特别强，过于自傲。还有人甚至有暴力倾向，让人心惊胆战。 辅导员：大家在生活中难免会有各种矛盾，在寝室氛围满意度的调查中，70.5%的受访学生曾为寝室矛盾感到烦恼。其中56.2%的同学感到学习休息受打扰，54.8%的同学认为个人生活习惯不同，32.4%的同学与室友缺乏共同话题。这些矛盾只是生活中的小问题，但回顾前面提到的宿舍恶性事件，你会发现，这些重大的恶性事件恰恰是由生活中微小的事情引起的。	[思考]认真思考相关问题。 [活动]充分发挥自身想象，调动大家的积极性、主动性。 [讨论]从讨论中总结出看待问题的角度不同，会有不同的答案。 [活动]针对讨论后的结果，主动发表自己的真实看法。	通过相关问题的设计，引起全班同学热烈讨论，真正地思考和谐寝室观这个话题。

续表

步骤	班会具体流程		备注
	辅导员活动	学生活动	
【环节三】分析原因，探究实质	那么这些微小的矛盾为何会产生如此大的影响呢？请大家看一张图片(略)，请问，你第一眼看到的是什么动物？ 学生：兔子、海豹。 辅导员：每个人看到的不一定都是一样的，说明什么问题？ 学生：大家看图的角度不同，如果从上往下看这张图，大家看到的是兔子，如果从下往上看，就是一只翘着尾巴的海豹。 辅导员：说得对。在人际交往中也是如此，人们往往会根据自身的需要来选择看待问题的角度，这样就容易与事实发生一些错位和偏差，导致人际交往出现问题。这也就是所谓的个体差异及人际交往能力的缺乏，即社交心理偏差。 辅导员：那么常见的社交心理偏差主要有哪些呢？请联系身边室友的行为方式，比如室友之间如何交流，如何学习，室友性格的优缺点，大家畅所欲言，发表自己的观点。 学生：有的室友自信挺好，可过度自信就不好了，她认为自己很了不起，仿佛什么事情都能做。而有的室友却太自卑，干什么事情都畏畏缩缩，不敢尝试，也不敢与他人交流自己的想法。每个人能力不同，做出的成绩自然也不同，有的室友却嫉妒他人比自己优秀。大家虽然住在一起，可是每个人都有自己的隐私，有的室友却喜欢窥探隐私，到处宣扬，这是不道德的。 辅导员：大家说的都有道理，社交心理偏差主要体现在四个方面：第一，自负。特点是人们只关心个人的需要，过于强调自己的感受，而全然不顾他人。自负主要分两种：一种认为自己很了不起，或是家中富裕，或是某方面能	[思考]通过提出问题，学生积极思考并发言。 [活动]通过复述室友一些异常举动，进一步了解到产生这些行为的心理因素。 [总结]对同学们发言的一个小点进行归纳总结，分类后再做简要分析。	通过学生自己的看法来提高他们对践行和谐寝室观的必要性和重要性的认识，同时具有逻辑性和条理性地总结出践行和谐寝室观的相关途径。

续表

步骤	班会具体流程		备注
	辅导员活动	学生活动	
【环节三】分析原因，探究实质	力非常强，不屑与同学交往；另一种是过度自信，自我感觉良好，总觉得别人应该吹捧自己，并认为这是理所应当的。第二，自卑。从心理动力角度，自卑就是自我或属于“自我”范围内的事物不如他人时产生的不满感。自卑是一种很常见的心理，关键是保持一种平和的心态去面对一切事物，克服过度自卑感、适当增强优越感对身心发展有益。第三，妒忌。妒忌是因为主体心理意识感觉彼此产生较大差距，由失落、难过、不服、仇视等情绪交织而成嫉妒心理。嫉妒情绪良性发展便会成为人们成长的发展动力，若恶性循环便会成为自己前进的阻力。第四，干涉。每个人都有属于自己的隐私，但人人都有好奇心，大部分人都热衷于探听别人的私事。这些行为都是不自信的表现。其他因素还有人际羞怯、人际恐惧等。 当然在如今互联网时代，现实世界和虚拟世界的冲突，增强了彼此的陌生感。寝室室友的关系也有其发展规律，依次是蜜月期、磨合期、稳定期和离别期，只是不同的寝室期限不同。		
【环节四】系统分析，解决问题	(1)遇到问题室友应该遵守的基本准则。 辅导员：室友之间出现一些小矛盾在所难免，那么该如何建立良好的寝室关系呢？大家身边室友哪些举动最让你感动呢？在你忙的时候，帮你打水带饭，打扫卫生，收拾被子，与你分享美食。在你压力大时，给你心理关怀，分享心事，相互安慰，相互勉励。平时还有陪你过生日，帮你占座，通知你点名、选课和复习，一起外出游玩。正是在这生活中的点点滴滴细节中，你会感受到室友间的真情，于细微之处见真情。	[活动]以讨论为主，上升为理论层面，分析处理寝室人际关系的基本原则和如何在实际行动中践行和谐寝室观。 [讨论]在讨论中，引导学生从真实的案例中反思与总结，启发同学们从客观实际中寻找突破口。	以回忆法为主，寻找身边寝室和谐相处的真实案例，从正面引导学生，并将成功案例加以理论总结提升。

续表

步骤	班会具体流程		备注
	辅导员活动	学生活动	
【环节四】系统分析，解决问题	从教育学角度看，我们需要遵守三个基本原则：第一，真诚。曾国藩曾说：诚于中，必能形于外。一个人的真诚直接影响到他的外在形象。在人际交往中，做到表里如一，诚实守信。第二，理解。学会换位思考，当遇到问题时，请冷静理性思考一下：如果我是他，我该怎么办？和谐人际关系不仅仅只是一句空话。第三，尊重。马斯诺的需要层次理论中，尊重是人的基本需要之一，是存在于每个人心中的一种需要，是一种发自内心的认同感。 (2)以实际行动践行和谐寝室观。 辅导员：那么该如何以实际行动来践行这三个准则？从养成良好习惯、人际交往的根本要素、增强友谊的基本要素、为人处世的基本心态等四个方面，制定详细的寝室公约。开展和参与多项校园文化活动，以增进同学友谊，建立和谐寝室观。开展以寝室为单位的趣味比赛、联谊活动，包括茶话会、聚餐等，分享寝室感动，撰写寝室月记，见证寝室成长，组织观看关于促进友谊的主题影片，以寝室为单位组织去市内公园或景点旅游，从而帮助室友增进友谊，意识到践行和谐寝室观的必要性和重要性。	[讨论]搜集曾经参加过的校园文化活动与自发组织的小型集体活动，筛选出能够促进寝室关系和谐的活动，鼓励大家多多参加。同时，引导学生从自身出发，学会自我反思，扬长避短。	将宏观与微观、主观与客观相结合，了解如何从实践入手建立和谐寝室关系。
【环节五】落实行动，深化延伸	将理想中的宿舍和现实中的宿舍进行对比，我们都想把现实生活中的宿舍关系向理想中的宿舍关系发展，只要我们共同努力、相互包容，现实中的宿舍关系就能走向理想状态。 [PPT展示]观看漫画《致青春》，全班一起唱《时间煮雨》，将情感推向高潮。最后将宿舍问题进行深化和延伸，假如室友得了严重的幻想症，我们该如何帮助他？	[活动]讲述曾经在一起的生活点滴，怀有感恩之心与室友相处。 [思考]从身边的感动说起，拾起曾经美好的回忆。	通过简单的一句话和简单的一个拥抱，去温暖每一位同学的心灵。

续表

步骤	班会具体流程		备注
	辅导员活动	学生活动	
【环节五】落实行动，深化延伸	［课后思考］在大学的人际交往中，不仅有寝室关系，还有父母、老师、同学、朋友(包括男女朋友)之间的关系，我们又该如何处理好这些关系呢？请大家回去思考，我们下次再做进一步的探讨。 ［课后作业］观看学习校级心理剧比赛一等奖话剧《苏生》。 ［总结发言］建立良好的寝室关系不是一蹴而就，而是需要大家养成良好习惯后共同努力，这也是大学生步入社会形成良好人际关系的基石。践行社会主义核心价值观，从友善做起，从现在做起。		

十二、注意事项

1. 主题班会前

（1）提前录音：找普通话水平标准的同学到广播台录音，形成音频资料；

（2）会场卫生：由生活委员和女生委员负责；

（3）多媒体：班长检查电脑、音响、话筒、投影仪等是否能正常使用；

（4）板报设计：学习委员和文艺委员负责会场布置和板报设计；

（5）活动宣传：宣传委员负责撰写宣传稿和照相，并及时报道。

2. 班会过程中

注意观察学生的反应与表现，及时做出有针对性的细微调整与反馈，优化班会的实际效果。

3. 主题班会后

主题班会结束后，要进行及时总结与反思，深化教育效果。

（1）对班会的过程进行全面总结与反思，总结经验，改进不足，以完善主题班会的内容与形式；

（2）深入了解学生在经历班会后的感受，并进行后续引导，固化和延伸班会的作用与效果，增强思想政治教育的实效性；

（3）通过活动宣传、会后讨论、上传视频等方式，充分利用班级QQ群、微博、微信等平台，扩大本次主题班会的影响。

十三、总结

结合在班会过程中学生反映的情况，辅导员做具体总结与反思。一方面，可以将同学们感兴趣并且有必要深入挖掘的问题通过查找资料做进一步延伸；另一方面，将学生不太感兴趣的问题分情况处理，认为必须要讲的内容，则通过改进讲授方式和案例来补充，认为不太重要的内容就选择性删除，以确保班会的连贯性与丰富性。

本次主题班会由辅导员主导，将学生置于主体地位，以学生的准备、组织和参与为主。但由于时间有限，仅仅通过一次主题班会教育是远远不够的，而是要借此以延伸，在今后不断的学习和生活教育中，以和谐寝室观教育为目标，设计开展一系列的教育和校园文化活动，为学生创造自由发展、表现自我的空间，促使他们自我教育，从而达到育人目的。

风雨之后的彩虹

——挫折教育主题班会

一、班会主题

风雨之后的彩虹——挫折教育主题班会

二、班会地点

多媒体教室

三、班会时间

大二上学期期中

四、班会对象

大二年级学生

五、主讲人

周楠

六、班会目的

本次主题班会，让学生了解挫折在人生道路上存在的客观性，正确认识人生过程中的挫折，从而帮助学生掌握科学应对挫折的方法，提升学生的抗挫折能力。

七、班会准备

（1）搜集教学案例，制作教学PPT；

（2）学生准备自己曾遭受的挫折案例；

（3）申请多媒体教室，布置黑板，准备照相机、视频录制设备、班日志记录等；

（4）由班长、副班长维持班会秩序，由生活委员、心理健康委员负责教室卫生，由宣传委员负责拍照、撰写新闻稿。

八、环节设置与时间分配

（一）班会导入（15分钟）

结合大学生活，列举三个具有代表性的挫折案例，并请三位同学回答针对案例提出的问题。

【案例一】

“稀里糊涂”的小杨

作为文科生，擅长数学的小杨在高中时学习成绩一直处在班级前列，高三那年更是名列前茅。原本可以读名牌大学的他，高考时发挥失常，只得填报某所省属师范院校，后来被调剂到一个自己索然无趣的专业。收到录取通知书后，他心里一直存着疙瘩。进入大学后，军训期间就闹着退学，经过辅导员的劝说，鉴于家庭经济困难的原因，他还是留下了。这种情绪，也难以激起他的学习兴趣。就在这时，机会来了，学校转专业申请开始了。经过精心的准备，他参加转专业考试，遗憾的是笔试没有通过。小杨在进退两难中度过了大学的第一个学期，每天稀里糊涂地过，自然没有收获，期末考试还挂了两门课。

【案例二】

我优秀吗

小张，开朗可爱的“90后”女孩，来自农村家庭，家境贫寒。经过努力，她如愿以偿地考上了一所省属师范大学，而且是自己非常喜欢的新闻学专业。开学军训不久，中秋节悄然而至，于是在同学们的呼声中班级举办了一场中秋晚会，同学们八仙过海各显神通，场面十分热烈。此时小张发现身边多才多艺的同学很多，大学里高手云集。她陷入了沉思，一种莫名的压力让她喘不过气来。她想，自己唱歌哼两句可以，但上不了台面；天生没有跳舞的细胞，体育运动也不行；就拿自己最引以为豪的文笔来说，在不少同学面前也是黯然失色。小张慢慢地不敢参加集体活动，不敢在同学们面前表现自己，整天郁郁寡欢甚至有些憔悴。她不知道怎么办，感觉大学并不是想象中的那么美好。

【案例三】

小陈的“难言之隐”

小陈和小雪是某高校大二的学生，同是校学生会的干部，平时经常在一起工作，慢慢地小陈发现自己爱上了活泼善良的小雪。经过激烈的思想斗争，小陈决定主动表白，可是性格腼腆的他又害怕遭到拒绝。这件事情逐渐成了小陈心中的“难言之隐”，后来上课时也总是走神，他陷入痛苦的挣扎之中，学习成绩持续下滑，整天闷闷不乐。

问题一：小杨为什么会陷入这种困境？

问题二：小张郁郁寡欢的原因是什么呢？

问题三：如果你是小陈，面对这种处境你该怎么办？

（二）进入主题（25分钟）

［常见的挫折类型］

梳理挫折产生的主客观原因、挫折的类型，引导学生正确认识挫折，介绍科学应对挫折的方法，培育大学生的抗挫折能力。

具体来说，有以下三种挫折：

（1）学习挫折；

（2）生活挫折；

（3）就业挫折。

［如何面对挫折］

通过小组讨论、同学现身说法，结合战胜挫折的典型故事，分析挫折，寻找应对挫折的方法，归纳出人们面对挫折坚持的三种态度，即积极型、消极型、中立型。

应对挫折的方法：

（1）分析挫折的来龙去脉：原因、类型、可能的发展趋向。

（2）构建广泛的社会支持体系：亲人、老师、朋友、同学的支持与帮助。

（3）掌握并且运用合理的自我调适方法。

自我调适的方法：

（1）合理宣泄——向志同道合的朋友宣泄，写日记；

（2）情绪转移——参加健康的文娱活动：体育运动，艺术活动；

（3）书香人生——读名人传记、名言警句、文化经典，看励志影视作品（如《平凡的世界》《当幸福来敲门》《卒迹》）；

（4）反躬自省——独处，散步，欣赏、融入自然。

名人认识挫折：

（1）我以为挫折、磨难是锻炼意志、增强能力的好机会。——邹韬奋

（2）每一种挫折或不利的突变，是带着同样或较大有利的种子。——爱默生

（3）挫折对于天才是一块垫脚石，对于能干的人是一笔财富，对于弱者是一个万丈深渊。——巴尔扎克

(三)班会小结(5分钟)

进行班会总结，对学生提出希望和要求，希望同学们在以后的人生中能够树立正确的挫折观，增强抗挫折能力。

九、过程设计

步骤	班会具体流程	备注
(一)班会导入	辅导员:各位同学,大家好！人生是一条漫长的旅途。有平坦的大道,也有崎岖的小路;有灿烂的鲜花,也有密布的荆棘。每个人的人生道路都不可能是一条笔直、宽阔、平坦的大道,可能布满荆棘、坎坷;而荆棘、坎坷始终伴随在每个人的成长过程中,只是程度的大小不同而已。它们就是我们常说的“挫折”。 辅导员:同学们,我们来看案例一《“稀里糊涂”的小杨》。 学生观看案例。 辅导员:好,案例看完了,大家有何感想? 问题一:小杨为什么会陷入这种困境? 学生回答(略)。 辅导员:同学们,我们来看案例二《我优秀吗》。 学生观看案例。 辅导员:好,案例看完了,大家有何感想? 问题二:小张郁郁寡欢的原因是什么呢? 学生回答(略)。	

续表

步骤	班会具体流程	备注
(一)班会导入	辅导员:同学们！我们来看案例三《小陈的“难言之隐”》。 学生观看案例。 辅导员:好,案例看完了,大家有何感想? 问题三:如果你是小陈,面对这种处境你该怎么办? 学生回答(略)。 辅导员:对于大学生而言,常见的挫折有哪些呢? 学生回答(略)。	
(二)进入主题	辅导员:具体来说,有以下三种挫折: (1)学习挫折。进入大学之后,你会发现大学里高手云集,自身原有的优越感可能已经不复存在,对专业的不满意、学习方法不合理、学习兴趣下降等因素,都可能导致学习上的挫败感,造成厌学的情绪。 (2)生活挫折。进入大学意味着个体在一些方面就要走向自理、自立,而由依赖走向独立势必经历一番磨炼。洗衣服、买东西、安排自己的生活,这些都要自己去打理。人际交往挫折是大学生遇到的最大困惑之一,自身的性格原因以及交往技巧的欠缺,都会对人际沟通带来不同程度的影响。 (3)就业挫折。大学是人生奠基的重要战略机遇期,规划大学生涯、提升综合素质是每一位大学生该时期的中心任务。职业是实现人生价值的主要途径,就业是民生之本。就业的严峻形势、大学生对自身综合素质的误判以及对就业期望值的过高预期,都会给大学生择业带来一定程度的影响,都会导致大学生产生就业挫折感。 [如何面对挫折] 辅导员:面对挫折,你坚持什么样的态度? 学生回答(略)。 辅导员:同学们！其实,人们面对挫折有三种态度,即积极型、消极型、中立型。 (1)积极型。帮助人们更好地适应社会,培养人的意志力,使人变得聪明、坚强,成熟得更快。心理学家把适度的挫折称为“精神补品”。 (2)消极型。影响个人目标实现,使人产生心理上的痛苦,情绪紊乱、行为失措,甚至会引起悲观厌世情绪以至种种疾病。 (3)中立型。对挫折抱着无所谓的态度,偃旗息鼓、不思进取。 辅导员:那么从价值分析的角度出发,面对挫折,坚持哪种态度是积极的、向上的、正能量的? 正视挫折,认真分析:分析挫折产生的主、客观原因,正确对待挫折,不仅可以克服和消除挫折,而且还可以磨炼自己的意志。遭	

续表

步骤	班会具体流程	备注
(二)进入主题	受挫折,是人们认识世界和改造世界过程中的必然经历,任何人在成长过程中都不可避免地会遇到不同程度的挫折。 辅导员:那么面对挫折,我们该如何应对呢? 小组讨论:将班级同学分组,每组集中讨论,然后由组长发言。 学生回答(略)。 现身说法:班级倪作胜同学结合兼职经历谈应对挫折的过程和感受。 倪作胜同学回答(略)。 辅导员:大家再来听听我校十佳大学生、自强之星朱承节同学的故事。 学生听后谈谈感受(略)。 辅导员:遇到了挫折,我们该怎么办呢? 寻找原因,理清思路:当你受挫时先静下心来把可能产生的原因寻找出来,再寻求解决问题的方法。人生的意义在于成长、磨炼灵魂。一个人成长的过程实际上就是由不完善逐渐走向完善的过程。过程之中的关键就在于面对挫折,你究竟坚持什么样的态度,或以什么样的心态去面对它。当然也必须是接受的态度、平静的心态,因为只有这样才能谋定而后动、三思而后行,在克服挫折的过程中收获成长。 所以,面对挫折,应该这样做: (1)分析挫折的来龙去脉:原因、类型、可能的发展趋向; (2)构建广泛的社会支持体系:亲人、老师、朋友、同学的支持与帮助; (3)掌握并且运用合理的自我调适方法。 辅导员:同学们,自我调适的方法主要有以下几种: (1)合理宣泄——向志同道合的朋友宣泄,写日记; (2)情绪转移——参加健康的文娱活动:体育运动,艺术活动; (3)书香人生——读名人传记、名言警句、文化经典,看励志影视作品(如《平凡的世界》《当幸福来敲门》《卒迹》); (4)反躬自省——独处,散步,欣赏、融入自然。 辅导员:最后,我们听听名人是怎样认识挫折的。 (1)我以为挫折、磨难是锻炼意志、增强能力的好机会。——邹韬奋 (2)每一种挫折或不利的突变,是带着同样或较大有利的种子。——爱默生 (3)挫折对于天才是一块垫脚石,对于能干的人是一笔财富,对于弱者是一个万丈深渊。——巴尔扎克	

续表

步骤	班会具体流程	备注
(三)班会小结	辅导员:同学们!人生并不是一帆风顺的,有时候命运会无情地给我们制造种种困境、设置道道障碍,让我们身陷挫折之中。孟子说:“故天将降大任于斯人也,必先苦其心志,劳其筋骨,饿其体肤,空乏其身,行拂乱其所为,所以动心忍性,增益其所不能。”巴尔扎克说:“挫折对于天才是一块垫脚石,对于能干的人是一笔财富,对于弱者是一个万丈深渊。”我们要做生活中的强者,正确认识挫折,增强抗挫折能力。然而现实中很多人就这样被暂时的挫折压弯了腰,放弃了最初的梦想与追求,最终沦落为毫无目标浑浑噩噩了此一生的人。我们要知道挫折能够让有着远大理想、坚定信念的人得到磨炼,成就不平凡的人生!正如奥斯特洛夫斯基所说,人的生命,似洪水在奔流,不遇着岛屿、暗礁,难以激起美丽的浪花。 本次班会到此结束,感谢大家!	

规划，为最美的青春

——大学生涯规划主题班会

一、班会主题

规划，为最美的青春——大学生涯规划主题班会

二、班会地点

多媒体教室

三、班会时间

大一上学期期末

四、班会对象

大一年级学生

五、主讲人

瞿津津

六、班会背景及目的

1. 班会背景

新生在经过了迎新、军训等环节后，体验到了大学生活的自由和多彩，也逐渐对“如何度过大学生活”产生疑问和思考。尤其是第一学期快结束时，新生们逐渐褪去了对大学生活的新鲜感，转而产生迷茫和倦怠的情绪。因此，本次班会安排在大一上学期的12月份，直面学生的困惑，帮助学生树立生涯规划的意识，做好大学四年的规划。

2. 班会目的

本次班会旨在通过同学们之间互相分享彼此入学的梦想，引导学生进行充分的反思，进而找到现实与梦想的差距，让学生感受到生涯规划的重要性。通过大学生涯测规划试量表的测试、保研学生的经验分享，以及辅导员的指导，让学生学会如何规划大学生活。最后让学生给四年后的自己写一封信，从而引导学生结合自身的特点做好自己的大学生涯规划，找到一条适合自己并且有意义的大学之路。

七、方法与手段

利用音乐、视频、测试量表、漫画、寓言故事等，综合采用问题引导、分组讨论、案例分析、总结陈述等方法。在班会过程中要注意以下几点：

（1）结合大学生活。本次班会是新生入学教育的重要部分，也是整合新生对大学体验的重要时机，所以在班会过程中要时刻结合这一学期的大学生活。

（2）重视互动交流。在班会进行中，要对师生互动、生生互动予以充分重视。不仅是老师讲述，也要给学生分享、交流的机会。

（3）强调情境陶冶。从班会设计上来看，开篇音乐《最初的梦想》和结尾音乐《我的未来不是梦》均会对学生产生潜移默化的影响。这种情境设计还包括最后一个环节“投递梦想”——给四年后的自己写一封信，通过这种仪式化的情境增强学生生涯规划的意识。

八、班会准备

1. 环境准备

布置黑板，摆放座位，渲染环境，营造更为轻松舒适的外部氛围。

2. 人员准备

班会主持人即辅导员，班会参加人员即大一年级新生。

3. 资料和道具准备

准备相关图片、新闻、案例、测试量表和白纸。

4. 多媒体准备

制作幻灯片，利用多媒体教室开展班会活动，同时安排专人拍摄视频。

5. 学生准备

班会开始前根据学生的状态适时进行小游戏，提升学生的班会参与积极性；在班会过程中择机提问，引导学生主动思考。

6. 问题准备

对可能存在的问题做好预案，例如问题讨论中产生的各种可能答案、同学之间答案争端的处理、班会现场气氛的活跃等。

九、预期效果

(1) 反思梦想与现实的差距，认识大学生涯规划的重要性；

(2) 掌握从学习、生活、学生工作等方面进行生涯规划，并掌握规划的技巧；

(3) 规划自己的大学生活，并且落实在行动中，取得实效。

十、环节设置与时间分配

(一)班会导入:我的梦想我做主(10分钟)

【环节一】歌曲展示,导入主题:最初的梦想

伴着歌曲《最初的梦想》，辅导员介绍了入学初举行的“三行情书言梦想”活动，引起同学们的共鸣和思考，从而引发同学们思考入学前对于大学的梦想是什么，该梦想要如何实现。

【环节二】分组讨论,引发思考:我的梦想是什么

初入大学，充满希望与迷茫，但是每个人心中都有最初的梦想。请大家分组讨论，彼此分享自己的大学梦想。每组由一位同学上台向其他小组汇报组员的梦想。

(二)进入主题:我的大学我规划(30分钟)

【环节三】测试量表,关注现实:我目前的状态怎样(8分钟)

用大学生涯规划测试量表，测试同学们目前的状态。本量表主要分为三个方面，主要测试同学们对于环境变化的适应程度、自我的了解程度和目标的明确程度，让同学们的迷茫与希望通过直观的方式展现出来，同时让同学们结合测量结果用一个词来形容目前的状态，最后结合寓言故事引出“混日子更累”这句话，取得同学们的共鸣。

【环节四】学会分享，积极反思：他们是怎么做的（5分钟）

迷茫的状态不仅在2015级行政管理专业学生中存在，在很多学生中都存在。比如一些优秀的高年级学生也曾在入校之初比较迷茫。2012级法学专业保研的余歌同学在视频中分享了自己的大学经历，讲述了从入学初的彷徨到确定目标、努力奋斗、成为校十佳大学生，并被保送至南京师范大学的经历，让同学们能直观认识规划的意义和结果。

【环节五】辅导员支着，落实行动：最美青春如何成就（17分钟）

辅导员结合测试量表和高年级优秀学生案例，对于如何规划好大学生活给出以下建议：认清环境、了解自我、慎选目标。

认清环境：结合测试量表第一部分，请同学们参与讨论大学生活较之高中生活有哪些改变，哪些因素导致这些改变：生活环境（集体生活、独立生活）、学习状况（学习内容、学习方法）、人际交往（寝室关系和社会关系）、管理制度（管理要求和管理方式）。

了解自我：结合测试量表第二部分，请每位同学在白纸上用五个形容词来描述自己，然后与组员分享（帮助学生充分了解自己的性格、兴趣、价值观）。

慎选目标：结合测试量表第三部分与余歌同学的大学规划，强调学生应设定与自身情况相符合的四年总目标、每学期阶段目标和近期目标。此阶段着重培养学生的目标意识。

（三）总结升华：我的未来我奋斗（10分钟）

【环节六】花津慢递，投递梦想：写给四年后的自己

本场班会旨在引起同学们的共鸣与思考，并思考自己的未来。在最后环节，伴着背景音乐《我的未来不是梦》，让学生写一封信给四年后的自己。同学们可以在信中畅所欲言，就梦想、目标、自我认识、大学规划等进行思考，这封信将作为同学们的毕业礼物在毕业时发还给大家。

十一、过程设计

步骤	班会具体流程	备注
(一)班会导入	**【环节一】歌曲展示,导入主题:最初的梦想** 辅导员:各位同学,伴着这首熟悉的歌曲《最初的梦想》,我们开始今天的主题班会。入学到现在已经接近三个月,相信同学们都感受到了大学生活的自由和多彩;同时从与同学们的谈心中,我也发现了同学们对"如何度过大学生活"产生了一些疑问与思考。所以,今天班会的主题是"规划,为最美的青春"。 **【环节二】分组讨论,引发思考:我的梦想是什么** 辅导员:在开学之初,咱们班曾经举办过"三行情书言梦想"活动。在那次活动中,同学们通过各种形式表达了自己的入学之初的梦想。今天首先请同学们分组讨论,彼此分享自己的大学梦想。 每一位同学都说了说自己的大学梦想。 辅导员:看得出来,大家讨论得非常激烈,下面我们请每一组派一位同学和大家分享各位组员的梦想。 每组一位同学上台和大家分享组员的大学梦想。 辅导员:好的,谢谢刚才几位同学的分享,大家的大学梦想都非常精彩。但作为当代大学生,我们不能仅仅有梦想,还要有实现梦想的规划与行动。 辅导员:下面请大家填写大学生涯规划测试量表填写,通过量表这样一个直观的形式来感受和评估一下自己目前的状态。	通过播放歌曲、师生讨论,让学生充分感受梦想的力量,找到规划的动力。
(二)进入主题	**【环节三】测试量表,关注现实:我目前的状态怎样(8分钟)** 辅导员:这个量表主要分为三个方面,主要测试大家对于环境变化的适应程度、自我的了解程度和目标的明确程度。共有26题,每一题皆有"5""4""3""2""1"选项,"5"代表"非常符合","4"代表"大部分符合","3"代表"不一定","2"代表"大部分不符合","1"代表"非常不符合",用以表示各题的叙述内容符合或不符合您个人状况或想法的程度。请大家按照真实的做法或想法,在适当的数字上画圈,选项不要遗漏。下面给大家4分钟的时间完成量表。 学生认真完成大学生涯规划测试量表。 辅导员:好的,大家都已经完成了这个测试量表,统计一下得了多少分?这个量表第一部分主要测试学生对于环境变化的适应程度,第二部分测试学生对自我的了解程度,第三部分测试学生对目标的明确程度。	

续表

步骤	班会具体流程	备注
(二)进入主题	各个分数段的表现是： 26～51：学生对生活有充分的规划，你需要做的事是将规划变为现实，将计划变为行动。 52～77：对大学有过规划，但还有所不确定，需进一步完善规划，明确目标。 78～104：曾尝试对大学生活进行简单规划，但对自身探索不够，需进一步明确自身目标。 105～130：对自身探索不够，还要好好加油。 学生计算自己所得的分数。 辅导员：下面请大家结合自己所得的分数，用一个词来形容自己目前的状态。 学生：空虚、迷茫、彷徨、不安、郁闷、孤独、忐忑…… 辅导员：彷徨、迷茫这是大家发言中的高频词，这里辅导员想和大家分享一个寓言故事——混日子更累。 一匹马、一头驴听说唐僧要去西天取经，马立刻追随而去，经过九九八十一难，取回真经。驴问："是不是很辛苦啊？"马说："其实，在我去西天这段时间，你走的路一点都不比我少！而且还被蒙住眼睛，被人抽打。其实，我是怕混日子更累！" **【环节四】学会分享，积极反思：他们是怎么做的(5分钟)** 辅导员：其实，迷茫的状态不仅是2015级行政管理专业同学的特点，这也是历届大一新生都会遇到的问题。一些优秀的高年级学生在入校之初也很迷茫。你们的师姐，2012级法学专业的余歌同学在大学四年中屡获大奖，前段时间被保送至南京师范大学，可以说是非常优秀。即使是这样优秀的同学，在开学之初也经历过一段迷茫时光。下面我们来看一下她的视频。 视频中余歌同学讲述了从入学初的彷徨到确定目标、努力奋斗、成为校十佳大学生，并被保送至南京师范大学的经历，让学生直观地认识规划的意义和结果。 辅导员：结合视频，我想请同学们讨论"什么是最美青春，如何成就最美青春"。 学生就辅导员抛出的问题进行讨论，每组进行汇报。 **【环节五】辅导员支着，落实行动：最美青春如何成就(17分钟)** 辅导员：最美青春如何成就，每位同学都有自己的答案。而要成就最美青春，第一步就是要做好规划。而做好规划的第一步就是要对当前所处的环境做出准确的分析与判断。结合测试量表第一部分，请大家参与讨论大学生活较之	通过测试量表让学生直观感受目前生活规划的程度，唤起学生规划意识。 通过寓言故事引出"混日子更累"这句话。

续表

步骤	班会具体流程	备注
(二)进入主题	高中生活有哪些改变。 学生回答(略)。 辅导员:进入大学后,我们的生活环境发生了很大的变化,我们开始了多人的寝室集体生活,同时我们也离开了父母开始了独立的生活;我们的学习状况发生了很大改变,学习内容的专与博并存,学习方法更加注重自学;我们的人际交往关系发生了很大变化,我们需要学会与室友处好关系,还要学会在班级、社团等学生组织中与人交往;大学的管理制度也与高中有很大不同,管理要求和管理方式更加宽松,但对大家提出了更高的要求。 辅导员:分析了当前的环境,我们还需对自己有一个准确的了解。第二步就是结合测试量表第二部分,请每位同学在白纸上用五个形容词来描述自己,然后与组员分享。 学生在纸上写上自己的性格分析,并与组员进行分享。 辅导员:下面我们请一位同学上台来和大家分享一下他对自己的评价,也请大家分析一下他的自我评价是否合理。 一位学生上台说出自我评价,台下同学赞成或者给出不赞成的理由。 辅导员:分析了当前的环境,也对自我做了进一步的了解,让我们认识进行大学生涯规划的第三步,要有目标意识,要制订出符合自身情况的远期与近期目标。 结合测试量表第三部分,大家可以看到,余歌同学将大学目标分割成了总目标、阶段目标和其他目标,并且在每个学年都朝着这些目标努力,最终获得保研资格并荣获安徽师范大学十佳大学生荣誉称号。 下面请大家在纸上写下自己的四年总目标和学期目标以及近期目标。请三位同学站起来与大家分享自己的目标。 学生回答(略)。	要充分结合之前的大学生涯规划量表,充分挖掘量表中的内容,因为其不仅仅是数据。引导学生思考大学生活有哪些变化。
(三)总结升华	**【环节六】花津慢递,投递梦想:写给四年后的自己** 辅导员:同学们,在座的每个人都有属于自己的大学梦想,而如何将大学过得充实,过得值得,我们需要做的第一步就是做好规划,而要做好规划我们就要了解环境、了解自我,还要牢固树立目标意识,设立合理的远期目标与近期目标。 最后,伴着背景音乐《我的未来不是梦》,请大家写一封信给四年后的自己。大家可以在信中畅所欲言,就梦想、目标、自我认识、大学规划等进行思考,而我也将珍藏这些信,在大家毕业时作为毕业礼物发还给大家。	通过仪式化的投递环节再次强化学生的规划意识,也让学生明白规划是为了更好

续表

步骤	班会具体流程	备注
(三)总结升华	学生上台投递信件。 辅导员：好的，今天的班会到此结束，敬请期待“最美青春”主题班会——奋斗，成就最美的青春，我们下次再见。	的奋斗，最终要落实到行动。

十二、注意事项

1. 主题班会前

(1) 搜集关于回顾大学时光的歌曲，找出1～2首作为本次主题会的背景曲；

(2) 与班级同学拍摄小组进行商谈，确定拍摄主题微视频的具体时间、地点、操作人员以及活动花费，并制订预算表；

(3) 确定规划量表；

(4) 提前做好测试题、计分标准方面的准备以及情况分析。

(5) 依据活动内容，制订出此次活动的流程图；

(6) 微视频拍摄工作：联系余歌同学，由专人负责拍摄；

(7) 确定《最初的梦想》以及《我的未来不是梦》为本次主题班会开始与结尾的背景音乐。

2. 主题班会后

(1) 对班会的过程进行全面总结与反思，以丰富并完善主题班会的内容与形式；

(2) 深入了解学生的班会感受，进行后续引导，固化和延伸班会的作用与效果；

(3) 通过活动宣传、微博讨论、上传视频等方式，扩大本次主题班会的影响。

十三、总结

本次主题班会辅导员积极引导，学生主动参与，通过组织讨论、观察反省、案例分析等方式，目的是希望潜移默化地影响学生，使学生在班会中将“大学生涯规划”这一理念内化于心、外化于行。本次班会还需强化对班会节奏的把握，将各项活动组织开展好，丰富班会的内容和形式，谨防变成教师的说教。同时在后期，应该针对学生所做的规划，引导学生做好监督、评估和目标调整工作，帮助学生落实行动，在规划和奋斗中度过最美的青春。

与法相伴，逐梦前行

——法治教育系列主题班会之一

一、班会主题

与法相伴，逐梦前行——法治教育系列主题班会之一

二、班会地点

多媒体教室

三、班会时间

全国法治宣传日等

四、班会对象

大一年级学生

五、主讲人

桂彬、瞿津津

六、班会背景及目的

1. 班会背景

为了弘扬社会主义法治精神，贯彻十八届四中全会依法治国的主张，创建社会主义法治文化，增强国民的法治观念，推进社会主义法治社会建设，我们要提高国民学法用法守法的积极性和主动性，形成守法光荣、违法可耻的社会氛围，使全体人民都成为社会主义法治理念的忠实崇尚者、自觉遵守者、坚定捍卫者。

目前中国多所高校存在着法治教育不完善、大学生法律意识不强等问题。因此，我们举办这次“与法相伴，逐梦前行”法治教育主题班

会，旨在以同学们熟知的案例强化同学们的法律意识，倡导契约精神，弘扬公序良俗。

2. 班会目的

（1）认识到法律离我们并不遥远。先通过在校大学生请假未经批准擅自离校发生意外的案例，导入话题一“法之距离——咫尺还是天涯”。再通过一场主题为“请假是否只是一件小事”的辩论赛，使同学们在思想的碰撞和语言的交锋中更为直接地领悟到法律离我们并不遥远，守法在举手投足之间。

（2）分析出法律到底在哪些方面与我们密切相关。通过播放上海商学院违禁电器失火案、河南女大学生闯红灯被撞飞案这两个真实案例的视频，导入话题二“法之联系——何处紧密相依”，观后引导学生展开讨论，让学生畅所欲言，发表感受。

（3）领悟大学生践行法治的重要意义。通过展示习近平总书记在中央政法工作会议上要信仰法治的相关语录，导入话题三“法之践行——落小落实落细”，使同学们充分认识到法律的重要性，领悟到践行法治的重要意义。

（4）讨论总结得出践行法治的方式、方法并付诸实施。以讨论的形式让同学们畅谈我们该如何增强法律意识，在广泛听取同学们的意见后，辅导员进行总结和详细阐述。最终将理论应用到实践，请团支部策划一次“身边有法——走好青春每一步”的特色团日活动，实现法治思想的外化于行。

七、班会准备

1. 环境准备

布置黑板，摆放座位，渲染环境，营造更为轻松舒适的外部氛围。

2. 人员准备

班会主持人即辅导员，班会参加人员即大一年级学生（提前做好回答问题学生的预案工作）。

3. 资料和道具准备

搜集相关视频、图片、新闻案例等。

4. 多媒体准备

制作相关PPT，利用多媒体教室开展班会活动。

5. 学生准备

班会开始前根据学生的状态适时进行言语引导，放松学生心情，提升学生参与班会的积极性；在班会过程中择机提问，引导学生主动思考。

6. 问题准备

对可能存在的问题做好预案，例如问题讨论中产生的各种可能答案、同学之间答案争端的处理、班会现场气氛的活跃等。

7. 采访调查准备

纬七路高校服务园区随机采访视频，大学生法律意识问卷调查结果。

八、方法与手段

利用街头采访、调查问卷、视频、新闻案例等，综合采用班级辩论赛、问题引导、案例分析、小组讨论等方法。在班会过程中注重以下几点：

（1）坚持教育与自我教育相结合。既充分发挥辅导员的教育引导作用，又充分调动学生的积极性和主动性。

（2）坚持解决思想问题与解决实际问题相结合。在以理服人的同时，做到以情感人，增强法治意识教育的实际效果。

（3）坚持贴近实际原则。以真实案例警醒学生，唤醒学生的法治意识，促使学生关注日常点滴，从小事做起，做到贴近实际，贴近生活。

九、预期效果

（1）能感受到法律并不遥远，守法在举手投足之间；

（2）能深切感受到法治意识淡薄的危害；

（3）能真正做到内化于心、外化于行。

十、环节设置与时间分配

（一）班会导入：法之距离，引发思考

【环节一】观看视频，引发思考：法治是近是远大学生看法不一（3分钟）

由于本次班会对象主要是法学专业的在读本科生，相对其他专业的大学生而言具有一定的群体特殊性，对于“法治离大学生是近是远”的看法不具有普遍适用性。因此，我们在纬七路高校服务园区进行了随机采访，通过播放采访视频，让我们一起来看看当代大学生们对于法治的不同理解和看法。

【环节二】自由辩论，产生共鸣：请假是否只是一件小事（12分钟）

以班级辩论赛的形式导入话题，正方反方就“请假是否只是一件小事”展开言辞交锋。在灵感和思想的碰撞中使同学们产生共鸣，由此思考得出，作为新时代的大学生，法治存在于我们的日常点滴生活中。

（二）进入主题：与法相伴，逐梦前行

【环节三】案例展示，触目惊心：短视频告诉你法治与大学生紧密相依（3分钟）

通过前两个环节的铺垫，多数同学认可了“法治于我们大学生而言是紧密相依的”观点。此时辅导员播放两个涉及大学生的相关法治案例视频（上海商学院失火案、河南女大学生闯红灯被撞飞案），使得学生通过影像的直观感受，更加真切地体会到大学生离法治并不遥远，并且体悟到法治意识淡薄的危害。

【环节四】头脑风暴，畅所欲言：法治与大学生紧密相依具体体现在哪些方面（17分钟）

通过上一个环节视频素材的展示，同学们得以启发，现在开始头脑风暴环节。让同学们畅所欲言自己所经历或者所了解到的其他大学生与法治紧密相依的具体事例，辅导员将根据同学们的发言进行总结和详细阐述。

（三）总结升华：践行法制，落实行动

【环节五】内化于心，外化于行：大学生如何增强自己的法律意识（10分钟）

大学生作为社会中一个特殊的群体，在校内和校外扮演着不同的角色。在校内，我们要熟读学生手册，自觉遵守校规校纪；在校外，我们要遵守交通规则等社会公共秩序。观看普法节目、参与普法社会实践、下载法制APP亦是增强法制意识的有效途径。通过引入习总书记中央政法工作会议的语录，得出践行法治要落小、落实、落细的道理。最后由辅导员进行总结，作为一名法学专业的在读本科生、未来的法律人，谨防新媒体诈骗、遵守交通规则、关注餐饮安全、践行校规校纪是增强自身法律意识的有效方法。班会结束时，辅导员布置“身边有法——走好青春每一步”主题团日活动的任务。

十一、过程设计

步骤	班会具体流程	备注
（一）班会导入	**【环节一】观看视频，引发思考：法治是近是远大学生看法不一** 辅导员：各位同学，今天又到了我们两周一次的常规主题班会，班会的主题我先卖个关子，让我们先来看一段视频。 学生观看视频。 辅导员：看完这段视频，相信大家也能猜到我们今天班会的主题了。 学生：法治教育。 辅导员：是的，今天我们将进行一场法治教育主题班会。在进行这次班会之前，我和班上几位同学去了大学生较为密集的纬七路，就“你认为法治于大学生而言是空中楼阁还是紧密相依”这个问题对周围的大学生进行了一次街头采访。下面让我们来看一下采访视频。 学生观看视频。 辅导员：在采访的同时，我们还向路人发放了一份调查问卷。通过对调查问卷的结果分析，发现大学生看待法治还存在着这样一些疑惑甚至误区：一部分学生认为法治与我们有关但是关系并不大，法治应该是我们走出校园踏上社会才会接触到的；也有一部分学生认为法治与我们关系紧密，但不知道	导入环节，通过播放视频，让学生推测出今天班会的主题为法治教育。

续表

步骤	班会具体流程	备注
(一)班会导入	究竟表现在哪些方面;更多的学生认识到了法治与我们关系密切,但不能很好地应用法律、践行法治。 针对调查结果,今天我们的主题班会将围绕三个话题来展开:法之距离——咫尺还是天涯;法之联系——何处紧密相依;法之践行——落小落实落细。 **【环节二】自由辩论,产生共鸣:请假是否只是一件小事** 辅导员:想必大家也知道,本校前段时间运动会期间发生了这样一件事:某个同学打算请假外出,但因为运动会是教学活动不允许请假,所以他的请假并没有得到批准,然而该同学还是选择擅自离校,结果在外出期间出了事故脚受了伤。经校方研究,决定给予他院内警告处分。针对这件事,咱们班级辩论队的同学产生了不同的观点,让我们来看看,他们是怎么说的。 学生辩论队成员就座,开始辩论。 辅导员:听完这场辩论,相信大家也有所感触。就算是请假这样的小事,也触及了校纪。校纪也是纪律,不遵守法律和纪律必然会受到惩罚。其实,法律并不遥远,守法在举手投足之间。	通过学生们的言辞交锋,让大家明白请假并非小事,法治并不遥远。
(二)进入主题	**【环节三】案例展示,触目惊心:短视频告诉你法治与大学生紧密相依** 辅导员:既然法治离我们很近,那么,法治究竟在哪些方面和我们关系紧密呢?我们先来看两个视频。 学生观看视频。 辅导员:看完这两个视频,大家有什么想法呢,哪位同学愿意分享一下自己的感受? 学生畅所欲言,说自己看完两段视频的感受。 **【环节四】头脑风暴,畅所欲言:法治与大学生紧密相依具体体现在哪些方面** 辅导员:其实法治真的与我们生活的方方面面密切相关。首先,无论在校内还是校外,我们都必须遵守交通规则。其次,大家背过学生手册都知道,未经请假夜不归宿是学校明令禁止的。其三,这些年来网络通信诈骗屡见不鲜,即骗子通过电话、网络和短信方式,编造虚假信息设置骗局。大家有遭受网络通信诈骗的经历吗? 学生分享被骗的经历。 辅导员:骗子诈骗可谓无孔不入,同学们一定要提高防范意识。其四,关于考试作弊,这个方面相信大家并不陌生,很多同学作弊的手段也是花样百出。但大家是否知道,2015年11月份,考试作弊已经入刑,考试作弊治理进入了有法可依的时代。所以,同学们学好知识才是最重要的,千万不要有什么侥	该环节辅导员以大学生为主体,具体说明同学们在校园里到底有哪些方面与法治紧密相依。

续表

步骤	班会具体流程	备注
(二)进入主题	幸心理。其五,关于违禁电器就不用说了,大家视频也看到了,不管是遵守校规校纪还是出于自身安全考虑,远离违章电器吧。最后,在大学生的就业创业过程中,法律意识是相当重要的。目前班里有多少人在兼职打工? 学生举手示意。 辅导员:你们是从哪获取的兼职信息呢? 学生分享自身经历。 辅导员:打工信息主要来自校园内张贴的广告和一些网站发布的招聘启事,但许多信息未经任何有关部门的审核,所以贸然去应聘是存在风险的。不管是打工还是以后的就业创业,一定要增强法律意识,拒绝口头协议,保存好书面材料,一旦出现问题,要学会用法律维护自身的权益。 辅导员:班会进行到这里,大家也能感受到,法律与我们紧密相连,在我们日常生活的点滴之中。	
(三)总结升华	**【环节五】内化于心,外化于行:大学生如何增强自己的法律意识** 辅导员:习总书记说,要信仰法治、坚守法治,做知法、懂法、守法、护法的公民,站稳脚跟,挺直脊梁,只服从事实,只服从法律。法律如此重要,我们该如何增强法律意识呢? 学生小组讨论三分钟,代表发言。 辅导员:大家考虑得非常全面,总结一下主要是这几个方面。作为学生,首先要学好学生手册;其次,要学好专业知识;最后,随着手机和电脑的普及,可以下载法制APP和看普法节目,放假的时候参加普法社会实践,不仅能够增强法治意识,也能锻炼自己的实践能力。 辅导员:在校园生活中,大家一定要注意这四个方面:谨防新媒体诈骗,遵守交通规则,关注餐饮安全,遵守校规校纪。 最后,给大家留一个会后作业,请团支部策划一次以"身边有法——走好青春每一步"为主题的特色团日活动,践行法治理念。 谢谢大家!	通过特色团日活动,将理论付诸实践。

十二、注意事项

1. 主题班会前

(1) 教室卫生:由生活委员和各寝室长负责;

(2) 现场秩序:由纪律委员带头,全体班委共同协作;

（3）班会宣传：由宣传委员拍照、撰写宣传稿，并及时上传。

2. 班会过程中

（1）注意调动学生的积极性，引导学生带着问题进行思考；

（2）以浅显易懂的方式帮助学生理解涉及的一些理论知识。

3. 主题班会后

（1）对班会的过程进行全面总结与反思，以丰富并完善主题班会的内容与形式；

（2）深入了解学生的班会感受，进行后续引导，固化和延伸班会的作用与效果；

（3）通过活动宣传、微博讨论、上传视频等方式，扩大本次主题班会的影响。

十三、总结

本次主题班会，辅导员积极引导，学生主动参与，利用街头采访、问卷调查、辩论赛、案例视频等，综合采用多种方法，寓教于乐，潜移默化地教育学生，帮助学生认识法律意识的重要性。需要注意的是，此次班会既是讲方法，更是培养意识，因此不可操之过急，要重在平时。但由于时间所限，本次班会方案设计的初衷并不是期望仅仅通过一次班会就达到完美的效果，而是以此为引导，在今后的工作中，设计开展一系列主题班会和实践活动，不断强化学生的法律意识，提升学生的综合能力。

本次主题班会是由辅导员主持的，如果学生能自发组织并由班委会成员主持召开，可能将更有利于同学的广泛参与和融入。今后主题班会的设计应当更加注重形式创新，更加注重手段，将班会流程设计得更加新颖，使每一位学生都能全身心参与其中，以期获得更好的教育效果。

附件：

大学生法律意识调查问卷

1. 您的性别是（　　）

A. 男　　　　B. 女

2. 您所在年级是（　　）

A. 大一　　　　B. 大二

C.大三
D.大四
E.大五或以上

3.您从哪些渠道了解法律知识？（　　）

A.国家普法宣传
B.自己看有关法律的书籍
C.自己亲身经历
D.通过媒体报道
E.其他

4.您对基本法律知识了解多少？（　　）

A.该了解的都了解
B.不太了解
C.几乎都不了解

5.您知道自己有哪些权利和义务吗？（　　）

A.知道，我的行为就是根据这个来确定
B.大体知道我有什么权利和义务
C.我只是知道不犯法
D.不知道，做人靠良心，那些无所谓

6.您认为法律的主要作用是什么？（　　）

A.保护公民权利
B.处罚违法犯罪
C.规定公民的义务
D.巩固政权
E.规范人们的行为
F.说不清

7.您认为加强大学生法律意识的最佳方法是什么？（　　）

A.通过大学里设置的课程
B.通过各种丰富的宣传法制活动与讲座
C.通过学校的社团
D.通过身边的例子与交流

8.您认为我国目前的法律怎么样？（　　）

A.对所有公民都是平等的
B.略有不平等，没有充分保护劳动人民的利益
C.非常不公平，劳动人民没有得到保护

9.您认为目前学习法律的主要问题是什么？（　　）

A.有了法律知识，但实际生活上不会用
B.法律知识不足
C.能运用所学知识解决现实问题

10. 您知道全国法制宣传日是哪一天吗？（ ）

A.3月15日　　B.9月20日

C.11月9日　　D.12月4日

E. 不知道

11. 您认为我国目前法律和权力的关系是（ ）

A. 法大于权　　B. 权大于法

C. 权法平等

12. 当您自身权益受到侵害的时候，您首先想到的是用什么途径来解决？（ ）

A. 通过法律来维护自己的权益

B. 通过关系解决

C. 通过暴力行为解决

D. 自认倒霉

13. 您认为法律在你的日常生活中的作用如何？（ ）

A. 非常重要

B. 比较重要

C. 一般吧

D. 没觉得有作用

14. 若在日常消费中您索要发票，商家拒绝开发票，您会怎么办？（ ）

A. 索性不要发票，反正东西已经买了

B. 不要发票，但要求商家给予一定的好处

C. 向当地工商部门检举

15. 您认为法律能维护您的切身利益吗？（ ）

A. 能，我对法律有信心

B. 不能，法律愈来愈成为有钱人和有权人的代表

C. 现在不能，但随着社会的发展，法律会逐渐完善

16. 在网络游戏中，有些不良玩家骗取他人的装备道具等，对于这种现象，您怎么认为？（ ）

A. 网游行骗现象很常见，属于游戏的内容，那些行骗的玩家没有违法，只能怪上当的人不够精明

B. 虽然是在网络游戏中行骗，但因为使用了不正常途径去获取他人

的利益，已构成犯罪

C.应当制定相关网络法规，来维护好网络世界

17. 您在无证照摊贩处购买商品或食物的频率是（　　）

A.从不　　B.偶尔　　C.经常

18. 您会如何对待消费争议？（　　）

A.自认倒霉，算了　　B.直接与商家联系

C.向媒体投诉曝光　　D.找消费者协会投诉

E.上论坛、博客发表文章

F.向行政部门投诉提起仲裁，向法院提起诉讼

G.其他

19. 您认为大学生在法制社会中担当的角色是（　　）

A.守法者　　B.法制知识的传播者

C.法律的完善者　　D.法治社会前进的推动者

E.其他

20. 您认为影响我国法律有效执行的主要原因是（　　）

A.法制不健全　　B.法律没有足够多的威信

C.执法不严　　D.存在一些司法腐败

E.其他

21. （女性）当您在公交车上遇到骚扰，您会如何解决？（　　）

A.出声制止，维护自己　　B.默默走开，不敢出声

C.换个地方或者下车　　D.用自己的方法让他得到教训

22. 当您参加勤工助学活动或者工作时，您有意向与用人单位签订合同吗？（　　）

A.有　　B.没有

23. 当您面对不合理的制度，您会怎么办？（　　）

A.敢于质疑，并向有关部门反映

B.虽然不满，但还是强行忍着

C.找其直接理论

24. 您觉得当前法律对学术腐败的问题处理的力度够吗？（　　）

A.力度不够，应该加大处罚力度　　B.还可以接受

C.几乎没有什么力度　　D.其他

25. 当前民告官的现象，说明了什么？（　　）

A. 人们的法律意识较淡薄

B. 我国的腐败现象很严重

C. 人们法律意识提高了

26. 您会关注立法等法律热点吗？（　　）

A. 会　　　　　　　　B. 不会

立信于行，至诚则成

——争做一名诚实守信的大学生

一、班会主题

立信于行，至诚则成——争做一名诚实守信的大学生

二、班会地点

多媒体教室

三、班会时间

国际消费者权益日

四、班会对象

大一、大二年级学生

五、主讲人

孙良林、梁倩

六、班会背景及目的

诚信是社会主义核心价值观个人层面的基础内容，同时也是大学生思想政治教育的重要内容。马克思在《资本论》中指出：诚信是市场经济与生俱来的准则，是市场经济的灵魂，是市场成熟的标志。“政无信不威，商无信不富，人无信不立”，诚信是市场经济的一张通行证。在瞬息万变的信息时代，诚信不仅是一种品行，更是一种责任；不仅是一种道义，更是一种准则；不仅是一种声誉，更是一种资源。诚者，开心见诚，无所隐伏也；信者，诚实不欺，信而有征也。

高校思想政治教育工作应加强和改进同学诚信思想教育和诚信意识，培养学生的诚信品质，引导学生树立诚信理念，养成“诚信待人、诚信处事、诚信学习、诚信立身”的价值观念，最终培养学生做一名具有诚信美德并能为建设诚信社会做贡献的高素质大学生。此次班会意在使同学们认识到诚信的重要性和培养同学们诚信的意识，并初步学会将诚信融入日常生活中的每一件小事，真正做到诚实守信。

七、方法与手段

1. 素材

案例、图片、视频、故事、游戏等。

2. 方法

综合采用讲授法、讨论法、演示法和行动导向等方法。

3. 模式

学生为主体，辅导员为主导。

4. 注意事项

（1）教育与自我教育相结合。既充分发挥辅导员的教育引导作用，又充分调动学生的积极性和主动性，引导他们自主发问、自主思考、自主探究。

（2）解决思想问题与解决实际问题相结合。在讲道理的过程中，努力关心和帮助学生，既以理服人又以情感人，增强思想政治教育的实际效果。

（3）继承优良传统与改进创新相结合。努力拓展教育的方法和途径，注重利用现代科学技术和手段，贴近实际、贴近生活、贴近学生，提高教育的针对性、实效性、吸引力和感染力。

八、班会准备

（1）深入学生，了解学生中不诚信的现象、原因，制订班会方案；

（2）准备好PPT、视频、诚信故事、诚信案例、不诚信素材等；

（3）做好会场布置工作，如布置黑板、营造氛围等。

九、预期效果

（1）更加深层次地认识诚信，了解诚信的价值；

（2）分析不诚信行为的原因，了解失信的代价；

（3）培养诚信意识，从大学校园内开始自觉践行诚信。

十、环节设置与时间分配

【环节一】班会导入：一名诚信高中生的新闻视频（5分钟）

通过一名高中生的诚信故事引入：这名高中生在放学途中骑自行车，不小心刮擦了一辆汽车；高中生等了许久不见车主出现，便留下了字条和联系方式。这个诚信故事让很多人都为之感动。同学们看完以后谈感受，师生互动，并提问几位同学共同提到了一个什么话题，从而引出本次班会的主题：立信于行，至诚则成——争做一名诚实守信的大学生。

【环节二】引入思考：展示各类大学生不诚信行为的图片（5分钟）

展示大学校园内学生作业抄袭、考试作弊、恶意欠贷、简历造假、频繁违约等不诚信行为的图片，引发同学们思考。

【环节三】讨论分析：讨论三个有关大学校园内的诚信行为的问题（10分钟）

引导全班同学讨论三个问题：“你有没有做过以上类似的事情？”“你是否知道这些是不诚信的表现？”“为何你明知不诚信，还要为之？”重点是对第三个问题进行全班讨论，得出同学们自己的看法。对同学们的观点和看法，辅导员先不做评判，引入第二组图片。

【环节四】举例论证：展示社会上不诚信的危害图片，阐述失信的代价、诚信的价值，论证同学们的原有想法是错的（10分钟）

展示社会中毒奶粉、地沟油、假羊肉、假酒、假药、各类假证等新闻图片，引起同学们的反思，然后谈观后感。通过学生自己谈看法推翻他们一开始的想法，以此来引导学生。同时，通过阐述失信的代价，包括大学校园内的失信代价和社会上的失信代价，师生共同讨论诚信的价值。主要从“立人之本、齐家之道、交友之基、为政之法、经商之魂”几个方面来探讨诚信的价值，让大学生认识到践行诚信的必要性和重要性。

【环节五】如何践行：通过十六个字引导学生去践行诚信（3分钟）

辅导员借用习总书记的话，送给同学们十六个字“心存敬畏、严于律己、慎独慎微、襟怀坦荡”，从而激发同学们的思考，引起同学们的共鸣。

【环节六】诚信活动：开展向自己曾经失信过的人说句“对不起”活动（7分钟）

辅导员先为每位同学发一张纸，再让同学们回想自己曾经失信过的人，再把内心想对他说的话坦诚地写下来，然后请几位同学代表上台谈谈自己所写的内容，最终引起同学们的现场共鸣。

【环节七】宣誓总结：全班同学在班长的带领下重温诚信誓词（10分钟）

倡导大家将践行诚信当成一种责任、一种行为习惯和一种精神追求。践行社会主义核心价值观，从诚信起步，青年先行。

十一、过程设计

步骤	班会具体流程		备注
	辅导员活动	学生活动	
【环节一】班会导入	[开头]欢迎大家来到第二期社会主义核心价值观教育系列主题班会。 [播放视频]一个诚信高中生在放学途中骑自行车，不小心刮擦了一辆汽车；这名高中生等了许久不见车主出现，便留下了字条和联系方式。这个诚信故事让很多人都为之感动。 [提问]大家看完后有何感想？ [引导]几位同学的感想中共同提到了一个什么话题？ [过渡]这也正是我们这次班会的主题。	[观看]认真观看新闻视频。 [思考]从这名高中生身上，我们学到了什么品质？ [活动]回答问题，告知自己的真实感受和想法，共同提到诚信意识。	通过这个诚信视频，让同学们看见一个高中生都能如此践行诚信，来引出今天的诚信话题。

续表

步骤	班会具体流程		备注
	辅导员活动	学生活动	
【环节二】引入思考	[PPT展示]展示大学生不诚信行为的图片,如学生作业抄袭、考试作弊、恶意欠贷、简历造假、频繁违约等。 [引导]同学们看完这些图片后应该有些思考。 [过渡]用三个问题来引导大家分析。	[观看]观看每张图片。 [思考]边看这些图片边思考,自己有没有做过类似的事情,为何会这样做?	与诚信高中生对比,大学生的一些不诚信行为,引起学生反思。
【环节三】讨论分析	[PPT展示]展示三个问题“你有没有做过以上类似的事情?”“你是否知道这些是不诚信的表现?”“为何你明知不诚信,还要为之?” [引导]对每个问题进行逐个引导,重点让同学们讨论第三个问题。 [提问]对三个问题依次提问,重点提问第三个问题,让同学们真实地谈谈自己的看法。 [总结]总结同学们发表的看法,主要包括三个方面:“想法一:不是什么大事,没什么大不了的。”“想法二:抱有侥幸心理,只是偶尔为之。”“想法三:不能抵住诱惑,没能克制自己。” [过渡]三个问题我们先不做评判,请大家再来观看一组图片。	[观看]观看PPT中的三个问题。 [思考]认真思考这三个问题。 [活动]回答三个问题,并结合自己的实际情况说明原因。 [讨论]重点讨论第三个问题。 [活动]针对讨论后的结果,发表自己的真实看法。	通过这三个问题的设计,来引起全班学生的讨论,真正地思考诚信这个话题。
【环节四】举例论证	[PPT展示]展示社会上各类不诚信行为的图片,如毒奶粉、地沟油、假羊肉、假酒、假药、各类假证等,引起同学们的反思。 [提问]大家看完这组图片以后又有何感想呢? [引导]把社会上的这些不诚信行为和校园内的不诚信行为做对比,用同学们自己的话来推翻他们自己之前的看法。 [提问]让同学们回答,你们还觉得大学的那些行为是小事吗? [引导]正面引导学生,诱惑后	[观看]观看各类社会中的不诚信图片。 [思考]看这些图片以后,认真地思考社会上的这些不诚信行为。 [活动]发表自己观看图片以后真实的感想(大部分学生表现得很愤怒,认为这些人十分可恶)。	通过学生谈看法来推翻他们一开始的想法,以此来引导学生。同时,通过阐述失信的代价,师生共同讨论诚信的价值,进一步论证践行诚信的

续表

步骤	班会具体流程		备注
	辅导员活动	学生活动	
【环节四】举例论证	面往往是陷阱,侥幸后面往往是不幸。 [PPT展示]展示大学校园内失信的代价,如考试作弊被学校记过处分;不诚信偿还助学贷款背上了信誉的污点。展示社会上失信的代价,如地沟油案件的宣判和处理结果。 [PPT展示]诚信的价值在哪儿? [总结]总结同学们的看法,诚信的价值主要是“立人之本、齐家之道、交友之基、为政之法、经商之魂”。 [过渡]提一个设问,“诚信的价值到底在哪儿?”	[活动]认识到不诚信的严重性,思考自己的不诚信行为。 [思考]思考失信后的后果,认真反思自己的行为。 [活动]反馈辅导员的相关问题,发表自己的真实看法。 [讨论]共同讨论诚信的价值,主要从个人、家庭、从政、经商等方面来回答。	必要性和重要性。
【环节五】如何践行	[PPT展示]展示十六个字:“心存敬畏、严于律己、慎独慎微、襟怀坦荡”。 [引导]借用习总书记的话,激发同学们的思考,引起同学们的共鸣。 [过渡]通过提出开展一个诚信活动过渡。	[观看]认真观看这十六个字,并认真记住这些字。 [思考]认真思考这十六个字,对自己怎样践行诚信下个决心。	通过这十六个字来激励同学们践行诚信,并指导学生如何去践行诚信。
【环节六】诚信活动	[PPT展示]亲爱的(　　):我曾经失信于您,(　　)我真诚地向您说句对不起!您的(　　) [引导]我们都可能曾经失信于别人,比如我们的父母、亲戚、朋友、同学,等等。人非圣贤,孰能无过,曾经的失信或许已经不那么重要了,重要的是以后我们要信守承诺,践行诚信。 [提问]哪位同学愿意主动来分享一下所写的内容。 [过渡]同学们的话让我们大家都很感动,提议再给他们一次掌声。	[观看]观看PPT中的诚信活动的写作模板。 [思考]自己曾经失信于哪些人?这次借这个机会要对他们说哪些话? [活动]坦诚地写出要对自己曾经失信过的那个人所说的话,越真诚越好。 [活动]学生走上讲台,向其他同学分享自己的感悟。	通过诚信活动来引起广大同学对诚信的共鸣,达成诚信的共识。

续表

步骤	班会具体流程		备注
	辅导员活动	学生活动	
【环节七】宣誓总结	[引导]对刚刚几位同学的话进行总结，特别强调以情感人。 [PPT展示]我宣誓： 内诚于心，外信于人。 以诚信换取诚信，以诚信收获成功。 用诚信开启知识之窗，用诚信鼓起上进之帆。 诚信待人，诚信做事，我誓言做一名诚实守信的接班人！ [总结]希望大家将践行诚信当成一种责任、一种行为习惯和一种精神追求，践行社会主义核心价值观，从诚信起步，青年先行。	[活动]班长主动举手示意，带领全班同学们重温诚信誓词。 [观看]观看PPT上的诚信誓词。 [思考]认真思考在今后的大学生活中怎样践行诚信。	通过重温诚信誓词，激励广大同学讲诚信的决心。 通过辅导员的总结升华，引导同学们对践行诚信达成共识。

十二、注意事项

1. 主题班会前

(1) 会场卫生：由生活委员和各寝室长负责；

(2) 活动秩序：由安全委员带头，全体班委共同协作；

(3) 活动宣传：由宣传委员负责撰写宣传稿及照相，并进行及时报道；

(4) 音响效果：由信息委员提前检查会场音响，并预备一个辅助扩音器。

2. 班会过程中

注意观察学生的反应与表现，及时做出有针对性的细微调整与反馈，优化班会的实际效果。

3. 主题班会后

主题班会结束后，要进行及时总结与反思，深化教育效果。

(1) 对班会的过程进行全面总结与反思，总结经验，改进不足，以完善主题班会的内容与形式；

(2) 深入学生，了解其在经历班会后的感受，并进行后续引导，固化和延伸班会的作用与效果，增强思想政治教育的实效性；

（3）通过活动宣传、会后讨论、上传视频等方式，充分利用班级QQ群、微博等平台，扩大本次主题班会的影响。

十三、总结

本次主题班会由辅导员主导，将学生置于主体地位，以学生的准备、组织和参与为主，在这个过程中，潜移默化地对学生产生教育或影响，帮助学生树立诚信意识，促进其成长成才。但由于时间所限，本主题设计不期望通过一次班会就达到教育效果，而是以此为引导，在今后的大学生思想政治教育中，再以诚信道德教育为目标，设计开展一系列的主题班会和教育活动，为学生创造自由发展、表现自我的空间，促使他们自我教育，从而达到育人目的。

总体来说，本次班会取得了良好效果，同学们基本都能参与其中，受到教育，虽只有极个别同学参与的积极性不高，同样值得反思。本次主题班会由辅导员主持，如果由学生主持可能更好，更有利于学生的融入。今后主题班会设计应当力求创新互动形式、丰富教育手段、内容设计新颖，使全部学生参与其中，以期获得更好的教育效果。

点燃创业激情，放飞创业梦想

——大学生创业意识激发主题班会

一、班会主题

点燃创业激情，放飞创业梦想——大学生创业意识激发主题班会

二、班会地点

多媒体教室

三、班会时间

大三学年

四、班会对象

大三年级学生

五、主讲人

孙良林、梁倩

六、班会背景及目的

创业是推动社会发展、改善民生的重要途径，而大学生创业意识及其在其支配下产生的创业活动对于个人乃至民族的发展有着重大的意义。近年来，商品经济时代的飞速发展，铁饭碗时代一去不复返，取而代之的是愈来愈激烈的失业危机和就业压力。此时，商海开始酝酿一股新的浪潮——创业热潮。创业，一方面可以解决自身的就业问题，获得物质和精神上的满足；另一方面，创造了更多的就业机会，在一定程度上解决了更多人的就业问题。这无疑是缓解就业压力的一

个现实而非常有效的途径。众所周知，就业压力的缓解对于家庭和谐、社会稳定、民族经济发展至关重要，并是构成稳固社会主义建设事业环境的一个必备因素。某网站对在校大学生创业意识进行了调查，报告显示，58%的大学生没有考虑过创业或者对创业毫无兴趣。因此，我们要强化大学生的创业意识，激发大学生的创业热情，培养大学生的创业素质和能力，让大学生敢于创业、勇于创业、善于创业。

七、方法与手段

1. 素材

案例、图片、视频等。

2. 方法

综合采用讲授法、讨论法、演示法和行动导向等方法。

3. 模式

学生为主体，辅导员为主导。

4. 注意事项

（1）教育与自我教育相结合。既充分发挥辅导员的教育引导作用，又充分调动学生的积极性和主动性，引导他们自主发问、自主思考、自主探究、自主争辩。

（2）解决思想问题与解决实际问题相结合。在讲道理的过程中，要认真关注学生，真正地与学生产生共鸣，达成共识，既以理服人又以情感人，从而增强思想政治教育的实际效果。

（3）继承优良传统与改进创新相结合。努力拓展教育的方法和途径，注重利用现代科学技术和手段，贴近实际、贴近生活、贴近学生，提高教育的针对性、实效性、吸引力和感染力。

（4）教授与朋辈教育相结合。细致讲解创业政策，同时邀请创业典型到班会现场现身说法，以讲故事的形式讲述创业典型自己的创业经历，吸引同学们的兴趣，唤起同学们的创业意识。

八、班会准备

（1）做好前期调研工作，了解学生对创业的认识，了解学生有无创业想法，了解学生对创业政策的了解程度，并制订班会方案；

（2）做好材料准备工作，如PPT、视频、创业典型故事、创业支持政策、创业基本知识等；

（3）做好会场布置工作，如布置黑板、营造氛围等；

（4）做好配合同学工作。班会中需要几个配合的同学，提前通知他们搜集材料，按照班会的要求做好准备。特别是邀请创业典型方敏，讲述“云打印”的创业故事。

九、预期效果

（1）更加深层次地认识创业，了解创业的个人价值和社会价值；

（2）了解大学生创业的利弊，纠正自身对创业的错误认识；

（3）产生创业热情，培养了创业意识。

十、环节设置与时间分配

【环节一】班会导入：马云《我能创未来》演讲视频（8分钟）

播放马云的《我能创未来》的励志演讲视频。他在演讲中谈到了自己从1994年开始创业的经历，从不自信到自信，从遇到各种困难阻力到创业成功，从没有人脉、没有资金、没有经验到阿里巴巴的成功上市。演讲中有很多励志和激励青年的经典语句，能够激发大学生的创业热情，特别是关于“梦想”的分析，对大学生的创业能够起到很好的推动作用。通过这段演讲视频，引出本次班会的主题：点燃创业激情，放飞创业梦想。

【环节二】开展辩论：“辩一辩”——引导学生对大学生创业的利弊进行辩论（5分钟）

引入主题后，开展一个简短的辩论，辩论的话题就是大学生创业的利弊，大学生是否应该创业。此过程要提前安排两队学生，每队3人，分别准备相应的有关大学生创业的材料。辩论结束后，辅导员总结。对辩论的总结十分重要，辅导员一定要提前准备丰富的创业知识素材，引导学生正确和科学地认识大学生创业。

【环节三】引入思考："想一想"——介绍本校三位创业明星，引导学生思考（8分钟）

介绍我校三位创业明星，分别是"80后"全国创业明星耿国星、洪占辉式创业自强之星王雷、中国"微软"的耕耘者杨利辉。在总结提炼的时候，先让同学们知道这三位创业明星其实也都是普普通通的学生，他们没有过多资金，没有很好的人脉，也没有丰富的经验；然后再分析他们能够创业成功的原因，从而激发同学们的创业意识，增强创业的自信心。

【环节四】论证分析："学一学"——呈现大学生创业的优势和机遇（10分钟）

展示大学生创业的优势，如具有较高层次的文化水平，有对事物的领悟力，有些东西一点即通；自主学习知识的能力强，能够在互联网络上搜寻到许多信息；接受新鲜事物快，甚至是潮流的引领者，思维普遍活跃，不管是敢不敢干、至少是敢想；自信心较足，对认准的事情有激情去做，年轻、精力旺盛，故有"年轻是最大的资本"之说。没有成家的大学生暂无家庭负担，其创业较容易获得家庭或家族的支持。同时，本环节还展示大学生创业机遇，如大好的市场环境，国家、政府、社会、学校的支持等。

介绍一个很好的大学生模拟创业的锻炼载体——大学生创业计划大赛，同时介绍学校对大学生创业的具体扶持举措。一是介绍创业培训，介绍创业培训的目的、规模、条件等，希望学生对创业模拟实训产生兴趣。二是介绍我们学校的创业基地，特别是介绍目前正在创业基地运行的项目，以及当前创业基地的条件和环境，唤起同学们的注意和创业意识。

【环节五】聆听故事："听一听"——创业典型方敏同学讲述"云打印"故事（5分钟）

邀请2012级人力资源管理专业的方敏同学讲述"云打印"创业故事，激发同学们的创业热情。方敏曾参加芜湖市弋江区举办的互联网科技交流会，在大会上，方敏和负责学校云打印终端机安装使用的安徽天斯努信息技术股份有限公司取得了联系，便毛遂自荐得到了该产品代理的工作。然而，当云打印终端机的推广工作在学校开展时，他发现其中有很多问题。一方面，习惯了去传统打印店的同学们对于“云打印”这个新事物的适应和接受还需要一个过程。另一方面，云打印终端机刚刚投入使用，设备的功能稳定性不够好，极大地影响到了学生用户的体验感。

【环节六】测验活动：“测一测”——开展创业小测评，激发创业意识（3分钟）

结合上一环节，引导同学们对创业产生兴趣后，在班会现场每人发放一套测验问卷。问卷的内容是关于同学们是否适合创业的测验，所以问卷编制要精心准备，要能增强学生的自信心，激发学生的创业梦想。当然不能排除个别学生的测验结果和预期的有些不同，所以辅导员要进行正确引导和点评。附随堂测评问卷（见附件）。

【环节七】总结升华：辅导员对班会进行总结，并引导学生对创业产生“好感”（7分钟）

辅导员的总结升华至关重要，通过强调创业的价值、大学生创业的优势、创业教育的意义等内容，引起同学们产生共鸣，并对“创业”和“创业教育”进行再分析，吸引同学们的兴趣。

【环节八】布置活动：布置一个会后活动，分小组撰写创业计划书（4分钟）

班会结束后，辅导员布置一项任务，以5~6人为一小组，每个小组两周内撰写一篇创业计划书。撰写创业计划书能引导同学们进一步对创业产生浓厚兴趣，激发同学们的创业热情。

十一、过程设计

步骤	班会具体流程		备注
	辅导员活动	学生活动	
【环节一】班会导入	[开头]欢迎大家来到每月一期的主题班会。 [播放视频]播放马云的《我能创未来》的励志演讲视频。马云在演讲中谈到了自己从1994年开始创业的经历，从不自信到自信，从遇到各种困难阻力到创业成功，从没有人脉、没有资金、没有	[观看]认真观看视频。 [思考]对马云的创业经历有何感想？ [活动]回答问题，讲述自己	通过视频激发大学生的创业热情，引出本次班会的主题。

续表

步骤	班会具体流程		备注
	辅导员活动	学生活动	
【环节一】班会导入	知识,到阿里巴巴的成功上市。演讲中有很多励志和激励青年的经典语句,能够激发大学生的创业热情。 [提问]大家看完以后有何感想? [引导]几位同学的感想中共同提到了一个什么话题? [过渡]这正是我们这次班会的主题。	的真实感受和想法,都提到了创业。	
【环节二】开展辩论	[PPT展示]展示大学生的创业利弊。 [引导]同学们就大学生创业谈谈自己的真实看法。 [总结]提前准备丰富的创业知识素材,引导学生正确和科学地认识大学生创业。 [过渡]大学生创业要利用优势,克服劣势。	[辩论]针对大学生创业这个话题开展激烈辩论。 [思考]大学生创业怎样做到利用优势,克服劣势?	通过开展大学生对创业利弊的辩论,同学们对创业有了更加深入的认识。
【环节三】引入思考	[PPT展示]介绍本校三位创业明星:“80后”全国创业明星耿国星,洪占辉式创业自强之星王雷,中国“微软”的耕耘者杨利辉。 [引导]引导大家思考这三位创业明星为何创业能够成功。 [提问]三位创业明星身上有何共性,有何值得我们学习的地方? [总结]三位创业明星身上有很多值得大家学习的东西,注意引导,先让同学们知道这三位创业明星其实也都是普普通通的学生,没有过多资金,没有很好的人脉,没有丰富的经验,然后再分析他们能够创业成功的原因。 [过渡]大学生创业的优势在哪儿?	[观看]观看PPT中的三位创业明星。 [思考]认真思考三位创业明星的创业事迹的共性。 [活动]主动思考辅导员提出的问题,并进行小组讨论。 [活动]针对讨论后的结果,主动发表自己的真实看法。	通过这三个创业明星的事迹,激发同学们的创业意识,增强创业的自信心。
【环节四】论证分析	[PPT展示]展示大学生创业的优势,如具有较高层次的文化水平,有对事物的领悟力,有些东西一点即通;自主学习知识的能力强,能够在互联网络上搜寻到许多信息;接受新鲜事物快,甚至是潮流的引领者,思维普遍活跃,不管是敢	[观看]观看PPT中展示关于大学生创业的优势和机遇的各类知识点。 [思考]这些	呈现大学生创业的优势和机遇,让学生了解创业并不是想象的

续表

步骤	班会具体流程		备注
	辅导员活动	学生活动	
【环节四】论证分析	不敢干、至少是敢想；自信心较足，对认准的事情有激情去做，年轻、精力旺盛，故有“年轻是最大的资本”之说等。 [引导]同时展示大学生创业机遇，如大好的市场环境，国家、政府、社会、学校的支持等。 [传授]介绍学校对大学生创业的具体扶持举措：一是介绍创业培训，具体介绍创业培训的目的、规模、条件；二是介绍我们学校的创业基地，特别是介绍目前正在创业基地运行的项目。 [提问]学习了这些知识以后，同学们有何感想？ [引导]介绍一个很好的大学生模拟创业的锻炼载体——大学生创业计划大赛。 [过渡]下面我们来看一位创业典型的学长，他有什么样的精彩故事呢？	知识，对自己有何启示？ [思考]认真学习创业的相关知识点以后，思考如果自己创业，优势在哪儿？怎样来利用这些优势？ [活动]主动反馈辅导员的相关问题，发表自己的真实看法。	那么难，自己还是有很多优势。 通过介绍学校的创业培训和创业基地，希望学生对创业模拟实训产生兴趣，唤起同学们的注意和创业意识。
【环节五】聆听故事	[引导]今天我们非常荣幸地请来了一位学长，那就是2012级人力资源管理专业的方敏同学。他给我们带来了一个什么样的故事呢？ [提问]听完方敏同学的创业故事，大家有何感受呢？ [过渡]同学们听完以后是不是热血沸腾，那我们来测测你是否适合创业。	[聆听]认真聆听方敏同学讲述“云打印”的故事。 [思考]思考方敏是怎样将创业项目做成功的。 [活动]发表自己听完故事以后的感受。	通过方敏的“云打印故事”激发学生们的创业激情，发挥朋辈教育的引导作用。
【环节六】测验活动	[PPT展示]展示大学生创业自我测评的调查问卷。 [活动]班会现场每人发放一套测验问卷，问卷的内容是关于是否适合创业的测验。 [注意]测验问卷的编制要精心准备，而且个别学生的测验结果和预期的有些不同，辅导员要进行正确的引导和点评。 [总结]公布测验的调查结果，鼓励同学们创业的想法。 [过渡]今天的班会相信大家有很多感悟，那么你们对创业有重新认识吗？	[观看]观看大学生创业自我测评的调查问卷。 [活动]认真填写调查问卷。	通过大学生创业的问卷调查，增强同学们的自信心，激发同学们的创业梦想。

续表

步骤	班会具体流程		备注
	辅导员活动	学生活动	
【环节七】总结升华	[PPT展示]展示本次班会的内容的总结提纲。 [引导]对大学生创业进行再分析，强调创业的价值、大学生创业的优势、创业教育的意义等内容，引起同学们产生共鸣。 [过渡]给同学们布置一项课后团队协作活动。	[观看]观看PPT中的有关大学生创业的内容。 [思考]创业和创业教育对自身到底有何影响?	通过总结升华，让同学们重新认识大学生创业的优劣势，激发创业梦想。
【环节八】布置活动	[PPT展示]展示活动的内容——分小组撰写创业计划书。 [引导]布置一项会后活动任务，以5～6人为一小组，每个小组两周内撰写一篇创业计划书。	[观看]观看PPT上的活动任务。 [思考]自己和同学组队，计划团队的活动。	通过撰写创业计划书，引导同学们进一步对创业产生浓厚兴趣，激发同学们的创业热情。

十二、注意事项

1. 主题班会前

（1）会场卫生：由生活委员和各寝室长负责；

（2）活动秩序：由安全委员带头，全体班委共同协作；

（3）活动宣传：由宣传委员负责撰写宣传稿及照相，并进行及时报道；

（4）音响效果：由信息委员提前检查会场音响，并预备一个辅助扩音器。

2. 班会过程中

注意观察学生的反应与表现，及时做出有针对性的细微调整与反馈，优化班会的实际效果。

3. 主题班会后

主题班会结束后，要进行及时总结与反思，深化教育效果。

（1）对班会的过程进行全面总结与反思，总结经验，改进不足，完善主题班会的内容与形式；

（2）深入学生，了解其在经历班会后的感受，并进行后续引导，固化和延伸班会的作用与效果，增强思想政治教育的实效性；

（3）通过活动宣传、会后讨论、上传视频等方式，充分利用班级QQ群、微博等平台，扩大本次主题班会的影响。

十三、总结

本次主题班会由辅导员主导，将学生置于主体地位，以学生的准备、组织和参与为主，在整个过程中，潜移默化地对学生产生教育和影响，帮助学生科学分析大学生创业的利弊，激发他们的创业热情。但由于时间所限，本次主题设计不期望仅仅通过一次班会就达到教育效果，而是以此为发端，在今后的大学生工作中，再以大学生创业意识培养为目标，设计开展一系列的主题班会和教育活动，引导学生积极参加创业培训课程，积累创业经验。

附件：

大学生随堂创业测评问卷

说明：此问卷只是了解大学生是否具有创业的某些素质，并不具有绝对性。

以下问题回答“是”或者“不是”。

1.曾经为了某个理想而有过两年以上的长期计划，并且按计划进行直到完成。

2.在学校和家庭生活中，能在没有师长及父母的督促下主动地完成分派的工作。

3.喜欢独自完成自己的工作，并且做得很好。

4.与朋友们在一起时，朋友经常寻求你的指导和建议。

5.求学时期有赚钱的经历，喜欢储蓄。

6.能够专注地投入个人兴趣连续10小时以上。

7.习惯保存重要资料，并且井井有条地整理，以备需要时随时提取查阅。

8.在平时生活中，热衷于社会服务工作，关心别人的需要。

9.喜欢音乐、艺术、体育以及各种活动课程。

10. 在求学期间，曾经带动同学完成一项校级活动。

11. 喜欢在竞争中表现自己。

12. 当你为别人工作时，发现其管理方式不当，会想出适当的管理方式并建议改进。

13. 当你需要别人帮助时，能充满自信地请求别人，并且能说服别人来帮助你。

14. 在募款或义卖时，充满自信而不害羞。

15. 要完成一项重要的工作时，总是给自己足够的时间仔细完成。

16. 参加重要聚会时，能准时赴约。

17. 有能力安排一个恰当的环境，使你在工作时能专心有效。

18. 在你交往的朋友中，有许多有成就、有智慧、有远见、老成稳重型的人物。

19. 在工作或学习团体中，你被认为是受欢迎的人物。

20. 自认是个理财能手。

21. 可以为了赚钱而牺牲个人娱乐。

22. 总是能独自挑起责任的担子，全面了解工作目标并认真地工作。

23. 工作时有足够的耐心与耐力。

24. 能在很短的时间内结交许多新朋友。

为优秀班集体添砖加瓦

——班风建设主题班会之集体主义精神培养

一、班会主题

为优秀班集体添砖加瓦——班风建设主题班会之集体主义精神培养

二、班会地点

学校操场

三、班会时间

大一上学期初

四、班会对象

大一年级学生

五、主讲人

汪华伟、甘伟

六、方法与手段

利用素质拓展活动、案例、音频等，综合采用体验式教学、案例分析、小组讨论、总结陈述以及情境陶冶等方法。在班会过程中注重以下几点：

（1）坚持教育与自我教育相结合。既充分发挥辅导员的教育引导作用，又充分调动学生的积极性和主动性。

（2）坚持解决思想问题与解决实际问题相结合。在以理服人的同时，做到以情感人，增强思想政治教育实际效果。

（3）坚持继承优良传统与改进创新相结合。在发挥传统教育优势的同时，注重利用新媒体和自媒体，做到贴近实际、贴近生活、贴近学生。

七、班会准备

1. 资料准备

搜集与班会内容相关的资料并加以整理，选取最具代表性的案例，以期让班会内容更具说服力。

2. 道具准备

由于是户外主题班会，应提前准备好班会所需的相关物品，如白板、记号笔、PVC水管、训练服、防暑药品、擦伤类药品 、口哨、移动音响设备等。

3. 学生准备

班会开始前根据学生的状态适时调动气氛，提升学生的班会参与积极性；并在班会过程中择机提问，引导学生主动思考。

4. 问题准备

对可能存在的问题做好预案，例如问题讨论中产生的各种可能答案、同学之间答案争端的处理、班会现场气氛的活跃等。

5. 过程准备

进一步确定核实活动方案的可行性、可操作性，进一步修改完善，保障班会整体流程顺畅。

八、预期效果

（1）充分认识班风建设的重要意义，增强对于班风建设的使命感和责任感；

（2）了解班风建设的组成部分，对照自身的实际情况，为班风建设添砖加瓦；

（3）树立集体意识、团队意识，在思想上增加对集体的认同感，并进一步落实到行动中去。

九、环节设置与时间分配

(一)班会导入:引入十佳班集体,引发思考共鸣(5分钟)

【环节一】班风的内涵:什么是班风

在户外召开一个班风建设主题班会，肯定很多同学非常吃惊，班会怎么会在户外开呢？其实，老师是想让同学们在户外拓展活动中认识队友、增进了解、团结协作、共创佳绩。在班会开始前，老师先给同学们讲个身边的十佳班集体的故事……由此我们可以知道：班风，即一个班级的风气，是由班级成员共同营造的一种集体氛围，反映了班级成员的整体精神风貌与个性特点，体现出班级的内在品格与外部形象，引领着班级未来发展的方向，对于班级建设具有重要的导向作用。

【环节二】班风的构成因素:打造优良班风的基础是什么

打造优良班风，不是一朝一夕的事情，而是由多方面共同努力的结果。先让同学们思考一下，打造班风的基础是什么？最后总结，集体主义精神是打造班风的基础。

(二)进入主题:集体主义精神培养(30分钟)

【环节三】素拓游戏,破冰之旅:相互了解,相互认识

小组成员围成一圈，任意提名一位同学自我介绍姓名和爱好，第二名同学轮流介绍，但是要说“我是***后面的***”，第三名同学说“我是***后面的***后面的***”，依次下去，最后介绍的一名同学要将前面所有同学的名字复述一遍。未完成的同学接收惩罚（抓耳跳5个），游戏重新开始。

目的：（1）通过游戏认识队友；（2）通过交流增进了解；（3）通过游戏活跃气氛，打破僵局，加强交流；（4）让学生记住我们是一个团队，我们有一个共同的目标，我们每个人都是集体不可或缺的一分子；（5）还要记住交往中记住对方的名字是对他们最基本的尊重。

【环节四】素拓游戏，合作之旅：合作才能出成绩

每个小组每人用手掌部位控制一根塑料棒，当你松开自己手中的塑料棒时要迅速去接前面那个队友刚松手的塑料棒，依次轮换，连续一圈算成功；任何一人使棒倒掉或者用手去扶棒时视为失败，必须全部重新开始。

目的：(1) 团队是一个整体，每个人都像是这个齿轮上的一个齿，少了谁都不能正常运转；(2) 在这个项目中，明确自己的责任；(3) 在这个项目中，感受到团队的默契和节奏；(4) 看似不可能完成的任务，通过团队的力量完成之后，了解自己内心的感受。

由此可见，只要把自身简单的事情做好，就是给班级和团队最大的支持。

【环节五】分析内容，探索之旅：献言献策助班风

同学们都知道木桶原理和长短腿板凳的故事，类似的，我们班级存在着观点不同、兴趣不同、目标不同等一系列问题，请大家讨论，我们能为集体做些什么？这要求同学们眼睛里多看别人的优点和自己的缺点。

【环节六】素拓游戏，集体力量：团结协作助集体

所有同学围成一个圈，后一个同学双手扶在前一个同学的肩膀上，前一个同学坐在后一个同学的大腿上。标准：最短多长时间完成这个动作？能坚持多长时间？

由此可见，个人无法代替集体，只有大家齐心协力才能完成，只有所有同学团结在一起，才能迸发出巨大的力量。

【环节七】素拓游戏，队歌队旗：齐心协力共奋斗

在规定时间内，各队在旗子上设计出本队的队旗，同时选择自己的队歌和口号，最后，各队上前表演和展示本队特色。

（三）总结升华：感悟集体力量，付诸实际行动（5分钟）

交流探讨今天班会内容的收获与不足，让学生再次领悟集体主义精神的内涵，以及蕴含的巨大能量。

十、过程设计

步骤	班会具体流程	备注
(一)班会导入	**【环节一】班风的内涵：什么是班风** 辅导员：今天我们在户外召开一个班风建设主题班会，现在肯定很多同学非常吃惊，班会怎么会在户外开呢。其实，老师是想让同学们在户外拓展活动中认识队友、增进了解、团结协作、共创佳绩。那么，我们最终要达到什么目的呢？这里给大家留下一个小小的疑问，我想游戏结束时大家肯定就有答案了。下面呢，老师说几点要求： (1)在游戏过程中，请同学们开动脑筋、主动思考，解决你所遇到的困难，不抛弃、不放弃。 (2)希望同学带着思考玩游戏，想一想，老师为什么在户外玩拓展游戏来召开班会？ (3)学会总结，想想通过游戏你收获了什么？你懂得了什么？ (4)游戏过程中，要听从老师的指挥，遵守游戏规则。 (5)游戏过程中，请大家注意安全，防止发生意外伤害。 (6)游戏过程中，如有不适，请第一时间向老师汇报。 辅导员：下面，我先跟各位同学分享一个十佳班集体的故事：班级52名同学相互关心、相处融洽，同学间关系好，班级同学都有着一颗奉献集体的心，在同学困难时都能积极伸出援助之手。班风学风健康向上，在全体同学的努力下，班级零挂科、零违纪、零纠纷。三学期课程通过率100%，两学年课程通过率98.81%，平均学分绩点全员超过2.0，课程均分80分以上者57.14%，33人获得奖学金。英语四级通过率96.83%，荣获208本资格证书。自主撰写论文258篇，8人在全国大学生电子商务"三创"挑战赛中获奖，2人在全国证券投资模拟实训大赛中获奖，7人获批省级、校级创新创业训练计划项目。同学们，你们想成为其中的一员吗？ 学生：…… 辅导员：同学们，由此可见一个优秀的班集体需要优良的班风。下面我们一起看看到底什么是班风？ 辅导员给出班风的定义。 **【环节二】班风的构成因素：打造优良班风的基础是什么** 辅导员：了解了班风的定义，那么请同学们思考一下班风由哪些因素构成呢？ 学生思考。 辅导员：集体主义精神就是打造班风的基础，这也是今天我们这节班会跟大家一起讨论的一个话题。	吸引学生的注意，讲解户外活动中的注意事项。 引入十佳班集案例，感受班风的重要性。 通过班风内涵引出集体主义精神。

续表

步骤	班会具体流程	备注
(二)进入主题	**【环节三】素拓游戏,破冰之旅:相互了解,相互认识** [游戏名称:串名字] 辅导员:游戏规则:小组成员围成一圈,任意提名一位同学自我介绍姓名和爱好,第二名同学轮流介绍,但是要说"我是***后面的***",第三名同学说"我是***后面的***后面的***",依次下去……,最后介绍的一名同学要将前面所有同学的名字复述一遍。未完成的同学接收惩罚(抓耳跳5个),游戏重新开始。 学生体验游戏。 辅导员:刚刚的游戏同学们都做得非常好,我们通过游戏认识了队友,增进了彼此的了解。请大家记住我们是一个团队,我们有一个共同的目标,我们每个人都是集体不可或缺的一分子。交往中记住对方的名字是对他们最基本的尊重。 **【环节四】素拓游戏,合作之旅:合作才能出成绩** [游戏名称:不倒森林] 辅导员:游戏规则:每个小队每人用手掌部位控制一根塑料棒,当你松开自己手中的塑料棒时要迅速去接前面队友刚松手的塑料棒,依次轮换,连续一圈算成功,任何一人使棒倒掉或者用手去扶棒时视为失败,必须全部重新开始。 学生体验游戏。 辅导员:刚刚的游戏大家失败了很多次,我也听到了一些抱怨的声音,那么我们一起来分析一下原因: (1)在失败时,总会有些抱怨的声音出现。请问这些抱怨有助于问题解决吗?你做得对不对? (2)在团队完成任务时,我们彼此之间需要什么?是指责还是鼓励? (3)在这个项目中,你在扶前一根棒的时候有没有考虑过自己放开的那一根棒的状态? (4)身高高低不一样,你是否考虑过你身边队友的处境,你能为他做些什么? (5)在轮换过程中,我们是否可以加入口号,这样有助于动作协调一致? 辅导员:总结了经验,那么我们再来尝试一次。 学生体验游戏。 辅导员:通过游戏我们应该清楚地知道: (1)团队是一个整体,每个人都像是这个齿轮上的一个齿,少了谁都不能正常运转。 (2)在这个项目中,明确你的责任,是不是仅仅抓住前面的棒就够了?	打破坚冰,让大家相互交流,消除陌生感。 培养学生团队意识,明确自己是团队一分子。

续表

步骤	班会具体流程	备注
(二)进入主题	(3)在这个项目中,你是否感受到了团队的默契和节奏?这种感觉是如何形成的? (4)看似不可能完成的任务,通过团队的力量完成之后,你的内心感受是怎样的? **【环节五】分析内容,探索之旅:献言献策助班风** 辅导员:同学们一定都知道木桶原理和长短腿板凳的故事,这种现象就好比我们的班集体。那么同学们有没有想过,我们自身如何为班集体建设出力呢?首先,请同学们谈谈我们的集体中存在着哪些问题? 学生讨论。 辅导员:同学们,在集体中我们会遇到各种各样的摩擦和矛盾,但是问题的关键是我们怎样化解这些问题,让我们这个团队更强大。我给大家的建议是眼睛里多看别人的优点和自己的缺点。 **【环节六】素拓游戏,集体力量:团结协作助集体** [游戏名称:我们是一家人] 辅导员:游戏规则是,所有同学围成一个圈,后一个同学双手扶在前一个同学的肩膀上,前一个同学坐在后一个同学的大腿上。最短多长时间完成这个动作?能坚持多长时间? 学生体验游戏。 辅导员:游戏失败了很多次,我们一起来分析下原因: (1)为什么大家一开始无法完成这样的动作? (2)在团队完成任务时,大家照顾到了身边的同学,但是怎样兼顾团队其他同学呢? (3)请大家在一起讨论,怎样才能让队员迅速集结在一起?(是不是需要有人指挥呢?) (4)大家聚在一起之后怎样完成规定动作?是不是要考虑男女生的搭配和身材呢? (5)请大家树立团队意识,每个人的努力都是为了完成团队的目标。 学生思考。 辅导员:同学们可以再次体验一下游戏。 学生继续体验游戏。 **【环节七】素拓游戏,队歌队旗:齐心协力共奋斗** [游戏名称:设计队旗,写队歌] 辅导员:游戏规则—在规定时间内,各队在旗子上设计出本队的队旗,同时选择自己的队歌和口号。时间到,各队上前表演和展示本队特色。 学生先小组设计,然后以团队形式展示成果。	利用休息时间分享十佳班集体故事,通过榜样效应进行思想教育。 进一步增强团队的凝聚力,树立集体意识。 通过设计队旗,增强交流,促进团队建设。

续表

步骤	班会具体流程	备注
(三)总结升华	辅导员:同学们,通过今天的体验,你们有哪些收获? 学生回答(略)。 辅导员:同学们,通过今天的体验,你们觉得本次班会的意义在哪里? 学生回答(略)。 辅导员:同学们,那你们觉得班风建设需要我们每个人做些什么? 学生回答(略)。 辅导员:同学们,你们的集体目标是什么? 学生回答(略)。 辅导员:班风是一个班级的全体成员,在共同目标指导下,经过长期努力而逐渐形成的一种稳定的、独具特色的、可以体现学生思想、行为、作风的班级风尚。实践证明,良好的班风能在全体学生中发挥约束作用,促进团结和谐,奋发向上。所以,班风建设历来就是班级工作的重中之重。 希望各位同学,从今天开始,每天为班集体做一件事,每天告诉自己,我们班是最棒的! 请全体同学起立,面向班旗,高唱《团结就是力量》。	通过主题升华,让学生牢记班风建设的意义,并为建设优良班风而努力。

十一、注意事项

1. 主题班会前

(1) 场地卫生:由生活委员和各寝室长负责;

(2) 现场秩序:由安全委员带头,全体班委共同协作。

2. 班会过程中

注意调动学生的积极性,引导学生带着问题进行思考。

3. 主题班会后

由宣传委员负责拍照及撰写宣传稿,并及时上传至学院新闻网站。通过活动宣传、微博讨论、上传视频等方式,扩大本次主题班会的影响。

十二、总结

1. 过程反思

通过开展班会,了解学生的参与度和认同感,及时做出有针对性的改进。辅导员努力控制场面，保障班会正常进行。

2. 会后观察

班会结束后，通过班级QQ、微信、微博等网络平台，了解学生的所思所想，同时在会后也要运用网络进行再教育。

3. 继续教育

布置班会作业，每人写一篇关于班风的微博，并参加话题讨论。师生共同总结，反思活动成功的经验与亮点，活动中存在的遗憾与不足，以及通过活动得到的感悟与感想。

4. 经验总结

对主题班会从策划、实施、再教育等环节进行总结与反思，形成文字材料，以便不断改进与完善，更好地做好学生思想政治教育。

向祖国报到，与光荣同行

——国防教育主题班会之国防建设

一、班会主题

向祖国报到，与光荣同行——国防教育主题班会之国防建设

二、班会地点

多媒体教育

三、班会时间

大二、大三学年

四、班会对象

大二、大三年级学生

五、主讲人

汪华伟

六、方法与手段

利用PPT、案例、音频、视频等，综合采用讲授法、案例分析、小组讨论、总结陈述以及情境陶冶等方法。在班会过程中注重以下几点：

（1）坚持教育与自我教育相结合。既充分发挥辅导员的教育引导作用，又充分调动学生的积极性和主动性。

（2）坚持解决思想问题与解决实际问题相结合。在以理服人的同时，做到以情感人，增强思想政治教育实际效果。

（3）坚持继承优良传统与改进创新相结合。在发挥传统教育优势的

同时，注重利用新媒体和自媒体，做到贴近实际、贴近生活、贴近学生。

七、班会准备

1. 资料准备

搜集与班会内容相关的资料并加以整理，选取最具代表性案例，以期让班会内容更具说服力。

2. 道具准备

提前准备好班会所需的相关物品，如关键词帖、激光笔等。

3. 学生准备

班会开始前根据学生的状态适时进行气氛调动，提升学生参与班会的积极性；在班会过程中择机提问，引导学生主动思考。

4. 问题准备

对可能存在的问题做好预案，例如问题讨论中产生的各种可能答案、同学之间答案争端的处理、班会现场气氛的活跃等。

5. 过程准备

进一步确定核实活动方案的可行性、可操作性，进一步修改完善，保障班会整体流程顺畅。

八、预期效果

（1）充分认识国防建设的重要意义，增强学生对于国防建设的使命感和责任感；

（2）了解国防安全的组成部分，对照自身实际，积极投身国防建设；

（3）树立安全意识、危机意识，在思想上重视国防安全，并进一步落实到行动中去。

九、环节设置与时间分配

（一）班会导入：国防与大学生关系的议论引发思考（5分钟）

【环节一】国防与大学生的关系：议论引发思考

有人说，国防与大学生没有啥关系，大学生的任务就是学习，至于国防那都是军人干的事。也有人说，当兵入伍都是没考上大学的那些人干的事，大学生都考上大学了还去那折腾干吗，没有意义。由此议论，引发同学们的思考。

【环节二】国防的概念与内涵：什么是国防以及建设国防的方式

国防，就是国家的防务，是指国家为防备和抵抗侵略，制止武装颠覆、恐怖分子等，保卫国家的主权统一、领土完整和安全所进行的军事活动，以及与军事有关的政治、经济、科技、外交、教育等方面的活动。大学生可以选择参加入伍和努力学习两种方式参与国防建设。

（二）进入主题：国防建设的必要性（5分钟）

【环节三】国防建设的必要性之一：国防建设的历史原因

国无防不立，民无兵不安。在我国的历史上有一段屈辱的历史，之所以进行国防建设就是为了更好地捍卫革命胜利的果实。我们要始终牢记落后就要挨打，国防建设人人有责。

【环节四】国防建设的必要性之二：国防建设的现实意义

目前我国周边局势仍不安宁，面临着反华势力不断扩张、台湾问题依然存在、周边海洋权益争端、边界问题尚未完全解决、边疆地区不安全因素增加等问题。所以，加强国防建设更具有积极的现实意义。

（三）直击重点：大学生参与国防的方式（35分钟）

【环节五】大学生如何参与国防：参军入伍，报效祖国

大学生参与国防建设最直接的方式就是参军入伍，但是有很多同学对部队和军营生活存在很多困惑与不解，那么我们有必要让同学们了解一下真正的部队生活，同时向同学们说明参军入伍的流程和要求，以及国家的鼓励政策。

【环节六】大学生如何参与国防：努力学习，报效祖国

如果参军入伍有顾虑或者身体条件不允许，那么，怎样为国防建设出力？列举一些知识报国的科学家，告诉同学们学好自己的专业知识，在自己的工作岗位上做出成绩也是参与国防建设的一种方式。只要有爱国心和国防意识，就一定能报效祖国。

（四）总结升华：肩负国际责任，付诸实际行动（5分钟）

无论在何时何地，我们都要学好自己的专业知识，全面提升自己的综合素质，始终要有为人民服务的心，始终要有忧患意识和紧迫感，为国防建设时刻准备着。

十、过程设计

步骤	班会具体流程	备注
（一）班会导入	**【环节一】国防与大学生的关系：议论引发思考** 辅导员：同学们，现在很多人对我们大学生与国防建设的关系有些议论，有人说：国防与我们大学生没有啥关系，我们大学生的任务就是学习，至于国防那都是军人的事情。也有人说：当兵入伍都是没考上大学的那些人干的事，我们都考上大学了没必要再去当兵。还有人说：当兵去部队很辛苦，天天训练没有手机、没有电脑，等到退伍了就OUT了。你们觉得呢？ 学生陷入议论之中。 辅导员：同学们都谈了自己的一些看法，所以今天我们这次班会的主题就是国防建设。 **【环节二】国防的概念与内涵：什么是国防以及建设国防的方式** 辅导员：国防，就是一个国家的防务，是指国家为防备和抵抗侵略，制止武装颠覆、恐怖分子等，保卫国家的主权统一、领土完整和安全所进行的军事活动，以及与军事有关的政治、经济、科技、外交、教育等方面的活动。同学们能否谈谈国防与大学生的关系呢？ 随机抽学生回答。 辅导员：大学生参与国防主要有两种形式，一种是参军入伍，另一种是努力学习。	吸引学生的注意，引起学生的思考。 提出国防概念，引出参与国防建设的方式。

续表

步骤	班会具体流程	备注
(二)进入主题	**【环节三】国防建设的必要性之一:国防建设的历史原因** 辅导员:从1937—1945年,八年中,除西藏、新疆、陕西、甘肃、宁夏、青海、四川等省和自治区外,我国其他省份皆遭日军铁蹄践踏,伤亡人数达3500多万,直接和间接财产损失共达620多亿美元,冻死、饿死者不计其数,被抓到日本的华工大约1000多万人。血流成河、尸横遍野,在那个被侵略的年代随处可见。历史遗留下的一幕幕镜头,叫人惨不忍睹。日本侵略中国的历史铁证如山。不仅中国,日本的铁蹄同样践踏了一些东南亚国家。 辅导员:下面我们通过一个视频了解那段悲惨的历史,希望同学们认真观看,有所思考。 学生观看视频。 **【环节四】国防建设的必要性之二:国防建设的现实意义** 辅导员:看完视频同学们定会感到愤怒,一定能切身感受到那段屈辱的历史。那么如今的中国又面临着哪些新形势呢?主要有以下几个问题:(1)反华势力不断扩张;(2)台湾问题依然存在;(3)周边海洋权益争端;(4)边界问题尚未完全解决;(5)边疆地区不安全因素增加;(6)国内不稳定因素逐步凸显。 目前,我国正处于各项事业蓬勃发展时期,经济发展态势较好。所以,此时加强国防建设更具有积极的现实意义。	通过历史呈现引发学生的关注,感受国家强盛的重要性。
(三)直击重点	**【环节五】大学生如何参与国防:参军入伍,报效祖国** 辅导员:我们的大学生应该牢记那段屈辱的历史,认清当今的形式,学会自立、自强,树立全民国防的意识,共同为国家富强做出自己的贡献。那么请问同学们,你们觉得参与国防建设最好最直接的方式是什么? 学生:…… 辅导员:很好,刚刚很多同学都说到了参军入伍,那么这就是我们今天班会的重点内容:参军入伍,到部队去奉献自己的青春。下面请欣赏宣传片!(略) 学生观看视频。 辅导员:同学们,你们想参军入伍吗?给大家几分钟时间,请仔细思考。 辅导员:好,下面请说说你的选择,并简要阐述你的理由。 学生:…… 辅导员:刚刚很多同学都谈了自己的选择和理由,其实老师也知道同学们有很多顾虑。比如说,军营生活太辛苦,	解读当代青年如何做,引发学生思想共鸣。

续表

步骤	班会具体流程	备注
(三)直击重点	军营生活太单调，军营生活受约束，军营生活很渺茫，军营生活很封闭等。面对这些困惑，同学们有的问父母、问老师、问朋友，还有的同学上网查等。其实这些困惑，老师今天可以给大家一些解释。军营生活可以这样……也可以这样……还可以这样…… [军营小记者：陈欣] 陈欣同学2012年底至2014年底是海军陆战队战士，一名女侦察兵。她在训练的同时，运用专业实践践行马克思主义新闻观，拍摄了系列优秀军事新闻纪实摄影作品，在部队网发表稿件188篇。 [特战女兵：佘小雪] 佘小雪系我校体育学院2011级运动训练专业学生，先后获得芜湖市大学生运动会400米冠军，以及3000米竞走17分46秒的好成绩。同时，她学习成绩优异，大一学年综合测评名列年级前茅，获校二等奖学金、国家励志奖学金和“三好学生”称号。2012年12月冬季征兵时，佘小雪毅然投笔从戎加入原南京军区某集团军，并成为全国第一支女子特战分队队员。在特战队，佘小雪凭借过人勇气和胆识，取得了女子特战队第一个完成伞降实跳、第一个通过3000米武装泅渡考核、第一个练就多姿势多武器一枪毙敌硬功的三项第一，勇立三等功一次。参加特战训练期间，佘小雪多次受到媒体关注，《解放军画报》专版刊登其飒爽英姿，国防部网站专题报道其先进事迹，其所在女子特战队是热播电视剧《我是特种兵之火凤凰》的原型。新华网、光明网、凤凰网、中安在线等媒体多次跟踪报道。 辅导员：这些都是我们身边的典型，其实这种典型还有很多，他们为了国防建设积极投身军营，为我军发展贡献着自己的力量，值得我们每一位在校大学生学习。 大学生服兵役是加强国防现代化建设，实施科技强军战略，提高部队的兵员质量的重要举措，国家为此也制定了一系列鼓励政策。 大家请看PPT，主要是从学费代偿补偿及减免、就业服务、升学复学、成长成才等方面提供政策支持。 参军入伍条件和报名流程(略)。 辅导员：大家有什么疑问？可以现场提出来。 学生讨论。 **【环节六】大学生如何参与国防：努力学习，报效祖国** 辅导员：有些同学可能有疑问，自己身体条件不符合要求，或者不能去部队当兵，难道就不能报效祖国了吗？其实	分析真实的军营生活，打消顾虑。 介绍我校参军入伍的榜样。 大学生参军入伍政策解读。 努力学习知识报效祖国。

续表

步骤	班会具体流程	备注
(三)直击重点	啊,学好自己的专业知识,在自己的工作岗位上做出贡献也是一种报效祖国的方式。下面我们来看下几位知识报国的典型人物。 PPT展示,介绍略。	
(四)总结升华	辅导员:同学们,我们需要牢记那段沉痛的历史,作为当代青年,我们更应舍弃个人利益为国防建设贡献自己的力量,无论在何时何地,我们都要努力学好自己的专业知识,全面提升自己的综合素质,始终要有为人民服务的心,始终要有忧患意识和紧迫感,为国防建设时刻准备着。 下面请全体起立,唱国歌!	加油鼓励,引起学生的认同。

十一、注意事项

1. 主题班会前

(1)教室卫生:由生活委员和各寝室长负责;

(2)现场秩序:由安全委员带头,全体班委共同协作;

(3)班会宣传:由宣传委员负责拍照及撰写宣传稿,并及时上传至学院新闻网站。

2. 班会过程中

(1)注意调动学生的积极性,引导学生带着问题进行思考;

(2)涉及的一些理论知识以浅显易懂的方式讲解,并通过活动和游戏帮助学生理解。

3. 主题班会后

(1)对班会的过程进行全面总结与反思,以丰富并完善主题班会的内容与形式;

(2)深入了解学生的班会感受,进行后续引导,固化和延伸班会的作用与效果;

(3)通过活动宣传、微博讨论、上传视频等方式,扩大本次主题班会的影响。

十二、总结

1. 过程反思

通过开展班会，了解学生的参与度和认同感，及时做出有针对性的改进。辅导员努力调控会场秩序等，保障班会正常进行。

2. 会后观察

班会结束后，通过班级QQ、微信、微博等网络平台，了解学生的所思所想，同时在会后也要运用网络进行再教育。

3. 继续教育

布置班会作业，每人写一篇关于投身国防建设的微博，并参加话题讨论。师生共同总结反思活动成功的经验与亮点，活动中存在的遗憾与不足，以及通过活动得到的感悟与感想。

4. 经验总结

对主题班会从策划、实施、再教育等环节进行总结与反思，形成文字材料，以便今后不断改进与完善，更好地做好学生思想政治教育工作。

树立正确恋爱观，纠正不当恋爱行为

一、班会主题

树立正确恋爱观，纠正不当恋爱行为

二、班会地点

多媒体教室

三、班会时间

大二年级开学初

四、班会对象

大二年级学生

五、主讲人

李碧鹰

六、班会背景及目的

1. 班会背景

大学期间是一个人世界观、人生观、价值观定型化的关键时期，而恋爱观能较为集中地反映其人生态度、法纪观念、道德品质。所以，树立正确的恋爱观对大学生健康成长具有特别重要的意义。

爱情是人生长河中最令人难忘的一朵绚丽的浪花。大学生正处于青春期，他们自觉或不自觉地以不同的行为方式，接受着来自异性的诱惑。同社会青年相比，大学生在对恋爱问题的处理上行为方式较为文明。但是，由于不良文化的侵袭以及思想道德、法纪观念、意志品质的个体差异，大学生们存在不能正确选择恋爱行为的问题，违纪甚至违法现象时有发生。

2. 班会目的

让学生了解“科学的恋爱观与正确的恋爱行为”的重要意义和“不正当恋爱行为”的类型及其形成原因，明白什么是“恋爱”和什么是“科学的恋爱观”，帮助他们明确如何树立科学的恋爱观和纠正不当恋爱行为。

七、方法与手段

利用漫画、音频、视频等，综合采用问题引导、案例分析、归纳总结、情境陶冶等方法。在班会过程中注重以下几点：

（1）坚持教师教育与自我教育相结合。既充分发挥辅导员的引导作用，又充分调动学生的积极性和主动性。

（2）坚持解决思想问题与解决实际问题相结合。在以理服人的同时，做到以情感人，增强思想政治教育实际效果。

八、班会准备

1. 环境准备

布置黑板，摆放座位，渲染环境，营造更为轻松舒适的外部氛围。

2. 人员准备

班会主持人即辅导员，班会参加人员即本科二年级学生。

3. 资料和道具准备

搜集相关图片、案例、专题采访录像等。

4. 多媒体准备

制作PPT，利用多媒体教室开展班会活动，同时安排专人拍摄视频。

5. 学生准备

在班会开始适当阶段，根据学生的状态适时进行提问与演唱，提升学生的班会参与积极性；在班会过程中择机提问，引导学生主动思考。

6. 问题准备

对可能存在的问题做好预案，例如问题讨论中产生的各种可能答案、同学之间答案争端的处理、班会现场气氛的活跃等。

九、预期效果

（1）掌握科学恋爱观与正确的恋爱行为的重要意义；
（2）了解什么样的恋爱才叫“恋爱”；
（3）了解哪些行为是不正当恋爱行为；
（4）明确什么是科学的恋爱观与正确的恋爱行为；
（5）明确如何树立科学的恋爱观和纠正不当恋爱行为。

十、环节设置与时间分配

（一）班会导入：多角度列举问题，引发思考共鸣（15分钟）

【环节一】漫画提问，引发思考：“不当恋爱行为”有哪些

用漫画展示、图片展示、录像播放、同学列举等形式，让学生知道身边种种的不当恋爱行为。

经过一个学年的大学生活，请同学们列举发生在自己身上的、或自己身边的不当恋爱行为。

【环节二】梳理归纳，初成共鸣：不当恋爱行为的种类

在以上方式展示、罗列的基础上，和同学们一起分析归纳不当恋爱行为的形式与种类。

（二）进入主题：明确科学恋爱观，纠正不当恋爱行为（25分钟）

【环节三】分析原因：不当恋爱行为发生的原因

采用提问等方式，和学生一起分析并归纳不当恋爱行为发生的原因。

【环节四】释疑解惑：科学恋爱观与正确恋爱行为的意义

从恋爱观与“三观”之间的内在联系，从恋爱观与恋爱行为的关系，从“三观”与人生发展的关系等方面，帮助学生认识科学的恋爱观与正确的恋爱行为的重要意义。

【环节五】释疑解惑：什么是真正的恋爱

从正确的恋爱定义出发，和同学们一起分析，什么样的男女关系才是恋爱，以及恋爱的严肃性要求。

【环节六】释疑解惑：什么是科学的恋爱观

帮助学生从理论上搞清对恋爱的最根本的认识与要求。

【环节七】释疑解惑：健康的恋爱行为有哪些要求

在讲清楚科学恋爱观的基础上，提出健康恋爱行为的系列要求，并对照上述提到的不当恋爱行为予以纠正。

（三）总结升华：志当存高远，不让恋爱误人生（5分钟）

【环节八】情感升华：重视恋爱，但不唯恋爱

采用朴素的语言做好主题的总结和升华，激励学生将自觉的学习认识转化为积极的实际行动。

十一、过程设计

步骤	班会具体流程	备注
（一）班会导入	**【环节一】漫画提问，引发思考："不当恋爱行为"有哪些** 辅导员：经过一个学年的大学生活，请同学们谈谈发生在自己身上的或自己身边的不当恋爱行为。 先用PPT，展示漫画、图片，播放采访录像、视频，从不同侧面反映校园中存在的种种不当恋爱行为，再让学生列举自己身边的种种不当恋爱行为。 **【环节二】梳理归纳，初成共鸣：不当恋爱行为的种类** 在以上方式展示、罗列的基础上，和同学们一起分析归纳不当恋爱行为形式与种类。 辅导员：不当恋爱行为主要有以下几类： （1）自残自虐自暴自弃行为：轻生自残——服毒、跳楼、割腕，不思学习等。举例：某同学失恋后绝食。 （2）不文明行为：同时和几个人谈恋爱（玩弄异性），不求天长地久，但求曾经拥有，如一周一哥、一月一妹、食堂相互喂饭（行为举止不文明）等。 （3）违纪行为：违纪违规（租房同居）。举例：我校某同学租房同居。 （4）违法行为：威逼就范（不和我谈，我就叫你永远不谈，谁敢跟你谈，我就揍扁谁），欺骗讹诈——以骗财为目的，一般为俊男追有钱的丑女或俊女追有钱的丑男等。	

续表

步骤	班会具体流程	备注
(二)进入主题	**【环节三】分析原因:不当恋爱行为发生的原因** 采用提问等方式,和学生一一分析并归纳不当恋爱行为形成的原因。 辅导员:首先是对恋爱的不正确理解,然后是没有掌握科学的恋爱观。再具体的原因是受到享乐主义、极端个人主义、拜金主义等不良思想的影响。 **【环节四】释疑解惑:科学恋爱观与正确恋爱行为的意义** 从恋爱观与“三观”之间的内在联系,从恋爱观与恋爱行为的关系,从“三观”与人生发展的关系等方面,帮助学生认识科学的恋爱观与正确的恋爱行为的重要意义。 **【环节五】释疑解惑:什么是真正的恋爱** 弄清正确的恋爱定义。和同学们一起分析,什么样的男女关系才是恋爱,以及恋爱的严肃性要求。 辅导员:恋爱(爱情)是男女双方基于一定的社会关系和共同的生活理想,在各自内心形成的最真挚的彼此倾慕,并渴望对方成为自己终身伴侣的最强烈持久、纯洁、专一的感情。爱情的基本特征是平等互爱性、专一排他性、纯洁严肃性、强烈持久性。爱情是经过社会文明净化的美好感情,对人的生活和事业具有巨大的促进作用,爱情产生的过程就是恋爱,恋爱有时可等同于爱情。 **【环节六】释疑解惑:什么是科学的恋爱观** 辅导员:帮助学生从理论上搞清对恋爱的最根本的认识与要求: (1)大学生首先要摆正恋爱和学业、事业的关系; (2)爱情是一种相互理解、信任的关系; (3)爱情是让所爱的人幸福,懂得恋爱是一种责任和奉献; (4)提倡志同道合,即思想品德和事业理想及生活情趣大体一致的爱情; (5)提高爱情受挫能力等,列举马克思、周恩来以及身边熟悉的校园恋爱成功的案例。 **【环节七】释疑解惑:健康的恋爱行为有哪些要求** 辅导员:在讲清楚科学恋爱观的基础上,提出健康恋爱行为的系列要求,以对照上述提到的不当恋爱行为并予以纠正。 健康恋爱行为的系列要求:遵守社会公序良德和校纪校规;恋爱言谈要文雅,讲究语言美;亲昵动作要高雅,避免粗俗化;善于控制感情,行为理智。	通过辅导员总结的形式,引导学生将所思所想落实为具体行动,固化教育效果。

续表

步骤	班会具体流程	备注
（三）总结升华	**【环节八】情感升华：重视恋爱，但不唯恋爱** 辅导员：学生恋爱，是个绕不过的人生重大课题，大家不要回避。但大学期间，更主要的精力是学习。所以，我们应该重视恋爱问题，但更要重视学习，为今后人生发展奠定更坚实的基础。 辅导员：好的，今天的班会到此结束，我们下次再见。	

十二、注意事项

1. 主题班会前

（1）教室卫生：由生活委员和各寝室长负责；

（2）现场秩序：由纪律委员带头，全体班委共同协作；

（3）班会宣传：由宣传委员负责拍照及撰写宣传稿，并及时上传至学院新闻网站。

2. 班会过程中

（1）注意调动学生的积极性，引导学生带着问题进行思考；

（2）涉及一些理论知识用浅显易懂的方式讲解，通过活动和游戏帮助学生掌握。

3. 主题班会后

（1）对班会的过程进行全面总结与反思，丰富并完善主题班会的内容与形式；

（2）深入了解学生的班会感受，进行后续引导，固化和延伸班会的作用与效果；

（3）通过活动宣传、微博讨论、上传视频等方式，扩大本次主题班会的影响。

十三、总结

本次主题班会辅导员积极引导，学生主动参与，通过利用漫画等素材，综合采用多种方法，寓教于乐，潜移默化地教育学生，帮助学生认识恋爱的相关问题。总体来说，同学们基本都能参与其中，受到教育，但仍有少部分同学参与的积极性不高，值得反思。本次主题班会是由辅导员主持的，如果学生能自发组织并由班委会成员主持召开，可能将更有利于同学的广泛参与和融入。今后主题班会的设计应当更加注重形式创新，更加注重丰富手段，将班会流程设计得更加新颖一些，并使每一位学生都能全身心参与其中，以期获得更好的教育效果。

背壳前行，逆风飞翔

——家庭经济困难学生自立自强教育

一、班会主题

背壳前行，逆风飞翔——家庭经济困难学生自立自强教育

二、班会地点

多媒体教室

三、班会时间

大二学年

四、班会对象

大二年级学生

五、主讲人

谢传斌

六、班会背景及目的

1. 班会背景

中共中央、国务院《关于进一步加强和改进大学生思想政治教育的意见》指出：要注重培养大学生良好的心理品质和自尊、自爱、自律、自强的优良品格，增强大学生克服困难、经受考验、承受挫折的能力。担任辅导员工作以来，看到部分家庭经济困难的学生，缺乏自立自强的意识，自己的事情不能独立完成，特别是在学业上，缺乏奋进意识，不愿意努力学习，意志比较薄弱，进取心不强，承受挫折的能力比较差。

在现实的生活中，这些家庭经济困难的学生已经独立成人，有自己的想法，也容易在这些问题上产生一些逆反的心理，从而在管理层面上与教师容易产生矛盾和冲突。因此，开展此次主题班会具有一定的现实必要性。

2. 班会目的

（1）深入了解自立自强的可贵品质，作为贫困学生更应该自立自强，增强信心，以优秀的成绩回报家庭、社会和国家；

（2）从小事开始，培养自立自强的精神，为适应时代的要求打好坚实的基础；

（3）树立发展目标，掌握自立自强的正确方法，走自立之路，做自强之人。

七、方法与手段

本次班会利用漫画、名人故事、案例视频、小品演绎等素材，综合采用问题引导、案例分析、游戏互动、总结陈述以及情境陶冶等方法，增强学生的参与度与共鸣，引发学生思考，引导学生在大学的学习和生活中培养自立自强的精神。具体来说采用以下几种方法：

（1）坚持主题班会教育和实际行动相结合。既要发挥班会教育的理论性，也要从实际行动上鼓励支持学生开展自立自强的活动。

（2）坚持解决思想问题和解决实际问题相结合。对于家庭经济困难的学生，既要了解思想上的困惑，也要解决困扰学生的实际困难。

（3）坚持继承优良传统与改进创新相结合。在发挥传统教育优势的同时，注重利用新媒体和自媒体，做到贴近实际、贴近生活、贴近学生。

八、前期准备

1. 环境准备

布置黑板，摆放座位，渲染环境，营造更为轻松舒适的外部氛围。

2. 人员准备

班会主持人即辅导员，班会参加人员即大二年级学生。

3. 资料和道具准备

搜集相关图片、新闻、案例，以及互动游戏需要的材料、道具等。

4. 多媒体准备

制作PPT，利用多媒体教室开展班会活动，同时安排专人拍摄视频。

5. 问题准备

对可能存在的问题做好预案，例如问题讨论中产生的各种可能答案、同学之间答案争端的处理、班会现场气氛的活跃等。

九、预期效果

（1）掌握自立自强的基本内容，以及自立自强的基本方法；

（2）树立自立自强的意识，能独立自主地开展活动，完成学业等方面的任务；

（3）形成明确的自立自强的目标，并付诸行动，做到理论指导和实际行动相结合。

十、环节设置与时间分配

(一)班会导入:分享活动内容,引发思考共鸣(5分钟)

【环节一】名人竞猜,点明主题:分享名人自立自强的故事

从名人竞猜的故事中，感受人生难免与苦难和波折伴随，所以要学会克服困难。然后指出人的一生都离不开一种最珍贵的品质——自立自强。开门见山，直接点明本次主题班会的主题。

【环节二】互动讲解,深化含义:了解“自强不息”含义

让学生了解“自强不息”的含义，鼓励学生靠自己的力量创造生活，在困难面前知难而进、顽强拼搏，从而深化对本次主题班会的认识。

【环节三】现场互动,反面警示:展示反面事例,认识负面危害

考试作弊、沉迷网络等反面事例，使同学们认识到当前的贫困生中，有部分同学不珍惜来之不易的读书机会，挥霍大学时光，自甘堕落，同时使同学们认识到这些同学所接受的深刻教训。

（二）进入主题：通过典型事迹，引导学生在逆境中要自强不息（30分钟）

【环节四】视频展示，榜样示范：播放视频《无臂男孩彭超的大学梦》

典型人物彭超的事迹，让学生产生自立自强的共鸣，告诉同学们在逆境中要自强不息，这发挥了典型事迹和人物的榜样和示范作用。在观看视频的过程中，同学们还认识到困难和挫折并不可怕。

【环节五】案例分享，正面强化：看别人的故事，分享自强经历

让学生参与到主题班会中，先谈谈观看《无臂男孩彭超的大学梦》之后的感受，再讲述中国大学生自强之星周琦、古孜里努尔·艾尼瓦尔和美术学院许幺姝的故事。通过引用身边优秀同学的事迹，引起学生共鸣，传播正能量。

【环节六】视频展播，引发思考：播放视频《面对不成功的人生》

《面对不成功的人生》是一段励志的演讲视频，视频中刘媛媛和马薇薇的演讲，告诉同学们永远相信梦想，相信努力的意义，相信遗憾比失败更可怕，鼓励同学们不要失去奋斗的意志，要在困境中不断去追逐自己的梦想。

【环节七】导员支着，提出对策：自立自强拓展行动

通过此次主题班会，提出自立自强的方法和策略。主要有以下几个步骤：

（1）认识层面：根据学生实际，请同学们写下自立自强格言，列出个人行动计划，以自强不息的精神实现个人承诺。

（2）情感层面：针对学生个人特点，开展富有针对性的谈心，帮助学生规划好自立自强的可实施计划，引导学生独立开展活动。

（3）操作层面：提供必要的帮助，如设置助学岗位跟随指导、安排高年级的学生一对一帮扶，切实解决学生的实际困难。

（三）总结升华：感悟自立自强的真谛，付诸自立自强实际行动（5分钟）

自立自强是中华民族的传统美德，无论是映雪读书的孙康、凿壁偷光的匡衡，或者是结发悬梁的孙敬、铁锥刺股的苏秦，中华民族都表现出一贯拥有的大无畏精神。从历代中华杰出人物中，我们感悟到了他们无愧为时代的楷模。为了实现自己的梦想，让我们放飞理想，展开双翅，遨游苍穹；在自立自强的感召中，让我们学会宽容、学会忍耐、学会做人、学会生存，为实现人生梦想不断努力奋斗。

十一、过程设计

步骤	班会具体流程	备注
（一）班会导入	**【环节一】名人竞猜，点明主题：分享名人自立自强的故事** 辅导员：宝剑锋从磨砺出，梅花香自苦寒来。在我们成长的道路上，有坦途，也有坎坷，有鲜花，但有时候也遍布荆棘。在现实中，每一个人的生活道路都不可能是一条笔直、宽阔、平坦的大道，总是布满挫折和苦难。 (1)(让学生猜)从1877年到1880年的时间里，他几乎每天工作十八九个小时，每天清早三四点的时候，才头枕两三本书，躺在实验室的桌子下面睡觉，不眠不休地做了1600多种耐热材料和6000多种植物纤维的实验，曾经连他的助手也灰心了，但他始终没有放弃，终于发明了白热电灯。 学生现场竞猜，给出自己的看法。 辅导员：爱迪生。在他经历许许多多的艰辛与失败时，一会儿他以为走到目的地了，但一会儿他又知道错了。但爱迪生从来没有动摇过，不断重新开始。经过大约50000次试验，他写成试验笔记150多本，最终达到目的。 (2)(让学生猜)他1925年初中毕业后，因家境贫寒，无力进入高中学习，只好到黄炎培在上海创办的中华职业学校学习会计。不到一年，由于生活费用昂贵，被迫中途辍学，回到金坛帮助父亲料理杂货铺。在单调的站柜台生活中，他开始自学数学。18岁时患伤寒病，造成右腿残疾。 学生现场竞猜，给出自己的看法。 辅导员：华罗庚。在命运面前，他没有屈服，终于成为一名现代数学家。同学们，挫折与困难可能与我们人生相伴，但当我们遇到挫折和困难的时候，我们能像爱迪生和华罗庚那样自强不息、成就人生吗？下面我们就来谈谈今天的主题班会：自立自强。 **【环节二】互动讲解，深化含义：了解“自强不息”的含义** 辅导员：请同学们说一说有关自立自强的的词语有哪些？ 学生现场回答，给出自己的看法。	通过名人竞猜，分享自立自强的名人故事，同学们应当学会克服困难。人的一生都将离不开一种最珍贵的品质——自立自强。开门见山，直接点明本次主题班会的主题。

续表

步骤	班会具体流程	备注
(一)班会导入	辅导员:自力更生,奋斗不止,再接再厉,独立自主,奋发图强,永无止境,人定胜天,生生不息,有志者事竟成,“天行健,君子以自强不息”,“厚积薄发,艰难困苦,玉汝于成”。 “自强不息”这个词,出自《易经》:“天行健,君子以自强不息。”其意是天上的日月星辰是不分昼夜的,人应该效仿天,积极进取,永不停息。什么是自立?自立意味着我们要学会合理地安排自己的日常生活;意味着我们要长大成人,离开父母的保护,独立生活;意味着要靠自己的力量,创造生活。什么是自强?自强意味着自力更生,奋发图强;意味着在困难面前知难而进,顽强拼搏;只有自立才能自强,只有自强,才能更好地自立。 辅导员:(1)请学生讲述一个自立自强的故事(与学生互动)。(2)谈谈听了故事之后的感受与启发。 **【环节三】现场互动,反面警示:展示反面事例,认识负面危害** 辅导员:结合自立自强的内涵,让同学们谈谈在我们校园,身边有哪些是与自立自强背道而驰的现象。 学生回答。 辅导员:大家讲的都是发生在我们身边的真实故事,咱们不妨总结一下。 这些反面事例使同学们认识到当前的贫困生中,有部分同学不珍惜来之不易的读书机会,挥霍大学时光,自甘堕落,同时也使同学们认识到这些同学所接受的深刻教训。	通过对自强不息含义的理解,引发学生思考。 通过现场互动,请同学们谈谈不自立自强的现象,引发同学们对这种现象的讨论,为突出正面事迹,引导学生怎么自立自强做准备。
(二)进入主题	**【环节四】视频展示,榜样示范:播放视频《无臂男孩彭超的大学梦》** 辅导员:彭超的事迹感动了亿万中国人,最感动你的是他的什么优秀品质?同学们说说自己的感想。 学生:顽强的拼搏精神、严于律己、勤奋努力的求学精神和自立、自强,以及热心助人、感恩、节俭的高尚品质。 辅导员:彭超的故事告诉我们要学会面对困难的从容,树立应对危机的信念,具有不甘沉沦的自尊、自强、自立意识。重要的是塑造自己完美的人格,培养自己强烈的社会责任感和使命意识。特别需要具备一颗感恩的心,并把这种感恩体现在自己的言行里,落实到勤奋学习中。	播放视频《彭超的大学梦》。彭超,一个无臂男孩,通过自己的不懈努力,最终考取一本院校四川大学,引导学生深入思考。

续表

步骤	班会具体流程	备注
(二)进入主题	**【环节五】案例分享，正面强化：看别人的故事，分享自强经历** 辅导员讲述中国自强之星周琦、古孜里努尔·艾尼瓦尔和许幺姝的故事。 (1)分享中国大学生自强之星——周琦的故事。 他叫周琦，是安徽师大美术学院2011级绘画专业的学生。2012年7月下旬，他被确诊为患有“淋巴母细胞性白血病/淋巴瘤”。后来，周琦在病床前完成了他庄严的宣誓，并深情地说：“我终于成为了一名中国共产党员，这是我人生的最大心愿。” (2)分享中国大学生自强之星——古孜里努尔·艾尼瓦尔的故事。 古孜里努尔·艾尼瓦尔来自新疆维吾尔自治区吐鲁番地区鄯善县。在内地新疆高中班就读时，她努力克服水土不服、语言风俗差异等困难，用四年时间完成内地中学六年的知识学习，并顺利考入安徽师范大学心理学专业。大学期间，她热心公益，为400多名汉族学生开展心理辅导，累计服务超过500小时，坚持无偿献血，累计捐献1000毫升，完成了天山维吾尔族姑娘的华丽蜕变。2012年12月，她光荣加入中国共产党，成为该校第一位入党的维吾尔族学生。2014年古孜里努尔·艾尼瓦尔被评为“中国大学生自强之星标兵”。 (3)分享安徽师范大学自强之星——许幺姝的故事。 她叫许幺姝，在她三个月的时候母亲离家出走，六岁时父亲因病去世，后来与哥哥相依为命。曾经几次因为家庭贫困而辍学，自己却从未放弃上学的梦想。后来，她利用打工赚来的钱刻苦学习考入大学，最终以优异成绩保送到合肥工业大学油画专业攻读研究生。 学生思考。 **【环节六】视频展播，引发思考：播放视频《面对不成功的人生》** 《面对不成功的人生》是一段励志的演讲视频，视频中刘媛媛和马薇薇的演讲，告诉同学们永远相信梦想，相信努力的意义，相信遗憾比失败更可怕，鼓励同学们不要失去奋斗的意志，要不断去追逐自己的梦想。 学生互动、回答。 辅导员：每一个理想都值得你拿一生去拼命，人生这么短，不要留下遗憾。虽然我们有的同学现在的家庭经济状况并不理想，但是要相信努力可以改变一切！	

续表

步骤	班会具体流程	备注
(二)进入主题	**【环节七】导员支着,提出对策:自立自强拓展行动** 辅导员:通过此次主题班会,提出自立自强的方法和策略。主要通过以下几个步骤来完成: (1)认识层面:根据学生实际,请同学们写下自立自强格言,列出个人行动计划,以自强不息的精神实现个人承诺。(设计统一模板,请大家填写。) (2)情感层面:针对学生个人特点,开展富有针对性的谈心,帮助学生规划好自立自强的可实施计划,引导学生独立开展活动。 (3)操作层面:提供必要的帮助,如设置助学岗位跟随指导、安排高年级的学生一对一帮扶、引导学生考研和就业等,切实解决学生的实际困难。	
(三)总结升华	辅导员:自立自强是中华民族的传统美德,无论是映雪读书的孙康、凿壁偷光的匡衡,或者是结发悬梁的孙敬、铁锥刺股的苏秦,中华民族都表现出一贯拥有的大无畏精神。从历代中华杰出人物中,我们感悟到了他们无愧为时代的楷模。本次主题班会,我们了解了自立自强的深刻含义,分享了发生在身边的自立自强之星故事,领悟到了他们为了实现个人理想不断奋斗的精神。作为当代的大学生,为了实现自己的梦想,让我们放飞理想,展开双翅,遨游苍穹;在自立自强的感召中,让我们学会宽容、学会忍耐、学会做人、学会生存,为实现人生梦想不断努力奋斗。	本环节的设置,通过总结,升华本次班会的主题,在总结中引导学生对自立自强做出进一步的思考,鼓励学生大胆地展开个人的自立自强规划。

十二、注意事项

1. 主题班会前

(1)教室卫生:由生活委员和全体班委负责;

(2)现场秩序:由班长带头,全体班委共同协作;

(3)班会宣传:由宣传委员负责拍照及撰写宣传稿。

2. 班会过程中

(1)注意调动学生的积极性,引导学生带着问题进行思考;

(2)涉及一些理论知识以浅显易懂的方式讲解,通过活动和游戏帮助学生掌握。

3. 主题班会后

（1）对班会的过程进行全面总结与反思，以丰富并完善主题班会的内容与形式；

（2）深入了解学生的班会感受，进行后续引导，固化和延伸班会的作用与效果；

（3）通过活动宣传、微博讨论、上传视频等方式，扩大本次主题班会的影响。

十三、总结

自立自强，是中华民族的传统美德，无论是映雪读书的孙康、凿壁偷光的匡衡，或者是结发悬梁的孙敬、铁锥刺股的苏秦，中华民族都表现出一贯拥有的大无畏精神。从历代中华杰出人物中，我们感悟到了他们无愧为时代的楷模。本次主题班会，我们了解了自立自强的深刻含义，分享了发生在身边的自立自强之星的故事，看到了他们为了实现个人理想不断奋斗的艰辛历程。作为当代的大学生，为了实现自己的梦想，让我们放飞理想、展开双翅、遨游苍穹，在自立自强的感召中，让我们学会宽容、学会忍耐、学会做人、学会生存，为实现人生梦想不断努力奋斗。

大学生奖助“一条龙”的背后

——资助育人主题班会

一、班会主题

大学生奖助“一条龙”的背后——资助育人主题班会

二、班会地点

多媒体教室

三、班会时间

大一学年经济困难生认定时期等

四、班会对象

大一年级学生

五、主讲人

李成新、宫超、胡君

六、班会背景及目的

1. 班会背景

大一新生刚刚入学，他们进入成年阶段，开始向着梦想乘帆起航。一些从偏远地区困难家庭到校求学的孩子，要承担比高中阶段更多的学杂费用，还有城市较高水平的生活费用。他们追求独立，自尊心强，不轻言困难；他们对未来充满着向往和憧憬，同时也充满了无奈和彷徨。

青春，承载着梦想，更肩负着责任。资助是为了青年顺利地成长，但受资助者学生中存在着诚信缺失、相互攀比、挥霍浪费、不懂感恩等不良现象。如何让学生树立正确的资助观念，享受关爱，同时传递关爱，成为学校人才培养的重要课题。

党和国家关心关爱家庭经济困难学生。2015年8月，教育部公布最新《国家学生资助政策体系》，建立“一条龙”的资助服务体系，对家庭经济困难毕业生求学发展提供全面保障。学校贯彻国家政策，让在校学生感受党和国家的关怀，同时学校通过资助育人教育让在校学生坚定理想信念，用好资助，珍惜学习机会，争取早日成才，回报社会。

2. 班会目的

（1）使家庭经济困难学生了解国家、学校的资助政策和措施，减少后顾之忧，全身心融入大学生活；

（2）帮助经济困难学生树立正确的资助观念，避免出现资助不文明行为，同时培养他们的心理素质和懂得感恩回报的情怀；

（3）助力经济困难学生树立起自强的人生态度，树立起追逐梦想、奋发有为的人生理想，助力他们早日成人、成才、成功。

七、方法与手段

（1）热点话题讨论，师生交流，生生交流；

（2）PPT辅助教学，观看视频；

（3）互动体验，案例分享；

（4）调查反馈，总结反思。

八、班会准备

1. 前期准备

（1）梳理统计班级家庭经济困难学生的情况，并进行细致分析；

（2）深入班级学生，了解家庭经济困难学生的生活状态和班级同学对困难生的基本态度，初步确定班会主题；

（3）召开班、团干部会议，正式确定班会主题，并正式制订班会活动方案；

（4）围绕班会主题方案，收集整理资料，尽可能让更多的同学参与进来，获得感悟；

（5）进一步确定活动方案的可实施性、可操作性，将不合理的地方进行适当修改，尽可能增加方案的针对性、实效性、吸引力和感染力；

（6）做好活动前的宣传工作和各项分配工作，申请多媒体教室，做好会场布置、物品准备等工作，安排好活动中的记录、拍照和会后宣传等工作；

（7）整理好班会内容活动资料，为活动报道做好准备，并组织学生准备调研反馈，做好本次活动的总结工作。

2. 会场布置

（1）书写班会主题，合理布置教室，营造与主题相称的班会氛围，增强班会的针对性；

（2）提前打开投影仪，不影响学生观看视频及课件，增强班会的实效性；

（3）设置背景音乐，用于烘托班会主题，帮助学生建立深刻印象，调动情绪，增强班会的吸引力和感染力。

九、预期效果

（1）宣传了国家和学校的资助政策，学生能够清楚了解学校奖助学金体系，打消上学难的恐惧心理，增强自身对学校的归属感；

（2）明确奖助学金的相关规定，避免奖助学金评审和使用过程中出现不文明行为，提高思想认识；

（3）学生能够自立自强，树立远大目标，提升思想觉悟，积极追逐梦想，让青春梦想飞翔。

十、环节设置与时间分配

【环节一】开场案例：困难生的困难（5分钟）

（1）整理班级农村户口和申请困难生认定学生比例数据并与学校数据进行比对；

（2）了解典型困难生入学面临的困难。

【环节二】切入主题：学校的资助概况（5分钟）

（1）国家资助政策体系发布；

（2）学校的资助体系介绍；

（3）学校的资助成果。

【环节三】问题击破：改变不合理观念（10分钟）

（1）视频：吃得太好或无缘助学金；

（2）讨论：资助资金评审和使用存在的问题；

（3）展现问题方式：漫画、图片；

（4）问题总结：理所当然，不懂感恩；弄虚作假，瞒天过海；铺张浪费，相互攀比；贷款失信，爽约拒还。

（5）针对问题逐个分析击破。

【环节四】激发斗志：榜样的力量（10分钟）

（1）猜一猜：他后来怎么样；

（2）看一看：除了他还有一批人；

（3）惊喜展现：自强之星现场来交流。

【环节五】落实行动：我们应该怎么做（10分钟）

（1）借资助之力，过简朴生活；

（2）树诚信之本，交四海挚友；

（3）立鸿鹄之志，走自强道路；

（4）怀感恩之心，传爱满天涯。

【环节六】感情升华：让我们一起行动（10分钟）

我们无法选择自己的出身，
但我们可以选择自己要走的路！
我们无法短时间改变现实，
但我们可以从当前点点滴滴做起！
我们暂时无法给予社会太多回报，
但我们可以报以微笑，传递爱心以及力所能及！

十一、过程设计

步骤	班会具体流程	备注
【环节一】开场案例	**【环节一】开场案例** 用课件出示两个问题： （1）整理班级农村户口和申请困难生认定学生比例数据并与学校数据进行比对； （2）了解典型困难生入学面临的问题。 辅导员：同学们，前几天学校布置了困难生认定相关工作，	引起关注，引发思考。

续表

步骤	班会具体流程	备注
【环节一】开场案例	这是班级的基本情况:农村户口学生占到班级学生的64.41%,高出学校10个百分点,申请困难生认定学生高达39.98%,比学校高出13个百分点,这还不包括因为不了解政策暂未申请的同学。近期,在跟大家交流的过程中,我也了解到有个别学生已经出现生活费不足的情况。这不是个别案例,学校其他学院也出现过类似情况,比如这个来自皖北的困难学生。(学生案例略。)	
【环节二】切入主题	辅导员:同学们,听完了这两组数据,看了这个困难生的事例,你们的内心是否受到了一丝触动。经过努力拼搏、不懈奋斗,我们进入大学,开始人生新的征程,美好的憧憬已经在前方招手。可是,面对这些暂时的困难,梦想又将走向何方?又有什么办法能够破解难题?如果是你,你会怎么办? 学生:…… 辅导员:是的,我们可以勤工俭学,成年人应该承担起自己的责任。但是,作为学生,我们要把主要的精力放在学业上,因为学校还有很多的奖助学金。 习近平总书记表示:一定要做好高校大学生生活困难补助工作。李克强总理也强调:要为贫困学子创造公平的上升通道。 在这里,老师告诉大家一个好消息:2015年8月,国家颁布《国家学生资助政策体系》,其中大学阶段是资助体系最为完备的阶段。下面我们一起来了解一下。 [播放视频]《国家学生资助政策体系》颁布情况。 辅导员:我们赶上了最好的时代,学校向所有学生承诺:不让一个在校大学生因贫困而上不起学。贫困生上安师大,一个都不能少。 辅导员:学校严格按照《国家学生资助政策体系》,设置相应的奖助学金,包括:奖、助、贷、勤、补、免、拓七个部分,形成完整的资助体系。下面我们逐个来了解一下: (1)奖:包括国家奖学金、国家励志奖学金、校本奖学金、社会奖学金。 (2)助:包括国家助学金、社会助学金。 (3)贷:国家助学贷款。 (4)勤:校内勤工俭。学有余力的同学还可以进行校外勤工俭学,但大一新生刚刚入校,一定要到我这里做好登记,我们一起核实情况,确保安全。	展示政策,让学校"一条龙"的资助体系情况,打消家庭经济困难同学的顾虑。

续表

步骤	班会具体流程	备注
【环节二】切入主题	(5)补:各类临时性补贴。 (6)免:孤儿免学费等。 (7)拓:发展性资助项目。 辅导员:学校全方位的资助政策,也取得了明显成效:2014年学校总资助额达3155万元,资助家庭经济困难学生总人数为5775人,实现家庭经济困难学生资助全覆盖,家庭经济困难学生人均受助金额4326元,无一学生因家庭经济困难而退学。	
【环节三】问题击破	[讨论]资助资金评审和使用存在的问题? 辅导员:政府和学校的资助政策像一张网,保证我们不会因家庭经济暂时困难或者突发变故而失学,享受作为一个青年求学发展的权利,但是在奖助学金评审和使用的过程中也存在一些问题。下面让我们看一段视频,想一想在资助资金评审和使用中存在的问题,然后一起来讨论一下。 [播放视频]吃得太好或无缘助学金? 辅导员:我们已经启动家庭经济困难生认定工作,对于视频中提到的问题,你有什么样的看法?你了解到奖助学金评审和使用还存在哪些问题? 同学们自由讨论。 辅导员:大家就奖助学金评审和使用过程中存在的问题表达了自己的看法,我们也将在今后的工作和生活中努力避免。对于这个问题,我进行了简单归类: (1)理所当然,不懂感恩。有学生认为,家庭经济困难理所当然应该拿到奖助学金,不给我你还能给谁。甚至,为了获得奖助学金还进行比穷大赛。当然,助学金是为家庭经济暂时困难学生设立的,可这是国家和学校在关键时期对我们的照顾和关心,在逆境时期给我们的帮助。而且有些社会奖助学金,是就业爱心人士为我们的大学买单。同学们,“滴水之恩,当涌泉相报”,小孩子都明白的道理,希望大家更要明白。 (2)弄虚作假,瞒天过海。也有学生为了眼前的利益,瞒报家里的情况,伪造材料,骗取奖助学金。其实,同学们,我们将要在一起朝夕相处四年,你的情况怎么可能不被发现,同时,一直伪装多累,还面临失去信任和朋友的危险。到了师大,在班级,我们就是一家人,你怎么能够忍心欺骗自己的兄弟姐妹。 (3)铺张浪费,相互攀比。有的学生拿到奖助学金后到处请客吃饭,购买高档消费品,与他人盲目进行攀比。我在这里声明,这种行为严重违反校规校纪,学校有权收回所发奖助学金,并对当事人进行处理。其实,学校有自己的法则和规定,你的进步、你的成绩,才是学校真正欣赏和需要的。	让同学们参与到班会中,自主探索,改变不合理观念,避免类似问题。

续表

步骤	班会具体流程	备注
【环节三】问题击破	(4)贷款失信,爽约拒还。班级有17名同学进行了助学贷款,以后可能还会有,但根据以往数据显示,高校毕业生助学贷款在规定时间内还款率较低。社会主义核心价值观中强调诚信、法治,社会也会有所约束,任何贷款失信行为都会被计入个人征信(诚信档案),对以后贷款都有重大影响。好借好还,自古以来都是最基本的道理。诚信,方能成人。	
【环节四】激发斗志	辅导员:同学们,对于很多学生来说,我们来上大学不容易,这里有我们个人的努力,寒窗十几年,特别是高三阶段的辛苦和努力;有父母的期盼,育儿十八年,承载着家庭的未来和希望;有师友的鼓励,一路走来总有些风雨同舟,同甘共苦。而现在,我们享受着国家的资助,社会爱心人士的关怀。 如今,我们坐在教室里,一起开启大学之门,踏上成人之路。这里的四年,我们将如何度过?我们再来看看这位皖北的困难学生的故事。猜一猜,他后来怎么样了? 学生:…… 辅导员:是的,他叫王雷,是学校生科院2009届毕业生,安徽亳州人,经历了两个哥哥去世、父亲遭遇车祸、母亲患肿瘤等一连串打击,他家境贫寒、债台高筑,入学后他得到助学金,竞选担任班级班长,积极参加各类活动,学习勤奋,多次荣获奖助学金。大一他开始勤工俭学,大二带领班级同学开展爱心辅导并创业,大三传递爱心,积累资本,大四创立企业,建立出众教育集团,公司乐思塾教育集团于2015年上市。现在他每年都到学校招聘,为学弟学妹鼓劲加油。 这样的学生还有许多,比如生科院2009届毕业生石秀琴。她出身贫寒,母亲常年患病,父亲在外打工至今未归,家中房屋又毁于火灾。顽强的她只有带着患有精神障碍的母亲上大学,一边刻苦学习,一边勤工俭学,多次荣获奖助学金,并以同样热情回报社会。她的事迹被《人民日报》、新华社、《中国青年报》等媒体报道,广为传颂,她曾获得安徽省五四青年奖章、中国好人榜"孝老爱亲"好人称号等荣誉。 这样的榜样,不仅仅有他们,还有学校每年评选的"自强之星",都是家庭经济困难学子的典型代表。 今天,他们中有一位来到我们身边,他就是获得2015年第五届自强之星评选"自强之星提名奖"的宋一墨同学。下面让我们一起聆听他的事迹。 宋一墨现场分享事迹。	通过猜一猜榜样,形成强烈反差,冲击观念;通过现身说法,增强认识,激发能量。

续表

步骤	班会具体流程	备注
【环节五】落实行动	辅导员：谢谢宋一墨的分享，也希望大家能够向宋一墨同学学习，用勤奋和努力改变命运，用奋斗和激情书写青春的传奇。那么，我们到底该怎么做，怎么定义大学四年如火的青春？大家说说看。 学生：…… 辅导员：大家说的我很受感染，也相信大家说出了心声，希望我们一起努力，能够做到： （1）借资助之力，过简朴生活。资助是为了我们能够不为基本的生活发愁，能够把主要的精力和心思放在自己的学业上，希望大家拿到助学金后，俭省节约。 （2）树诚信之本，交四海挚友。诚信是做人的根本，也是交友的法则。只有诚信，才能取得信任，才能和大家和谐相处，成为他人生命中最重要的朋友。 （3）立鸿鹄之志，走自强道路。宝剑锋从磨砺出，梅花香自苦寒来。暂时的苦难是对生命的磨砺，而生命越磨越光芒。 （4）怀感恩之心，传爱满天涯。歌词唱道：只要人人都献出一片爱，这个世界将是美好的人间。我们获得帮助，度过暂时的难关，传递同样的爱心和微笑，从一言一行做起，“勿以善小而不为”，让身边人感受到我们的温度。 爱因斯坦曾说过：我必须竭尽全力，像我曾经得到的和正在得到的那样，做出同样的贡献。	吸引注意力，展示代表性的典型案例，引起学生共鸣和反思。
【环节六】感情升华	辅导员：我们无法选择自己的出身，但我们可以选择自己要走的路！我们无法短时间改变现实，但我们可以从当前点点滴滴做起！我们暂时无法给予社会太多回报，但我们可以报以微笑，传递爱心以及力所能及！ 作业：学习《学生手册》中关于奖助学金的相关政策。	引发学生强烈的情感共鸣，为行动增添动力。

十二、注意事项

1. 卫生问题

会场前后均由生活委员负责会场的干净整洁。

2. 活动秩序问题

各个环节都要有组织、有秩序地进行，班委带头维持较好纪律和秩序。

3. 活动宣传问题

由宣传委员负责安排落实宣传报道。

4. 音响效果问题

班长预备一个辅助扩音器。

十三、总结

1. 过程反思

注意在班会的过程中观察学生的配合情况和思考反应，及时做出有针对性的点评，合理调控会场秩序等。

2. 会后观察

通过班级QQ群、微信、微博等网络平台，了解学生此次班会后的心理感受、所思所想，及时辅以评论以便深入引导。

3. 持续监测

观察受助学生的学习生活情况。

4. 指导反馈

针对学生的不同反应进行谈话和指导，进一步深化班会的效果和影响，确保主题班会的实效性与思想教育的持久性。

5. 经验总结

对主题班会开展的全程进行总结和反思，形成文字材料，总结经验教训，以便今后不断改进，更好的以此形式对学生进行思想政治教育。

站在人生的第三个十年的起点

——谈大学梦想与毕业发展

一、班会主题

站在人生的第三个十年的起点——谈大学梦想与毕业发展

二、班会地点

多媒体教室

三、班会时间

大三学年上学期

四、班会对象

大三年级学生

五、主讲人

李成新、汪婕、宫超

六、班会背景及目的

1. 班会背景

2013级学生在学业上刚刚步入大学三年级，在年龄上正在迈进他们人生中的第三个十年。他们熟悉了校园生活环境，摸透了大学生存规则，少了几分刚入学时的激情和憧憬，感受不到考研和就业的紧迫压力；他们清闲自在，时间充裕，老师的影响力在心中似乎也不再是坚定不移。这样的状态对于大学生涯的规划和学习目标的完成是十分不利的。

大三是大学生涯的关键时期，也是毕业发展准备的关键时期，还是一个人人生历程中重要的阶段。此时需要对学生进行理想教育，唤醒每个学生心中的梦想，将精神力量转化为实际行动，为“毕业大考”交上满意的答卷。

根据教育部党组《关于在全国各级各类学校深入开展“我的中国梦”主题教育活动的通知》（教党[2013]2号）和省教育厅相关文件精神，在积极组织学生参与各项活动的同时，应让大学生知其然更知其所以然。该主题班会，能让大学生明白中国梦的实现离不开每一个个体梦想的实现。

2. 班会目的

（1）使学生充分领会中国梦的深刻内涵，明白中国梦的实现离不开每一个个体梦想的实现；

（2）使学生学会反思，认识到时间不等人，追逐理想必须认清现实、找准方向；

（3）帮助学生合理规划大学生活、树立正确的大学价值观；

（4）使同学们敢于面对自我的不足，并主动找寻途径，到达理想彼岸；

（5）鼓舞全班同学的志气，全力以赴，迎接未来的挑战。

七、方法与手段

（1）热点话题讨论，师生交流、生生交流；

（2）PPT辅助教学，观看视频；

（3）互动体验，案例分享；

（4）调查反馈，总结反思。

八、班会准备

1. 前期准备

（1）提前深入学生，结合班级学生中存在的实际问题，初步确定班会主题。

（2）召开班、团干部会议，正式确定班会主题，并正式制订班会活动方案。

（3）围绕班会主题方案，确定主题班会活动组委会，由组委会带领各小组成员搜集资料，尽可能让所有同学参与进来。

（4）深入学习有关时政知识和国家政策文件，围绕大学生涯规划请教相关专家，充分备课，设计好主题班会的环节和内容。

（5）进一步确定活动方案的可实施性、可操作性，将不合理的地方进行适当修改，尽可能增加方案的针对性、实效性、吸引力和感染力。

（6）做好活动前的宣传工作和各项分配工作，申请多媒体教室，做好会场布置、物品准备等工作，安排好活动中的记录、拍照和会后宣传等工作。

（7）整理好班会内容活动资料，为活动报道做好准备，并组织学生准备调研反馈，做好本次活动的总结工作。

2. 会场布置

（1）黑板进行板报设计，书写班会主题："站在人生的第三个十年的起点——谈大学梦想与毕业发展"，布置教室，营造与主题相称的班会氛围，增强班会的针对性。

（2）桌椅摆放齐整，便于开展互动体验和学生交流，不影响学生观看视频及课件，增强班会的实效性。

（3）设置背景音乐，用于营造烘托班会主题，帮助学生建立深刻印象，调动情绪，增强班会的吸引力和感染力。

（4）准备互动体验环节所需的材料（纸条若干）及其他可能用到的物品。

九、预期效果

（1）充分领会中国梦的时代内涵和深刻意义，认识到国家梦想与个人梦想的关系；

（2）建立反思意识和规划意识，看清理想与现实的差距，明确努力的方向，明白实现梦想要做到有目标、有反思、有规划、有行动；

（3）学会合理分配时间、合理规划大学生活，认识到时不待我，必须争分夺秒、脚踏实地，向有限的时间要效率；

（4）树立信心、鼓舞士气、找到动力，勇于面对挑战和不足，积极进取、落实行动，努力朝梦想的彼岸靠近。

十、环节设置与时间分配

【环节一】视频开场:《精彩未完的未来》(3分钟)

播放视频，回顾成长过程，引起思考。

【环节二】主题引入:最初的梦想VS现今的生活(10分钟)

(1) 提问学生大三阶段的状态和计划。

(2) 回顾学生在《大学，我的梦工厂》中写给自己的计划。

(3) 对照理想，反思现状。

【环节三】叩问现实:我是哪一个(5分钟)

(1) 展现方式：漫画、视频、图片。

(2) 状态分类：学霸族、宅一族、低头族、网游族等。

【环节四】着眼未来:我要怎么做(5分钟)

(1) 理想与现实对比：理想的大学毕业风采、2012届毕业生的困难。

(2) 如何改变命运：买彩票、嫁入豪门、努力奋斗等。

【环节五】敲响警钟:时间还有多少(10分钟)

(1) 展示毕业生落实去向时间统计表；

(2) 撕纸看大学（由“撕纸看生涯”改编）；

(3) 播放《生命交响曲》；

(4) 分析接下来的时间，列举一些目标（略）；

(5) 提醒学生感悟。

【环节六】落实行动:我该怎么选择(5分钟)

(1) 耳边回响的声音；

(2) 选择是梦乡的召唤；

(3) 学长学姐给我们做的榜样。

【环节七】情感升华:有梦就有未来(5分钟)

站在人生的第三个十年的起点，看未来毕业发展的去向。

千里之行始于足下，圆梦从己做起、从现在做起。

十年是人生之旅的一个里程碑。人生的第三个十年，关乎青春与成长，关乎年华与梦想。

用心规划，尽心执行，努力就在当下！

【环节八】课后作业：让梦想照进现实（2分钟）

（1）想一下十年后自己的生活状态，给“他”写一封信；

（2）对照自己的现状和曾经的期望，查找原因，反思不足；

（3）根据现状重新确定可行的目标，并进行班级统计。

十一、过程设计

步骤	班会具体流程	备注
【环节一】视频开场	播放视频，回顾成长过程。	引发学生兴趣，引起思考。
【环节二】主题引入	辅导员：同学们，刚才这段视频有没有引起大家的一些思考？回到校园，你们从大二进入大三，从入校的十八岁进入二十岁，今天站在你们人生第三个十年的起点，用这个短片祭奠你们过去的大学生活，致你们逝去的部分青春。在过去的十年中，你们从小学到师大，从家乡到芜湖，完成一次人生蜕变，现在你们进入人生的又一个十年，终于和我一样成为一个奔三的人。想一想，十年后的你们在做什么？过着怎样的生活？我相信每位同学都会有自己的憧憬。毕业十年后，如果你再回头看看这里，是笑了，还是哭了，是满意今天的付出，还是有一丝青涩的悔意…… 这让我想起两年前，你们还是新生的时候，我给大家布置的作业《大学，我的梦工厂》。时间过得真快，转眼大学已经过半，我们不能因为在路上走得太久，忘记了出发的目标是什么。不知道同学们对现在的状态是否满意？是否正如你当初希望的那样？今天，我们先找几个同学分享一下。 大家自由分享，时间2分钟左右，然后点名提问某位同学。 辅导员：某某，请你先描述一下现在的学习和生活状态，你对自己的表现满意吗？（这是一名经常旷课的学生） 学生：…… 辅导员：你还记得两年前在作业中对大三生活的描述是怎样的吗？今天我把你的作业带来了，请大声念出这一部分内容。 学生：…… 辅导员：好，同学们，这就是我们刚进入大学的梦想，体现在字里行间，听完这位同学的朗读，我想请大家反思一下现在的状态，看看和你当初的理想状态是否一致？还是连理想的方向都找不到了？	反思，对比现状。

续表

步骤	班会具体流程	备注
【环节三】叩问现实	辅导员：通过PPT给大家展示一些内容，请大家看看能否找到自己的影子。 PPT展示大学生活集锦——六大名族。 (1)学霸族：奋笔疾书，专业扎实，成绩优异，连续获得奖学金，笔记是大家传抄的对象。 (2)宅一族：足不出户，外卖加餐，谎称生病不参加活动，实际在追韩剧。 (3)低头族：上课玩手机，活动玩手机，走路玩手机，吃饭玩手机，甚至上卫生间手机也不离手，手机成了身体的一个器官。 (4)网游族：仙剑打到80级，魔兽全部通关，网上呼风唤雨，现实因为没有锻炼，却弱不禁风。 (5)疯狂实践族：各类活动活跃身影，社会兼职大显身手，直到考试才知道着急，俨然成了兼职的学生。 (6)沉迷恋爱族：花前月下，卿卿我我，一无所有，却仍海誓山盟，以为对方就是生活的全部。 辅导员：刚才展示的是大三生活集锦，估计在座的同学们从中多多少少都能找到自己的影子。大三的你们究竟是什么状态呢？现在的行动是否让自己与梦想更为接近呢？我看到班上“思梦”的微博：理想很丰满，现实很残酷，行动很骨感。还有“为所郁为”的微信：回到校园很伤感，我们还不如学校的花花草草，在师大里一岁一枯荣，可我们进来就意味着一定要离开，但愿有个好的归宿。我相信她们的话可以反映出很多同学的心声。进入大三，班级同学也开始思考毕业去向问题，但即将毕业的我们带着梦想走向何方？	吸引学生的注意力，展示代表性的典型案例，引起学生共鸣和反思。 帮助学生认清自己的现状。
【环节四】着眼未来	辅导员：某某，你认为毕业时会做什么，会是什么样子？ 学生：…… 辅导员：大家畅想一下，毕业时都是什么样的风光。 略等1分钟。 辅导员：我看到有些同学闭上眼睛，脸上带着微笑。我也曾认为走出“象牙塔”的那一刹那，我们都能有一个美好的归宿。然而，现实的情况呢？ [PPT展示]考研和招聘会现场人山人海的照片(略)。 辅导员：这是研究生入学考试安徽师范大学考点，地点就在花津校区教学楼南入口；这是安徽师范大学招聘会现场，地点在大学生活动中心二楼就业大厅。 同学们，设想一下一年后的你们站在这人山人海之中会是怎样的情境，有什么办法能让你夺目而出？我们知道，在一片	帮助学生解答疑惑、分析原因。

续表

步骤	班会具体流程	备注
【环节四】着眼未来	沙滩中，我们最容易发现的是那一颗闪亮的珍珠；在茫茫人海中，我们最容易发现的是站在高处的智者。而你，又该怎样成为一颗耀眼的珍珠，成为站在金字塔顶端的智者呢？ 我们再来看一下我们的学长学姐毕业后发展得怎么样？首先看一下，与前两天在班级做的个人毕业发展意向统计是否一样？ [PPT展示](表略) (1)当年毕业生就业整体情况和班级就业情况统计对比表。 (2)当年毕业生就业分类情况和班级发展意向分类统计对比表。 辅导员：亲爱的同学们，每个人进入大学都有一个美好的期许，但大学不是梦想的温床，每一个梦想的实现都需要大学四年的努力付出。面对今年毕业生的这种情况，同学们又有什么样的想法？ 学生交流讨论，大学过半怎么转变学习态度。 辅导员：刚才听了一下大家的想法，我也根据身边的观察总结了一下，改变命运大概有三种方式： (1)买彩票(福彩)。只要投注2元，就可以得到500万的回报，但买彩票的概率相当低，可我们心甘情愿相信彩票能中，这不是自欺欺人吗？ (2)嫁入豪门。女生嫁入豪门，男生也嫁入豪门(富豪相亲图)，这需要有客观的条件，有相对突出的特点，自己看看自己的情况，生活不是电视剧。 (3)努力奋斗。俞敏洪老师在新东方成立20周年的时候说：每一个梦想都是从卑微开始，每一个卑微的梦想都值得尊重和长时期的奋斗。	
【环节五】敲响警钟	辅导员：好，我们清楚了方向，下面要努力去做，可大学还给我们多少时间呢？可能有少数同学说，“老师，大学刚刚过半，我也不想一鸣惊人，一半的时间对我足够了”。这种想法对不对呢？ 这是我们专业今年毕业生落实就业单位的一个进度表，很明显，开始找工作很艰难或者挑剔，很多同学在五六月份才真正落实工作，这个时候你即将离开校园，是勉强还是真正实现了理想？了解了一些情况，我们不盲目乐观，也不妄自菲薄，其实，明年这个时候你可能就在某个招聘现场或者备考研究生，我们希望大家能够提前打量好自己，让大四生活充满阳光。为加深大家的认识，我们一起做一个活动。 撕纸看大学(由“撕纸看生涯”改编)，具体步骤(略)。	由活动带给学生直观感受，认识到时间的紧迫、任务的艰巨，现实的严峻。

续表

步骤	班会具体流程	备注
【环节五】敲响警钟	辅导员：现在大家拿着手上的纸条，看看你从现在到毕业前还剩多少时间可以支配，还有多少任务没有完成？其实真的有这么多时间吗？我们实习是在大三下学期，还有5个月，实习结束就开始大四生活，还有10个月，就开始为找工作奔波，还有一年就开始考研报名，还有15个月就开始研究生入学考试，如果按照刚才的撕纸方法，我们到底还有多少时间？ 辅导员：为了让大家有更直观的感受，下面请看一段视频。 播放《生命交响曲》视频。 辅导员：看了这段视频，大家有什么感受？ 提问一名学生（略）。	
【环节六】落实行动	辅导员：现在大三已经开学，在刚开学的日子里，是不是经常有这些声音在你耳边回响？你的选择是什么？ 学生：…… 辅导员：其实，每一个选择的背后，都是未来的召唤，我们的未来到底在哪呢？ 从总体上分，毕业发展分为考研、就业、创业、出国等，可是我们在大学里面遥望着外面的世界，世界却没有等我们，那么我们要为自己做些什么？看学长学姐还给我们留下什么？ 辅导员列举保研、考研、就业、基层项目等各类毕业生代表，通过展示身边的故事，学生了解到底应该怎么准备。 辅导员现在，大学已经过半，站在人生第三个十年的起点，我们开始新的征程，选择可能很复杂，毕业、工作、择偶，甚至生子，一个又一个里程碑，关乎青春、成长、定位和发展。	介绍学习方法和规划的途径，帮助学生树立信心。
【环节七】情感升华	辅导员：同学们，千里之行始于足下，圆梦从己做起、从现在做起。 大学毕业是一个里程碑，站在毕业选择的人生路口，面对昨天与明天，面对理想与现实，想象一下毕业后的你会过着什么样的生活，想对那时的自己说些什么。毕业后的你，再回头看看这里，是笑了，还是感动了，还是有一丝青涩的悔意…… 用心规划，尽心执行！如果说你们走进大学，踏入“象牙塔”的那一天是搭载了新的人生航班，那么大学一、二年级就是你们找准方向、蓄势待发的积累期。你们带着热情和激情学习、生活，带着憧憬和梦想搭建未来。今天，当你们站在人生第三个十年的起点，行走在大三的里程中，你们必须迎风而上、开始起飞。面对现实，或许徘徊，或许彷徨，但请坚信，你们	引发学生强烈情感共鸣，为行动增添动力。

续表

步骤	班会具体流程	备注
【环节七】情感升华	可以穿透起飞前的迷雾，可以凭着螺旋桨飞旋的力量，沿着灿烂的梦想起飞。 为方便大家做出抉择，后期我们将按照非诚勿“考”——我和考研有个约定、就业有“位”来——我的职场我做主、创青春——创业的青春更美丽等主题开展系列班会，请老师、校友、学长学姐和与大家共同探讨未来。	
【环节八】课后作业	(1)想一下十年后自己的生活状态，给“他”写一封信； (2)对照自己的现状和曾经的期望，查找原因，反思不足； (3)根据现状重新确定可行的目标，并进行班级统计。	确保班会效果的实效性和持续性。

十二、注意事项

1. 卫生问题

会场前后均由生活委员负责保障会场的干净整洁。

2. 活动秩序问题

各个环节都要有组织、有秩序地进行，班委带头维持好纪律和秩序。

3. 活动宣传问题

由宣传委员负责安排落实宣传报道。

4. 音响效果问题

班长预备一个辅助扩音器。

十三、总结

1. 过程反思

注意在班会的过程中观察学生的配合情况和思考反应情况，及时做出有针对性的点评，合理调控会场秩序等。

2. 会后观察

通过班级QQ群、微信、微博等网络平台，了解学生参与此次班会后的心理感受、所思所想，并及时辅以评论以便深入引导。

3. 指导反馈

针对学生的不同反应进行谈话和指导，进一步深化班会的效果和影响，确保主题班会的实效性与思想教育的持续性。

4. 经验总结

对主题班会开展的全程进行总结和反思，形成文字材料，总结经验教训，以便今后不断改进，更好的以此形式对学生进行思想政治教育。

坚定价值取向，让成长从“战拖”开始

——“敬业”教育主题班会

一、班会主题

坚定价值取向，让成长从“战拖”开始——“敬业”教育主题班会

二、班会地点

多媒体教室

三、班会时间

大一下学期

四、班会对象

大一年级学生

五、主讲人

龚伟

六、班会背景及班会目的

1. 班会背景

为深入贯彻落实党的十八大和十八届三中全会精神，积极培育和践行社会主义核心价值观，充分展现当代大学生的青春正能量，努力提高思想政治教育的针对性、实效性、吸引力和感染力，本学期以来，陆续开展了形式新颖和内容丰富的线上线下、课内课外教育实践活动。作为该项活动的重要组成部分，系列主题班会的开展收效显著。本次班会以“敬业”教育为主题，在分析学生“敬业”实质内涵的基础上，与大学生有效克服拖延相结合，通过分析造成拖延的原因、拖延的危害，以及

解决的对策，加强学生对学习的认知，对敬业的理解，对成长的感悟。

2. 班会目的

（1）分析“敬业”的实质内涵以及“敬业”与学生学习之间的密切联系，帮助学生认识到珍惜时间、勤奋学习、战胜拖延的重要意义，将“战拖”作为坚定人生价值取向，促进个人成长成才的重要手段。

（2）剖析引起拖延的深层次原因，结合“敬业”精益求精、勤奋刻苦的内涵，让学生进一步认识到战胜拖延需要靠长期的自律和心理暗示进行规范。

（3）总结拖延造成的各种危害，尤其是拖延在学生个人品质、学习习惯上造成的种种影响，将学生学习与未来职业发展结合起来，使学生明白“战拖”对于提升个人思想道德素质，加强社会实践能力的重要意义。

（4）分享“战拖”的成功案例，让学生掌握打败拖延的技巧和方法，提高学习和工作的效率，形成积极向上的班风学风，以学生喜闻乐见的方式和手段积极践行和培育属于学生的“敬业”观，将社会主义核心价值观内化于心，外化于行。

七、方法与手段

本次班会利用漫画、微信对话、案例、音乐等，综合采用讲授法、案例分析法、小组讨论法、互动游戏法以及情境陶冶法等方法。在教育过程中注重以下几点：

（1）坚持教育与自我教育相结合。既充分发挥辅导员的教育引导作用，又充分调动学生的积极性和主动性，引导他们自主发问、自主思考、自主探究。

（2）坚持解决思想问题与解决实际问题相结合。在以理服人的同时，做到以情感人，将每一个理论问题的讲授运用到解决实际问题的过程中，增强思想政治教育的实际效果。

（3）坚持继承优良传统与改进创新相结合。努力拓展主题班会教育的方法和途径，在发挥传统教育优势的同时，注重利用现代科学技术和手段，贴近实际、贴近生活、贴近学生，提高教育的针对性、实效性、吸引力和感染力。

八、班会准备

（1）准备调查问卷，了解学生拖延症现状，使班会更有针对性；

（2）搜集相关图片、案例故事、名人名言、网络热词热语等，制作相关PPT；

（3）准备互动游戏的相关道具，包括围棋、沙粒、水和杯子；

（4）通过班委创建“战拖”微博，在班级进行宣传，调动学生参与的积极性；

（5）布置黑板，摆放座位，渲染环境，营造更为轻松舒适的外部氛围。

九、预期效果

（1）理解“敬业”，明确“敬业”的内涵；

（2）正视“拖延”，明晰“战拖”与学习的关系；

（3）强化责任意识，坚定价值取向，努力克服拖延。

十、环节设置与时间分配

（一）班会导入：对“敬业”内涵的理解（5分钟）

【环节一】漫画展示，引发思考：当代大学生该如何理解“敬业”

通过展示习近平总书记的漫画，引发学生对于“敬业”内涵的思考，即学生的“业”指的是“学业”，学生的“敬业”是对于自己的学习的认知态度以及由此形成的学习习惯，将“敬业”与学业有机结合，使学生认识到应该将学习“作为一种责任、一种精神追求，一种生活方式”。

【环节二】微信对话，产生共鸣：现实中大学生怎样对待“敬业”

通过学生间的微信对话，展示学生存在的错误“敬业”观，即错误的学习态度和错误的行为习惯——“拖延”，让学生感受到时间的珍贵，从而意识到自身克服拖延义不容辞，以此引出本次班会的主题，“坚定价值取向，让成长从‘战拖’开始——做一名爱学、敬业的好学生”。

(二)进入主题:战胜拖延,做一名爱学、敬业的大学生(45分钟)

【环节三】问卷调查,澄清现象:看看你与“超级名磨”还有多久

通过“超级名磨”的调查问卷,让学生意识到自身可能存在拖延症,并根据调查得出的结果,进一步加深学生对拖延症的认识。

【环节四】释疑解惑,分析原因:造成“拖延”的原因有哪些

通过学生回答,对造成拖延的原因进行分析,一方面增强学生分析问题和解决问题的能力,另一方面让学生结合自身实际情况,利用互动游戏和辩证分析,进行有针对性的思考,做到既能对提出的问题加以回答,又能反观自身,解决自己存在的实际问题。

【环节五】敲响警钟,直击危害:不重视“拖延”的后果有哪些

通过小组讨论以及案例分析,从“影响学习成效”“影响生活规律”“产生情绪问题”“影响人际关系”“影响职业生涯发展”等五方面出发,帮助学生总结拖延可能带来的严重后果,与此同时再次加深学生对学习习惯的认知,对“敬业”的理解。

【环节六】导员支着,落实行动:战胜“拖延”的方法有哪些

通过互动游戏总结出有关战胜“拖延”的第一个方法,即“分清主次”,在给予学生充分思考时间的同时,结合现身说法和名言警句,让学生在寓教于乐中明白战胜拖延的方法,从而重新审视自身的学习习惯,进一步把握“敬业”的实质内涵。

(三)总结升华:坚定价值取向,感悟“敬业”真谛(5分钟)

【环节七】情感升华,真诚祝愿:青春让改变发生,成长从“战拖”开始

再次阐明主题,将班会的内容升华至社会主义核心价值观的教育层面,即班会反映了对于“学习的认知、敬业的理解、成长的感悟”。积极倡导行动,敦促学生“不做语言的巨人,行动的矮子”,并让学生将班会所思所想上传至“战拖”微博。真诚祝愿同学们能够早日克服拖延,做一名爱学、敬业的好学生。

十一、过程设计

步骤	班会具体流程	备注
(一)班会导入	**【环节一】漫画展示，引发思考：当代大学生该如何理解“敬业”** 辅导员：同学们，在开始今天的主题班会之前，让我们先来看一张图片。这是网上最近十分流行的漫画，根据官方媒体的不完全统计，短短39天，习近平总书记调研了全国11省区市，出访了五大洲14个国家。用他的话说“我个人的时间都去哪儿了？当然是被工作占去了。”难怪网友高呼“习近平总书记太敬业了”。如果说习总书记的“敬业”是对工作敬业，是对国家敬业，是对实现民族复兴的伟大中国梦敬业，那么我们呢？我们又该如何理解“敬业”？ 学生回答(略)。 辅导员：对于大学生来说，“业”就是指学业。荀子说：“百事之成也，必在敬之，其败也，必在慢之。”学生的敬业就是对于学习的一种认知态度和行为习惯。习总书记在同各界优秀青年代表座谈时指出，“青年人应该把学习作为一种责任、一种精神追求，一种生活方式。”这就是属于我们的敬业。同学们，现实中的我们又是怎样对待学业的呢？我们真的做到“敬业”了吗？ **【环节二】微信对话，产生共鸣：现实中大学生怎样对待“敬业”** [微信对话] A君：张老师说了，明天要交期中作业！ B君：不是明天下午交吗？我先把微博刷刷。 C君：《来自星星的你》更新了，看完再说。 …… 辅导员：看完这段对话，大家有什么感觉？我看很多同学笑了，是不是都曾经历过这些呢？看似简单的作业一拖再拖，这是学生应有的学习态度么？当然不是！同学们，“业精于勤，荒于嬉。”《劝学》篇中说道：“无冥冥之志者，无昭昭之明。无惛惛之事者，无赫赫之功。”学习是责任，需要我们用心投入，努力奋斗；敬业是担当，需要我们把握时间，克服拖延。我们今天的班会主题就是“坚定价值取向，让成长从‘战拖’开始”。 [注意事项]根据学生的反映情况进行及时总结：对工作“敬业”，对学习“敬业”，适时使用调侃的方式，调动学生参与班会的积极性，拉近师生距离。	通过漫画展示和微信对话的形式，让学生体会到“敬业”的重要内涵，引发学生对于学习与“敬业”关系的深刻思考。

续表

<table>
<tr><th>步骤</th><th>班会具体流程</th><th>备注</th></tr>
<tr><td>(二)进入主题</td><td>
【环节三】问卷调查,澄清现象:看看你与“超级名磨”还有多久
辅导员:这里有5道题,看看你离“超级名磨”还有多久?请大家谈一谈。
学生思考,然后回答(略)。
标准:1~6分,轻度拖延;6~12分,中度拖延;13~15分,重度拖延。
辅导员:针对这个小测验,侯晓丽同学在学校做了一项问卷调查,下面请她来给大家讲一讲她的调查结果。
学生展示(略)。
辅导员:正如侯晓丽同学所说,拖延不仅仅是时间问题,更是心理问题。那为什么会造成拖延呢?
【环节四】释疑解惑,分析原因:造成“拖延”的原因有哪些
辅导员:咱们不妨用头脑风暴法讨论一下,看看大家会有什么答案。
学生开始讨论。
辅导员:有谁愿意说一说?
学生回答(略)。
辅导员:调查显示,21%的同学认为“完美主义者”容易拖延。精益求精是敬业的重要品质,但是它与完美主义却有着本质的区别,这个区别表现在侧重点与程度上。而23%的同学认为时间充裕,不着急。
[撕纸游戏]“珍视时间,从我做起”(略)
辅导员:可以看到,真正用来学习的时间只占到纸条的一小部分。“少年易学老难成,一寸光阴不可轻。”今天对于学业的漠视,将来我们就可能缺失敬业精神。26%的同学认为不自信会导致拖延,试想今天在困难面前低头,明天就可能在理想面前崩溃。42%的同学就是单纯偷懒,能拖就拖。剩下的同学将大量的时间花在网络、逛街等事情上面,等到醒悟时,时间早已流逝,悔之晚矣。
【环节五】敲响警钟,直击危害:不重视“拖延”的后果有哪些
辅导员:同学们,如果不重视拖延,会有什么后果呢?大家说一说。
学生回答(略)。
辅导员:结合案例,主要有以下几个方面:
</td><td>问卷调查可以更好地反映学生的现状,更能引起学生的共鸣。撕纸游戏让学生寓教于乐,在活动中明白时间的珍贵,明晰“拖延”的原因。特别需要注意,该环节如果学生出现相反观点,作为辅导员需适时加以引导,目的是使学生正确认识拖延,形成正确的“敬业”观。</td></tr>
</table>

续表

步骤	班会具体流程	备注
(二)进入主题	一是影响学习成效,“功崇惟志,业广惟勤”。功业不能离开辛勤不懈的工作,学业更不能放弃对时间的珍视。 二是影响同学们的生活规律,进而影响大家的身体健康。一个优秀的大学生、敬业的工作者需要百折不挠的意志,更要有强健的身体。 三是容易产生情绪问题,比如强烈自责、自我否定,伴生出焦虑症、抑郁症。 四是影响人际关系。大家不妨想一想,在一个团队里,如果因为你一个人的拖延导致整个工作的延期完成,那么估计你会遭到其他所有人的批评,更不可能有人说你敬业了。 五是影响一个大学生的职业生涯发展。在未来的发展道路上总是停滞不前,成长将会变得缓慢。 既然危害如此之大,有没有什么办法解决呢? **【环节六】导员支着,落实行动:战胜“拖延”的方法有哪些** [互动小游戏] 材料:一个空杯子,等量围棋,等量沙粒,一杯水。 要求:三人一组,在2分钟时间内最大限度地将围棋、沙粒和水放入空杯子;谁放进去的多,剩的少,谁就是赢家。 辅导员:有谁愿意谈谈自己的感受? 学生回答(略)。 辅导员:一是分清主次。“二八”法则就是将20%的精力用来去完成80%的不重要的琐事,而将80%的精力用来完成20%的要事,这样就能有效克服拖延。 二是设立具体的目标。例如英语考试中,一天做一篇阅读理解,一天背20个单词,内容不多也相对简单,做起来比较容易,这样不至于因为复习难度大而拖延了。 三是多运动。养成良好的生活习惯,这样投入到学习和工作中才会更加富有朝气和活力。 四是建立相互监督小组。这一点最为重要,即不要给自己找借口,要立即行动。美国西点军校大家知道吗? 学生回答(略)。 辅导员:美国西点军校200多年以来奉行的最重要的行为准则就是不找借口,这恰恰反映的就是一种行	名言警句在班会环节具有很重要的教育意义,尤其是耳熟能详的具有哲理性的名言警句,再结合辅导员列举的身边案例,起到事半功倍的效果。辅导员要在学生相对零散的感性认识基础上提炼出理性知识,便于学生深化认识,落实行动。

续表

步骤	班会具体流程	备注
(二)进入主题	为习惯、一种敬业精神。 [注意事项]现场需充分利用互动游戏启发学生思考:为什么会“拖延”?“拖延”的后果是什么?怎样战胜“拖延”?注意引导学生将感性认识与理性思维结合起来,认真思考学习的价值和敬业的内涵。	
(三)总结升华	**【环节七】情感升华,真诚祝愿:青春让改变发生,成长从“战拖”开始** 辅导员:可以说,拖延不仅仅是时间问题,更是心理问题;拖延往往存在于我们的日常习惯中;拖延直接影响你的未来,我们有责任去解决;拖延其实不难克服,只要大家齐心协力。 今天我们着重谈的是有关拖延的问题,但是它恰恰反映了我们对于学习的认知,对于敬业的理解,对于成长的感悟。《劝学》篇有云:不积跬步,无以至千里;不积小流,无以成江海。同学们,我们不能做语言的巨人,行动的矮子。作为优秀的时代青年,我们需要有崇高远大的理想,更需要有脚踏实地的步伐。青春让改变发生,成长从“战拖”开始。 再次感谢同学们参加今天的班会,请大家回去之后将今天的所思所想写进我们的“战拖”微博。今天的班会到此结束,我们下次再见。 [注意事项]注意采用朴素的语言做好主题的总结和升华,班会结束前,利用一个激励性的排比句结束,营造昂扬向上的气氛,激励学生将自觉的学习认识转化为积极的“战拖”行动。	通过辅导员总结的形式,引导学生将学习认知、敬业理解和成长感悟落实为具体行动,固化教育效果。

十三、注意事项

1. 主题班会前

(1)教室卫生:由生活委员和各寝室长负责;

(2)现场秩序:由纪律委员带头,全体班委共同协作;

(3)班会宣传:由宣传委员负责拍照及撰写宣传稿,并及时上传至学院新闻网站。

2. 班会过程中

(1)时间较短,内容不宜展开,关键是让学生产生浓厚的兴趣;

（2）注意调动学生参与的积极性，引导学生带着问题进行思考；

（3）涉及的一些理论知识以诙谐幽默的方式讲解，让学生在快乐游戏中明白道理。

3. 主题班会后

（1）对班会的过程进行全面总结与反思，以丰富并完善主题班会的内容与形式；

（2）深入了解学生的班会感受，进行后续引导，固化和延伸班会的作用与效果；

（3）通过活动宣传、微博讨论、上传视频等方式，扩大本次主题班会的影响。

十四、总结

本次主题班会以辅导员为主导，学生为主体，利用漫画、微信对话、案例等素材，综合采用讲授法、案例分析法、小组讨论法、互动游戏法等多种方式方法，在学生广泛参与的前提下，潜移默化地对学生形成教育影响，引导学生认识学习、理解“敬业”、感悟成长。需要注意的是，社会主义核心价值观教育重在平时，不可操之过急。本次主题班会以小见大，从一般到特殊，以“敬业”为主线，重点讲解“拖延”的内容，在潜移默化中，帮助学生形成正确的学习观和“敬业”观，达到“润物细无声”的作用。但由于时间所限，本次班会方案设计的初衷并不是期望仅仅通过一次班会就达到教育效果，而是以此为引，在今后的大学生思想政治教育中，以社会主义核心价值观教育为目标，设计开展一系列的主题班会和教育活动。

学分，一切皆有……可能？

——规划“素拓”活动，提升个人能力主题班会

一、班会主题

学分，一切皆有……可能？——规划“素拓”活动，提升个人能力主题班会

二、班会地点

多媒体教室

三、班会时间

大一下学期

四、班会对象

大一年级学生

五、主讲人

龚伟

六、班会背景及目的

1. 班会背景

为全面贯彻落实党的教育方针，着力提高人才培养质量，不断加强“三个课堂”联动，深入推进素质拓展学分工程，切实促进学生成人成才成功，本学期以来，班级陆续开展了形式新颖和内容丰富的线上线下、课内课外教育实践活动。但是在各项活动有序开展的同时，我们发现学生中存在“扎堆参与活动”“唯学分论”等现象，这既与学校实施“素拓工程”的

宗旨产生了较为严重的偏差，也不利于学生“素拓”活动的合理规划和“素拓”能力的有效提升。为此，我们专门组织了此次主题班会。本次班会以“规划‘素拓’活动，提升个人能力”为主题，在帮助同学们认识“素拓”具体内容的基础上，通过展示校园“学分与能力矛盾”的现象，分析产生此类现象的原因和带来的危害，从而找到合理规划、提升能力的方法，不断加强学生对“素拓”规划的认知、对“素拓”能力的理解、对“素拓”教育的感悟，努力提高思想政治教育的针对性、实效性、吸引力和感染力。

2. 班会目的

（1）了解“素质拓展活动规划”的基本内容。在前期帮助学生理解素质拓展学分工程基本内容的基础之上，帮助学生理清何为“素质拓展活动规划”的概念，知道辛迪·梵和理查德·鲍尔斯提出的三种类型技能，把握“素拓”学分规划的脉络。

（2）分析进行“素质拓展活动规划”的原因。针对校园里存在的“扎堆参与活动”“唯学分论”“学分与能力相脱节”等现象，以学生调查情况和亲身实例为依据，帮助学生理清造成此类现象的主要原因。

（3）领悟合理规划“素拓”的重要意义。在找到原因的基础上，让学生充分认识到不做规划的巨大危害，合理规划“素拓”的重要意义，以及对于增强个人能力、提升个人素质的重要作用。

（4）制订个人具体的“素拓”规划并付诸实施。根据三大技能的需求，要求学生合理科学地制订自己的“素拓”规划，并鼓励学生以适合的方式和手段积极践行规划，真正做到有目标、有方向、有手段、有成效。

七、方法与手段

本次班会利用漫画、问卷调查、新闻案例、音频、视频等，综合采用问题引导、案例分析、小组讨论、互动游戏、总结陈述以及情境陶冶等方法。在班会过程中注重以下几点：

（1）坚持教育与自我教育相结合。既充分发挥辅导员的教育引导作用，又充分调动学生的积极性和主动性。

（2）坚持解决思想问题与解决实际问题相结合。在以理服人的同时，做到以情感人，增强思想政治教育实际效果。

（3）坚持继承优良传统与改进创新相结合。在发挥传统教育优势的同时，注重利用新媒体和自媒体，做到贴近实际、贴近生活、贴近学生。

八、班会准备

1. 环境准备

布置黑板，摆放座位，渲染环境，营造轻松舒适的外部氛围。

2. 人员准备

班会主持人即辅导员，班会参加人员即2014级应用心理学专业49名同学（提前做好回答问题学生的预案工作）。

3. 资料和道具准备

搜集相关图片、新闻案例，制作调查问卷，准备素质拓展认证手册以及互动游戏需要的展板、白纸和糖果。

4. 多媒体准备

制作PPT，利用多媒体教室开展班会活动，同时安排专人拍摄视频。

5. 学生准备

班会开始前根据学生的状态适时进行小游戏，提升学生的班会参与积极性；在班会过程中择机提问，引导学生主动思考。

6. 问题准备

对可能存在的问题做好预案，例如问题讨论中产生的各种可能答案、同学之间答案争端的处理、班会现场气氛的活跃等。

九、预期效果

（1）掌握“素拓”的基本内容，以及“素拓”对于个人能力的具体要求；

（2）正视“素拓”规划，明晰学分与能力的关系，不盲目选择；

（3）制订一个科学合理的“素拓”规划，并付诸行动，做到内化于心、外化于行。

十、环节设置与时间分配

(一)班会导入:分享活动内容,引发思考共鸣(5分钟)

【环节一】分享时刻,引发思考:"素拓"活动的不和谐

经过一个学期的学习、工作和生活,请同学们简单地谈一谈自己参加了哪些素质拓展活动,有什么样的收获。让学生回顾自己参与的活动,认真思考其中可能存在的问题,从而引出对"不和谐"现象的思考。

【环节二】漫画对话,产生共鸣:大学生怎样对待"学分"

展示大学生追逐学分的漫画,引发学生对学分与能力之间关系的思考,再通过学生的对话,展示学生存在的错误"学分"观,紧接着引出本次班会的主题:学分,一切皆有…可能?——规划"素拓"活动,提升个人能力。

(二)进入主题:规划素拓活动,不断提升能力(30分钟)

【环节三】展示游戏,澄清问题:我来说和做,你来猜一猜

现场展示2010级毕业生的素质拓展学分情况,引发学生对自身能力水平的探究,以及学分和规划之间关系的思考。开展"我说你猜"的互动游戏,让学生意识到自身存在语言表达能力、临场反应能力等方面的欠缺,从而对合理规划"素拓"活动产生兴趣。

【环节四】释疑解惑,点明主题:造成"学分巨人、能力矮子"的原因

通过学生回答,对造成此类现象的原因进行分析,一方面是增强同学分析问题和解决问题的能力,另一方面是让学生结合自身实际情况,利用现场策划和方案展示做出有针对性的思考,主动回答问题,主动反省自身。这样既分析原因也分析自己,从而帮助学生总结出现以上问题的关键原因是"素拓"规划存在问题。

【环节五】初识规划,直击危害:什么是素质拓展规划

通过素质拓展活动—素质拓展学分—素质拓展规划的分析路径,引导学生总结出素质拓展规划的定义,并简称"素拓"规划。"素拓"规划是个人基于自身的实际情况,以第二课堂为平台,以"素拓"活动为手段,以学分获得为基础,以能力提升为目的而量身定制的活动计划安排,它贯穿于学生大学始终，并直接影响学生的未来职业发展。着重指出两点：第一，“素拓”规划是个人的规划；第二，“素拓”规划直接影响未来的职业发展。

【环节六】分析内容，总结原因：为什么需要“素拓”规划

在注重提出上面两点内容的基础之上，给出合理规划“素拓”活动的主要原因：第一，是学生合理规划个人大学生涯的重要基础；第二，是学生逐步提升综合素质能力的重要手段；第三，是学生有效实现未来职业发展的重要保障。

【环节七】导员支着，提出对策：如何合理规划“素拓”

通过讲解总结出三个个人技能，即知识技能、可迁移技能和自我管理技能，利用图片新闻使学生意识到社会对于学生各项能力的重视程度，引发学生对能力培养的规划思考，继而重新审视素拓规划的方向。通过分组讨论和学生回答，帮助学生总结出合理规划“素拓”的主要方法，并针对三者的关系做出说明，引导学生正确进行“素拓”规划。

（三）总结升华：感悟规划真谛，付诸实际行动（5分钟）

【环节八】情感升华，落实行动：不做语言巨人，争做行动达人

再次阐明主题，将班会的内容升华至实际行动层面，利用班会结束前的重要时机，发动学生完成一个专属自己的素质拓展规划，做一名有规划的青年。

十一、过程设计

步骤	班会具体流程	备注
（一）班会导入	**【环节一】分享时刻，引发思考：“素拓”活动的不和谐** 辅导员：（拿出素质拓展手册）同学们，大家下午好，我手上的东西相信大家都不陌生吧。最近一段时间，咱们班的组织委员正在为大家统计并填写这本素质拓展学分手册，那么这一学期大家都做了什么呢？都有怎样的收获呢？每一个同学说一说自己的看法和感悟。 学生回答（略）。 辅导员：说了那么多收获的内容，有没有让大家感到“不和谐”的地方呢？ 每一个同学都谈了谈自己的看法（略）。 辅导员：其实“素拓”对于我们来说具有举足轻重的作	通过分享时刻和漫画对话的形式，让学生了解“素拓”活动的不和谐，引发学生对学

续表

步骤	班会具体流程	备注
(一)班会导入	用，它不仅直接和我们的综合测评挂钩，还与我们的能力有关。 **【环节二】漫画对话，产生共鸣：大学生怎样对待“学分”** [漫画对话一] • “同学，要不要参加……有分加的哦！” • “不会啊，没关系的，只要报名就有分加的，快点来报名啦！” • “大家准时一点，要签到，有分加的！” • “师弟/妹，来不来……可以给你加分的哦！” • “大家积极一点，有问题没问题都问一下，有分加的！” 辅导员：当听到以上这些话时，你的第一感觉是什么？参加完这些活动后，你又有什么收获？ 学生现场作答，给出自己的看法(略)。 辅导员：我们再来看一看这几句，你们是不是有似曾相识的感觉？ [漫画对话二] • “活动有学分哎，赶紧去啊！” • “小王，你看大家都去参加了，咱也去吧。” • “参加什么活动呢，不管了，就这个吧。” • “这个活动真没意思，要不是有学分，我才懒得去呢。” 学生现场作答，给出自己的看法(略)。 辅导员：看完这段对话，大家又有什么感觉？我看很多同学笑了，是不是都曾经历过呢？分是加上去了，但我们从中获益多少呢？那么多的学分，那么多的活动，哪些又真正适合自己？那么我们怎样才能提升自己呢，是拼命参与，扎堆参与？还是其他？ 带着这些看似简单又不简单的问题，进入我们今天的主题班会：学分，一切皆有……可能？——规划“素拓”活动，提升个人能力。 [注意事项]根据学生的反映情况进行及时总结：“扎堆参与活动，挣得一堆学分，真的那么好吗？”“什么才是我们真正需要的？”适时使用调侃的方式，调动学生参与班会的积极性，拉近师生距离。	分与能力关系的深刻思考。

续表

步骤	班会具体流程	备注
(二)进入主题	**【环节三】展示游戏,澄清问题:我来说和做,你来猜一猜** 辅导员:在座的同学有谁能分享一下自己一学期以来的“素拓”活动? 学生回答(略)。 辅导员:下面我来展示一下咱们学院2014届毕业生的“素拓”模块分布表(略)。 辅导员:通过数据表我们可以清晰地看到,同学们在三个模块的比重是不一样的,这些同学中有的考上了大学生村干部,有的考上了研究生,有的毕业后就职于中学,有的成为研究生支教团成员并成功保研,也有的目前仍然处于漂泊状态。实际上,他们的模块得分在一定程度上反映了他们的能力、成长以及未来走向。那同学们目前参加的各项活动在能力提升上又有多大作用呢?咱们不妨通过一个小游戏探究一下。 [游戏规则] (1)现场随机挑选三组同学,每组两人,一位负责说和做,一位负责猜; (2)屏幕上会出现一组词,请猜词的同学背对屏幕,说和做的同学根据屏幕提示用说或者做的方式尽可能让猜词者猜出答案; (3)规定三分钟时间里猜中最多者视为获胜。 学生游戏。 辅导员:游戏结束了,有些小组猜词效果很好,有些小组猜词效果不好,这是为什么呢?下面听听大家的说法。 学生回答(略)。 辅导员:很显然,大家都能够意识到自身目前存在的一些不足,那么这些不足又是怎么造成的呢?也许有人会说:“我们参加的活动也不少啊,为什么还会这样呢?”下面我们就来一起分析一下。	互动游戏寓教于乐,在活动中发现能力的缺失,明晰现象背后的原因。特别需要注意,该环节如果学生出现相反观点,作为辅导员需适时加以引导,目的是使学生正确认识“素拓”,形成正确的规划意识。
	【环节四】释疑解惑,点明主题:造成“学分巨人、能力矮子”的原因 辅导员:我们再看一次漫画对话二。 ● “活动有学分哎,赶紧去啊!” ● “小王,你看大家都去参加了,咱也去吧。” ● “参加什么活动呢,不管了,就这个吧。” ● “这个活动真没意思,要不是有学分,我才懒得去呢。”	“重温前话”这个班会环节设计得非常重要和及时,让学生在活动中体会问

续表

步骤	班会具体流程	备注
(二)进入主题	学生思考。 辅导员：到底是什么原因造成了所谓的“学分巨人、能力矮子”呢？ 学生回答(略)。 辅导员：综合同学们的观点，咱们一起总结一下。先展示素拓项目表(略)。 辅导员：通过表我们可以看到，学生可以参与的活动丰富多彩，按理说对于能力提升会造成正面影响，但是为什么还会这样？ 第一，短期利益。很多学生看重眼前利益，觉得多参加活动，多获得一些分数就能够在综合测评中获得较高的名次并拿到奖学金；第二，打发时间。“做一天和尚敲一天钟”，有活动就参加，反正闲着也是闲着；第三，从众心理。大家都参加那我也参加，不能甘于人后，否则会被大家笑话；第四，定位不明。没有想过自己需要什么，未来往哪走，因而没有做到查缺补漏。 **【环节五】初识规划，直击危害：什么是素质拓展规划** 辅导员：什么是素质拓展规划呢？ 学生议论(略)。 辅导员：素质拓展规划简称“素拓”规划，它是个人基于自身的实际情况，以第二课堂为平台，以“素拓”活动为手段，以学分获得为基础，以能力提升为目的而量身定制的活动计划安排，它贯穿于学生大学始终，并直接影响学生的未来职业发展。有两点必须注意：第一，它是个人的规划；第二，它直接影响个人的未来职业发展。 **【环节六】分析内容，总结原因：为什么需要“素拓”规划** 展示新闻图片(略)。 辅导员：那为什么要进行“素拓”规划呢？ 学生回答(略)。 辅导员：实际上进行“素拓”规划的原因非常清晰，主要有以下三点： 第一，是学生合理规划个人大学生涯的重要基础； 第二，是学生逐步提升综合素质能力的重要手段； 第三，是学生有效实现未来职业发展的重要保障。 **【环节七】导员支着，提出对策：如何合理规划“素拓”** 再展示一些新闻图片(略)。 辅导员：大家看后有什么感受？ 学生回答(略)。	题的实质，发现原因，反省自己，这比单向的知识传输更具有效果。教师要在学生相对零散的感性认识基础上提炼出理性知识，便于学生深化认识，落实行动。 利用图片新闻，用身边的真实案例引导学生对技能有更加全面的认识。在看的过程中思考，在思考过程中反思，作为辅导员要及时加以引导，不要过于干涉。

续表

<table>
<tr><th>步骤</th><th>班会具体流程</th><th>备注</th></tr>
<tr><td>(二)进入主题</td><td>
辅导员:用人单位在看重专业知识技能的同时,对于应聘者综合素质和品质的考量也越来越多。那么既然知道了这个情况,我们该怎么规划“素拓”呢?
学生回答(略)。
辅导员:导员给大家支支招,供同学们参考。
第一,时间定位。不同的年龄层次要有不同的计划安排:大一是适应交际阶段,大二是专业学习阶段,大三是技能提升阶段,大四是求职就业阶段。
第二,能力导向。看看哪些能力不足需要提升,哪些能力不具备但又非常重要,结合自身的实际能力做出规划的调整。
<table>
<tr><td>自我管理技能</td><td>可迁移技能</td><td>知识技能</td></tr>
<tr><td>流利地</td><td>使用</td><td>英文</td></tr>
<tr><td>熟练地</td><td>操作</td><td>电脑</td></tr>
<tr><td>认真地</td><td>完成</td><td>实验</td></tr>
<tr><td>严谨地</td><td>撰写</td><td>论文</td></tr>
<tr><td>负责地</td><td>管理</td><td>班级</td></tr>
<tr><td>独立地</td><td>组织</td><td>活动</td></tr>
</table>
辅导员:下面我们来认识两个人——辛迪·梵和理查德·鲍尔斯,他们为我们提供了一个清晰的解决问题的视角。他们将技能分了三大类:专业知识技能、可迁移技能和自我管理技能。三类技能分别指代了什么?谁愿意说说感受?
学生回答(略)。
辅导员:如果说专业知识技能考查的是学生的专业知识,那么可迁移技能就是综合能力,例如临场反应能力、口语表达能力等,而自我管理技能可以理解为品质,例如忠诚度、责任心等。
辅导员继续谈怎么规划“素拓”。
辅导员:第三,职业驱动。我将来求职就业的岗位是什么?是幼儿园教师,还是心理健康教师,还是公司管理人员?那这些岗位又需要你具备什么能力?这就需要找准方向,有的放矢。
实际上,时间是以能力为根本,能力是以职业为目的,职业是以时间为基础,三者相辅相成,缺一不可。
在这里,我们还需要注意几点:
第一,规划不是一成不变的,我们要不停地进行反馈调整,以便根据自己的实际情况有条不紊地进行。
</td><td>在这里一定要强调方法是参考的,不是照搬的,每个人的思考角度或者出发点都不一样,关键是找到属于自己的路,但是我们的目标都是一样的,那就是实现能力的提升。</td></tr>
</table>

续表

步骤	班会具体流程	备注
(二)进入主题	第二,方法不是唯一的,能够达到提升自己的目的才是最重要的。 第三,不要轻易地去做规划,最终目标不能飘忽不定,要想清楚了再行动。 [注意事项]现场需充分利用互动游戏启发学生思考:为什么会有“唯学分论”?后果是什么?现象背后的原因是什么?怎样规划?注意引导学生将感性认识与理性思维结合起来,并认真思考学分和能力的关系。	
(三)总结升华	**【环节八】情感升华,落实行动:不做语言巨人,争做行动达人** 辅导员:同学们,大学不仅仅是象牙塔,更是锻造炉,我们每一个人能否被打造成一块好钢,不仅取决去学校本身,更取决于我们自己,而好的规划可以为我们带来事半功倍的效果。作为一个新时代的大学生,我们有责任和义务为自己找准目标、定好方向,要远离盲目追求学分的错误之路,选择提升能力、成才成功的人生之路。在结束今天的班会之前,请每一位同学回去之后完成一份专属自己的素质拓展活动规划。 同学们,有规划才有梦想,有梦想就要有规划,我相信大家可以在今后三年多时间里找到属于自己的素质拓展规划,也相信大家可以度过充实而有意义的大学生活。 好的,今天的班会到此结束,我们下次再见。 [注意事项]注意采用朴素的语言做好主题的总结和升华,班会结束前,利用一个激励性的排比句结束,营造昂扬向上的气氛,激励学生将自觉的学习认识转化为积极的实际行动。	通过辅导员总结的形式,引导学生将所思所想落为具体行动,固化教育效果。

十二、注意事项

1. 主题班会前

(1)教室卫生:由生活委员和各寝室长负责;

(2)现场秩序:由纪律委员带头,全体班委共同协作;

(3)班会宣传:由宣传委员负责拍照及撰写宣传稿,并及时上传至学院新闻网站。

2. 班会过程中

(1)注意调动学生的积极性,引导学生带着问题进行思考;

(2)涉及的一些理论知识以浅显易懂的方式讲解,通过活动和游戏帮助学生掌握。

3. 主题班会后

(1)对班会的过程进行全面总结与反思,以丰富并完善主题班会的内容与形式;

(2)深入了解学生的班会感受,进行后续引导,固化和延伸班会的作用与效果;

(3)通过活动宣传、微博讨论、上传视频等方式,扩大本次主题班会的影响。

十三、总结

本次主题班会辅导员积极引导,学生主动参与,利用漫画、新闻图片等素材,综合采用多种方法,寓教于乐,潜移默化地教育学生,帮助学生认识学分、理解“素拓”、合理规划。需要注意的是,此次班会既是讲方法,更是意识培养,因此不可操之过急,要重在平时。本次主题班会以小见大,从一般到特殊,以“能力”为主线,重点讲解“素拓”规划的内容,帮助学生形成科学合理的规划意识。但由于时间所限,本次班会方案设计的初衷并不是期望仅仅通过一次班会就达到教育效果,而是以此为引,在今后的工作中,设计开展一系列主题班会和实践活动,不断强化学生意识,提升学生能力。

总体来说,班会取得的效果不错,同学们基本都能参与其中,受到教育,但仍有少部分同学参与的积极性不高,值得反思。本次主题班会是由辅导员主持,如果学生能自发组织并由班委会成员主持召开,可能将更有利于同学的广泛参与和融入。今后主题班会的设计应当更加注重形式创新、更加注重手段丰富,将班会流程设计得更加新颖一些,并使每一位学生都能全身心参与其中,以期获得更好的教育效果。

毕业季，如何坚守文明？

——文明离校教育主题班会

一、班会主题

毕业季，如何坚守文明？——文明离校教育主题班会

二、班会地点

多媒体教室

三、班会时间

大四下学期期末

四、班会对象

大四年级学生

五、主讲人

马兴、李小文

六、班会背景及目的

1. 班会背景

社会主义核心价值观是加强大学生思想引导的有力武器，辅导员要大力引导大学生积极培育和践行社会主义核心价值观，筑牢共同思想基础。而大四毕业生即将离开学校，面对离别、面对毕业，有对母校、对朋友的不舍，也有对未来的希望与迷茫，再加上就业现实残酷，难免使毕业生产生毕业焦虑以及患得患失甚至对社会不满的情绪。有效引导毕业生文

明离校、文明生活不仅有利于毕业生管理，更有利于帮助学生树立文明生活的习惯，从而发挥青年大学生把个人理想和抱负融入爱校、荣校、爱社会、爱祖国之中，为社会带来青春正能量。

2. 班会目的

毕业离校之际，大学生普遍心理状态不稳定，部分学生甚至以损毁公物、打架闹事为一时之快。毕业生的不文明行为不仅给学校的管理工作带来了压力，也给低年级学生造成了不良示范，所以引导毕业生文明离校成了高校学生教育管理的一项重要工作。召开毕业生文明离校主题班会，提高广大毕业生对文明离校意义的认识，同时发出毕业生文明离校倡议书，营造文明离校的宣传氛围，促进毕业生文明离校工作的顺利开展。因此，主题班会要帮助学生树立文明生活的意识，让学生把文明离校与文明立人结合起来，为践行社会主义核心价值观发挥青春正能量。

七、方法与手段

利用视频、案例、音乐等，综合采用讲授法、案例分析法、讨论法以及情境陶冶法等方法开展班会。具体方法有：

（1）演示法，如PPT讲解、导向深入；

（2）讨论法，如小组讨论、集体发现；

（3）情景陶冶法，如视频再现、情感交融。

八、班会准备

（1）搜集与班会主题相关的图片、视频等，制作班会PPT；

（2）搜集整理同学们大学四年的生活图片，制作毕业纪念视频；

（3）开展文明形象关键词调研活动，提升班会内容的可信度；

（4）通过班委发起文明离校倡议活动，营造文明离校氛围；

（5）布置班会场所，营造轻松和谐的交流环境。

九、预期效果

（1）了解文明的内涵，引发对坚守文明重要性的思考；

（2）感恩母校、感恩青春，正视文明离校与文明立人的关系；

（3）强化了责任意识，坚定了价值取向，要文明离校、文明立人。

十、环节设置与时间分配

(一)班会导入:播放《最美的大学》视频(10分钟)

【环节一】视频展示,以情感人:播放《最美的大学》视频

通过播放同学们大学生活的视频,引发学生对往日生活的回忆,激发学生怀念、珍惜美好大学生活的情怀,进而得出美丽的生活要有文明的行为来维护,引出班会主题:毕业季,如何坚守文明?

【环节二】图片展示,引发思考:什么样的风景最美(2分钟)

由鲜明对比的两组照片入手,引发学生对美好环境的喜爱之心,进而得出美丽的风景要有文明的行为来维护,引出班会主题:毕业季,如何坚守文明?

(二)进入主题:毕业生如何坚守文明离校(30分钟)

【环节三】自由讨论,名言启示:何为文明

与学生一起交流何为文明,并引用作家龙应台对于文明的了解,让学生体会文明的内涵,在此基础上引出高校学生行为准则规范,让学生明了遵守高校学生行为准则规范即是对文明的坚守。

【环节四】案例剖析,教育警示:为什么要坚守文明

首先由两个问题导入,从国家和个人两个层面探讨文明之于国家、之于个人的重要性。随后,向学生呈现几则毕业生不文明离校的案例,并对其进行分析,引发同学们对坚守文明的重视。

【环节五】自由讨论,产生共情:如何坚守文明离校

由龙应台关于文化的理解,引导学生自主思考,自觉得出文明离校的行为标准,提升文明离校的行动力。

【环节六】文明倡议,落实行动:文明五行倡议

承诺宣言活动,有利于调动大家的情绪,增强班会效果。

(三)总结升华:坚定理想信念,铸就文明人生(5分钟)

【环节七】联系当下,升华主题:践行社会主义核心价值观,做文明毕业生

将文明离校与践行社会主义核心价值观结合起来,提升文明立人、文明人生的责任感与使命感。

【环节八】真诚祝愿，启迪人生：文明让人生更加幸福

毕业生即将离校，班会总结以祝福话语结束，更能让学生从中体会到老师的爱、学校的爱，进一步激发学生文明离校的情怀。

十一、过程设计

步骤	班会具体流程	备注
（一）班会导入	**【环节一】视频展示，以情感人：播放《最美的大学》视频** 辅导员：亲爱的同学们，大家好。我想最近在大家脑海中出现最多的画面可能就是毕业了。是啊，你们马上就要毕业了，那些军训踢正步、课堂论学术、寝室卧谈会、球场洒汗水的日子，你们还记得吗？这里有份小礼物送给大家，希望大家喜欢。（播放同学们四年生活剪影视频（略）） 学生静静观看。 辅导员：同学们，忆往昔，我们奋斗有为，留下了很多美丽的回忆，我想若干年后当我们回忆起这些点点滴滴时，肯定会感慨万千。然而此时我有一个感慨，就是大一的时候你们的宿舍是非常干净整洁的，现在你们的宿舍是凌乱的，有些东西放的乱七八糟，床铺的帐子也扯得七零八落，让人有点萧条的感觉，有点离别的伤感。 **【环节二】图片展示，引发思考：什么样的风景最美** 辅导员：大家看下面这些图片，觉得哪个更美呢（略）？ 学生看图思考。 辅导员：同学们，想必大家都喜欢窗明几净、干净整洁的学习环境，可是在我们生活的校园里，却有这样一些“景色”出现。（插入PPT）为什么会出现这样的现象呢？ 学生回答（略）。 辅导员：（根据学生回答，引入主题）是呀，同学们都知道这是由不文明行为造成的。那么，今天我们就来探讨下——毕业季，如何坚守文明？ ［注意事项］班会导入要充分考虑毕业生的特殊情况，要在一开始就能调动学生兴趣，并引发毕业生的同感，这样才能更进一步开展主题交流。	以视频引发学生怀念、珍惜美好大学生活的情怀。 对比的两组照片，引出班会主题。

续表

步骤	班会具体流程	备注
(二)进入主题	**【环节三】自由讨论,名言启示:何为文明** 辅导员:刚刚我们提到只有文明的行为才会有文明的美景,那何为文明呢?请大家谈一谈。 学生回答(略)。 辅导员:刚刚大家谈到了自己对文明的理解,谈得都很好,主要有以下几种认识: (1)文明是一种自我克制,即个人对自己的克制,克制自己不要干扰到别人的存在边界。 (2)文明就是不要乱扔垃圾,不抢车道不闯红灯,不在公众场所大声说话,不乱穿马路…… (3)文明就是一种素质,给老人和小孩让座;不乱扔乱抛,不随地吐痰;当看到别人遇见困难,援手相助…… 以上是我们对于文明的理解,那名人又是如何理解的呢,请大家看这样一个故事——龙应台:这就叫文明(故事略)。 学生浏览故事。 辅导员:龙应台并没有明确地给出文明的定义,但是我们也能从她的话语中明白文明究竟是什么?那我们大学生的文明又有哪些要求呢? 辅导员解读《高校学生行为准则》。 辅导员:这是作为一个大学生基本的文明规范,那么大学生为什么要坚守文明呢?	进入班会正题,通过对文明内涵的交流与分析,加深同学们对文明的理解,引发对文明离校的重视。
	【环节四】案例剖析,教育警示:为什么要坚守文明 辅导员:我们为什么要坚守文明呢?首先我想问大家两个问题:你心目中的大国形象是什么?你所喜欢的朋友形象又是如何?下面我们逐一探讨下。 学生自由讨论(略)。 辅导员:好的,同学们都给出了自己关于这两个问题的理解。课前,我也曾在其他班级的同学做了一些调研,发现大家大多集中于这样一些评论上:文明是大家对于大国和所喜欢的朋友形象的统一定位,由此我们也可以看出文明之于一个人、一个国家的重要性。 对于个人,文明就是外在有礼、内在友善。《晏子春秋》说,“凡人之所以贵于禽兽者,以有礼也。”孔子也说,“不学礼,无以立。”《周易》说,“文明以止,人文也”,又说“观乎人文,以化成天下”。自然天幕上的纹饰,是日月星辰,而人类社会中的纹饰,就是文明程度,用文明来教化天下,才是人文情怀,才能社会昌盛。 对于国家,文明就是坚持正义、坚持和谐。 所以,无论对于个人还是国家,失了文明,也就失了一切。	由对问题的讨论与案例分析,进一步引发同学们对文明离校的重视。 自我分析,提升自我教育效果。

续表

<table>
<tr><th>步骤</th><th>班会具体流程</th><th>备注</th></tr>
<tr><td>(二)进入主题</td><td>【环节五】自由讨论，产生共情：如何坚守文明离校
辅导员：有学者认为文明其实体现在一个人如何对待他人、对待自己，如何对待自己所处的自然环境。是呀，文明只是一个微笑、一次帮扶，那么毕业了，我们该做些什么呢？
学生自由发言(略)。
辅导员：(根据学生发言，适时总结)同学们，刚刚你们讲得很好，体现了一个大四毕业生的理性与担当。作为辅导员，在此我向你们提出五点建议：
(1)严格遵守法律法规及学校各项规章制度，不干扰学弟学妹们正常的学习生活，自觉维护学校的正常教学生活秩序，严格遵守作息制度，按时就寝。
(2)维护校园环境卫生，不乱涂、乱画、乱张贴，不任意抛洒物品，不损坏公共财物，珍惜校园里的一草一木。
(3)尊敬师长，善待同学。在公共场所举止文明，不吵闹喧哗，不燃放鞭炮，不摔砸敲打各种物品、设施。
(4)爱惜粮食，节约用水用电。不在公寓内点明火或焚烧物品，不违章用电，不乱丢烟头。
(5)注意人身、财产安全，避免与同学或社会人员发生冲突，平安度过学校的最后时光；为学校的改革发展献计献策。
【环节六】文明倡议，落实行动：文明五行倡议
辅导员：同学们，文明是对自己负责，更是对别人的尊重。因此，我有五句话想送给大家：
(1)爱我师大，心怀感恩行；
(2)爱我师大，美景守护行；
(3)爱我师大，一切安全行；
(4)爱我师大，事事奋斗行；
(5)爱我师大，终身文明行。</td><td>由龙应台对于文化的理解，引出文明其实只是大学生的一个行为、一个习惯，进而将文明离校落到实处、落到小处。</td></tr>
<tr><td>(三)总结升华</td><td>【环节七】联系当下，升华主题：践行社会主义核心价值观，做文明毕业生
辅导员：同学们，文明不仅仅是为了学校美丽，更是为了我们人生幸福，未来灿烂。
2014年5月4日，习近平总书记考察北京大学，与青年大学生座谈时强调，广大青年树立和培育社会主义核心价值观，要在勤学、修德、明辨、笃实上下功夫，下得苦功夫、求得真学问，加强道德修养、注重道德实践，善于明辨是非、善于决断选择，扎扎实实干事、踏踏实实做人，立志报效祖国、服务人民，于实处用力，从知行合一上下功夫。</td><td></td></tr>
</table>

续表

步骤	班会具体流程	备注
(三)总结升华	**【环节八】真诚祝愿，启迪人生：文明让人生更加幸福** 辅导员：同学们，离校不等于离开文明。因为文明，我们的大学美丽多姿；因为文明，我们的友谊纯真质朴；因为文明，我们的人生平安幸福。党的十八大指出要在全社会大力倡导“富强、民主、文明、和谐、自由、平等、公正、法治、爱国、敬业、诚信、友善”的社会主义核心价值观。作为时代的青年，我们即将奔赴祖国的各行各业，开启人生新的篇章，我希望我们能努力践行社会主义核心价值观，永葆一颗文明之心，让文明铸就我们幸福的人生。 同学们，感谢你们四年来顽强的拼搏与努力，感谢你们四年来无私的信任与支持，愿你们在文明的路上飞得更高、飞得更远！ [注意事项]采用朴素的语言做好主题的总结和升华，使学生将班会精神内化于心，并真切地体会到文明之于人生幸福的深刻含义。	毕业生即将离校，班会总结以祝福话语结束，更能让学生从中体会到老师的爱、学校的爱，进一步激发学生文明离校的情怀。

十二、总结

(1)考虑到班会对象是毕业生，内容及情感上要以温情感人为主，关键是让学生认识到文明离校的重要意义，产生文明离校的行为。

(2)对于班会气氛的把控要张弛有度，注意调动学生的积极性，引导学生带着问题进行思考，敢于思考。

(3)文明离校是文明就业、文明生活的一部分，班会不仅要让学生有文明离校的意识，更要有树立文明、诚信人生的意识。

我的中国心

——大学生爱国教育主题班会

一、班会主题

我的中国心——大学生爱国教育主题班会

二、活动地点

多媒体教室

三、班会时间

大二上学期

四、班会对象

大二年级学生

五、主讲人

赵华杰、王艳

六、班会背景及目的

本次主题班会重点从两个方面给学生启示：一是爱国行为分为显性爱国行为和隐性爱国行为，二是大学生如何做好身边的爱国事。

班会以叙利亚小难民和中国利比亚撤侨事件为出发点，通过两个国家在危机时刻的表现和行为对比，唤醒学生的家国意识，引起学生共鸣。再用从一面破损的国旗警醒学生，日常生活中有很多被忽视的细节都是不爱国的行为，然而很多人却没有意识到，甚至习以为常，进而对爱国行为进行分类，提出显性爱国和隐性爱国的概念和定义，引导学生讨论被忽视的隐性爱国行为，深究原因，唤醒和激发学生的爱国意识。在此基础上告诉学生，在和平年代爱国对于大学生而言，就是要做好身边的小事，全面发展自己。

爱国主义教育是大学生成长成才的不竭动力，有助于培养大学生正确的人生观、价值观。然而，近年来，部分境外势力对我国青年学子进行宗教、文化、媒体渗透，使得爱国主义教育迫在眉睫。大学生漠视现象屡见不鲜，在大学生群体中开展爱国教育，唤醒爱国意识和情怀，弘扬正能量，积极引导当代大学生以理性的态度、恰当的方式维护国家利益，关注隐性爱国行为，显得十分必要。

此次班会以社会主义核心价值观为导向，将爱国教育贯彻于大学生思想教育工作的始终，激发学生的爱国热情，帮助学生树立社会责任和服务意识，勉励青年学子牢记历史、自立自强，培育出符合时代要求的社会主义合格建设者和可靠接班人。

七、方法与手段

借助多媒体设备展示图片、视频，提高班会的吸引力。将教师讲授、师生讨论、情景共鸣等方法相结合，同时积极使用网络等多媒体手段，提高班会的感染力和吸引力。具体来说有以下几个特点：

（1）理论与实践相结合。本次主题班会教育可以先在教室内开展，引发学生对爱国身边事的积极思考，并将爱国情怀付诸实践。

（2）教师引导与自我教育相结合。在班会的过程中，教师积极引导学生，唤醒被漠视的爱国意识。学生则在不断的学习中培养自我教育的意识，把爱国情怀内化于自己的言行之中。

（3）线上互动与线下行动相结合。在宣传方式上，网络新媒体手段深受学生喜爱，可以借此开展更加贴近学生、贴近生活、贴近实际的学生活动。本次班会先通过情景剧的形式，再现了叙利亚小难民的故事；再通过视频连线的方式，采访了外院学子；最后通过朗诵《我的祖国》活动，升华班会主题。班会引导学生积极发现身边的隐性爱国行为，使爱国成为一种习惯，引导学生用实际行动去践行爱国，实现线上线下联动。

（4）专业特色与主题教育相结合。外国语学院的学生由于专业特点，与外教和外国留学生接触的频率相对更高。曾去俄罗斯交流的外院学子如何看待爱国？如何积极引导浸润在外国语言文化中的外院学子将爱国付诸实践？这些都是值得深思和探讨的问题。此次主题班会结合外国语学院专业特色，将主题教育贯穿其中，与学生日常学习、生活紧密相连，引发学生情感上的共鸣和认同。

八、班会准备

（1）在学生微信圈、班级群里转载爱国相关文章，渲染爱国氛围；

（2）安排同学班会前做好功课，为班会中展示自己的“爱国”感想做准备；

（3）安排好教室、课件、音响和多媒体设备等其他班会准备工作，通知学生和老师按时参加班会活动；

（4）班会前，随机采访部分学生，整理成视频，以备班会中使用；

（5）全班同学在班会前学唱歌曲《国家》。

九、预期效果

（1）能够正确看待爱国行为，唤醒学生的爱国意识；

（2）能够正确认识国家历史和社会环境，进一步坚定理性爱国的信念；

（3）能够明辨是非，以实际行动践行爱国信念，珍惜当下幸福生活。

十、环节设置与时间分配

【环节一】班会导入：情景再现，引入话题（7分钟）

[情景再现]情景剧《天堂的呼唤》——叙利亚小难民的故事（3分钟）

2015年9月2日，叙利亚3岁男童艾兰的遗体被冲到土耳其南部海滩。他穿着红色T恤衫和蓝色短裤，面朝下趴在沙滩上。他所乘坐的难民船因严重超载而倾覆，包括5名儿童在内的12名偷渡客溺亡。前期安排学生通过情景剧的形式在班会上再现当时的场景。

[故事分享]中国从利比亚撤侨引发的思考（4分钟）

时间倒退到2011年2月，由于利比亚国内暴力升级，中国为了从利比亚安全转移3万多中国公民，迅速展开了大规模海陆空撤离行动。利比亚大撤离是中国政府实施的一次大规模海外公民撤离行动，截至2011年3月2日，中国出动包括民航、邮船、海军护卫舰、空军运输机、客车等海陆空力量，顺利从利比亚撤离公民32000余人。介绍中国从利比亚撤侨事件，引发学生思考，通过与小难民故事的对比，使学生清楚地意识到国家是个人最坚实的后盾，有国才有家。

【环节二】进入主题：爱国追问，分门别类（12分钟）

[引发思考]大学生，你爱国吗（3分钟）

通过对“大学生，你爱国吗”的问答，师生互动，从而进一步追问，引发学生对自身爱国意识的思考，引出班会主题。

[身边故事]一面国旗引发的思考（3分钟）

辅导员讲述一则小故事，协会办公室的国旗布满蜘蛛网，脏兮兮的无人擦拭整理，垃圾桶里还有一些小国旗散落其中。通过一面国旗，引发学生的思考。

[爱国讨论]小组讨论，总结显性与隐性的不爱国行为（6分钟）

将学生分为若干讨论小组，结合刚刚的故事和问题，讨论自己身边的不爱国行为。同时，小组代表在讨论结束后代表小组成员进行总结发言，陈述观点和看法。辅导员归纳总结学生观点，指出不爱国行为分为显性行为和隐性行为。

【环节三】深入主题：隐性爱国，反思共鸣（18分钟）

[场外连线]留学生爱国心声畅谈（5分钟）

播放提前拍摄的视频一，采访曾赴俄罗斯交流的外院学子蒋蓝辉同学，他表示，在国外交流的过程中爱国意识和情感更加强烈。播放提前拍摄的视频二，在外国语学院学习的土库曼斯坦籍留学生谈爱国，该同学在采访中表明，当听到身边的同学说，土库曼斯坦很小，整个国家只有安徽省大小的时候，非常不开心。通过这两个视频，引发学生对隐性爱国行为进行深层次的思考。

[拨云见日]总结反思为什么隐性爱国行为被忽视（6分钟）

不会唱国歌、不会行注目礼、不知道国家公祭日和烈士纪念日、在人民币上写字、对天安门阅兵式不关心等都是被忽视的不爱国行为，所以要唤醒同学们的爱国意识，并引导同学们反思隐性爱国行为被忽视的原因。原因主要分为三个方面：身处国内爱国意识及民族自豪感没有身处国外强烈;学生的历史意识较为淡薄,不了解经历战火洗礼、建立国家的艰辛;身处和平年代,爱国情怀有所弱化。反思原因后,提醒同学们别让忽视隐性爱国行为成为一种习惯。

[说文解字]大学生如何做好爱国身边事(7分钟)

繁体字"國"中的"口"表示疆土,"戈"表示武器,意为用武器保卫疆土;简体字"国"中的"玉"表示和平和美好的事物,"口"表示疆土。通过说文解字,解释在不同时期和年代的爱国行为和表现是不同的,即使是在和平年代,也要珍惜来之不易的幸福生活。

【环节四】总结升华:爱国,从你我做起(8分钟)

[微博话题]开展"我与国旗合个影"活动(4分钟)

开展"我与国旗合个影"活动,通过微博微信等网络多媒体手段在学院班级营造良好氛围,让每一位同学都能亲身参与。举办爱国英雄事迹展、爱国知识大赛、外文书法大赛,开展国家公祭日、烈士日网上祭奠,开展时事班会等活动深化爱国教育主题。

[集体合唱]合唱《国家》(4分钟)

通过合唱产生情感上的共鸣,激发学生内心深处的自豪感和自信心,激发学生成长成才、为国奉献的情怀,从而深化爱国教育主题。

最后总结当代理性爱国的重要意义,爱国是社会主义核心价值观的重要部分,是个人健全人格的重要组成部分,是个人成长成才的价值导向,更是中华民族前行的不竭动力。

十一、过程设计

步骤	班会具体流程	备注
【环节一】班会导入	[情景再现]情景剧《天堂的呼唤》——叙利亚小难民的故事(3分钟)(略) 辅导员:同学们,你们认识屏幕上的这位小男孩吗?2015年9月2日,土耳其一处海滩漂上了一具幼童尸体,照片迅速传遍网络,被称为难民危机爆发以来的"最揪心画面",引起人们震惊和反思。现在我们再现一下当时的悲痛情境,听听他们内心的独白。提前安排同学从国家、小男孩、小男孩的父亲、图片拍摄者四个方面模拟情境。	通过叙利亚小难民的照片,感染学生,引发学生的关注,让学生意识到国家

续表

步骤	班会具体流程	备注
【环节一】班会导入	[故事分享]中国从利比亚撤侨引发的思考(4分钟) 辅导员:同样是在叙利亚,2011年利比亚战争一触即发,当年2月22号启动行动,中国国务院副总理张德江挂帅指挥,12天里用包括12架军机在内的138架包机,包括1艘海军护卫舰在内的17艘轮船舰艇,以及100多班次客车,从利比亚撤出32000位公民并护送他们安全回家。 辅导员:同学们,这两个案例给了我们什么样的启示呢?请几位同学谈谈自己的感想。 学生:…… 辅导员:是的,国家是大家,只有强大的国家才能拥有幸福的小家。正是因为有强大的国家,我们才有今天的幸福生活。	是小家的坚强后盾,进一步唤醒爱国意识。
【环节二】进入主题	[引发思考]大学生,你爱国吗(3分钟) 辅导员:问大家一个简单而严肃的问题,在座的同学你们爱国吗? 学生:爱国。 辅导员:大家都说爱国,请问我们的爱国行为有哪些呢? 学生1:看到日本政府扭曲历史,我感到很气愤。 学生2:收看9月初的胜利日阅兵。 …… 辅导员:同学们说得都很好,我们再来看看视频里的这些大学生的回答。 [身边故事]一面国旗引发的思考(3分钟) 辅导员:同学们,给大家讲一个真实的故事。最近我在学院学生会办公室里看到了一面国旗,请问国旗代表什么? 学生:中华人民共和国的国旗为红底五星旗,象征中国革命人民大团结。国旗代表着一个国家。 辅导员:这位同学回答得很好,国旗代表着我们国家,"国家"是一个多么厚重的词啊!可是我在学生会办公室里看到的是一面破旧不堪的国旗,上面布满了灰尘和蜘蛛网。在那个整齐的办公室里,只有它是那样的落寞,要知道,这个办公室就是我们学生干部的办公室啊。 请问,同学们,如果我们的国旗被人遗弃在地上,你会怎么做? 学生:我会小心地捡起来,擦拭干净。 辅导员:回答得很好,可是在我们学生组织办公室堆放杂物的房间里,几面鲜红的国旗就被遗弃在杂物堆里了。 [爱国讨论]小组讨论,总结显性与隐性不爱国行为(6	通过观看视频形式,让学生对照分析被忽视的隐性爱国行为,引导学生对深层原因进行思考。

续表

步骤	班会具体流程	备注
【环节二】进入主题	分钟） 辅导员：同学们，这里我们不妨下一个定义，把那些具有明显是非判断的或者明显有纪念日标记的不爱国行为称之为显性不爱国行为，如：不知道国家公祭日及祭奠活动。把那些需要自己实践的不爱国行为称为隐性不爱国行为，如对国旗的不尊重。 尊重国旗，是我们最基本的爱国行为，红色的国旗象征人民用鲜血取得胜利。然而，生活中鲜红的国旗常被我们忽视。请大家讨论下，我们的身边还有哪些常常被我们忽视的隐性不爱国行为。 学生：不会唱国歌，不会行注目礼…… 辅导员：总结同学们的发言，我们不妨把身边被忽视的隐性不爱国行为分为以下几类：一是爱国意识淡薄（偏差）；二是历史知识薄弱；三是没有严于律己；四是没有付诸实践。 [场外连线]留学生爱国心声畅谈（5分钟） 辅导员：同学们说得都很好，此类的隐性爱国行为需要每个同学从自身做起，而我们往往却忽视了。这是为什么呢？同学们，我们外国语学院有去俄罗斯、日本、美国的留学生，也有来自哈萨克斯坦等国的外国留学生。下面我们看看这些同学眼中的爱国情怀是什么样的？请外国留学生阿斯纳和出国留学生2013级俄语班蒋蓝辉同学谈谈自己的爱国情怀。 阿斯纳：…… 辅导员：同学们，从阿斯纳同学的发言中，我们知道，一旦踏出国门，自己的一言一行都代表着自己的国家，要用自己的行为维护国家。	
【环节三】深入主题	[拨云见日]总结反思为什么隐性爱国行为被忽视（6分钟） 辅导员：同学们，为什么我们的同学身处国外的时候，爱国的意识才会强烈，被漠视的爱国行为才会被正视？ 学生：我想是我们缺乏爱国的情境，有些行为只有在特定的环境才能被激发。 辅导员：我不完全认同你的观点。环境的激发很重要，但是回过头想想，我们需要反思，我们有认真思考过“爱国”这个词吗？反思一下，漠视爱国行为有哪些原因呢？ 学生讨论（略）。 辅导员：如果这样的行为持续下去，后果不堪设想，因为我们在座的各位都是国家的未来。总结一下，造成当前	分析隐性不爱国行为产生的原因。用汉字“國”“国”启发同学，和平年代赋予大学生别样的责任，

续表

步骤	班会具体流程	备注
【环节三】深入主题	大学生忽视隐性爱国行为的原因有以下几个方面：一是历史知识薄弱；二是网络媒体的冲击；三是过于安逸的成长环境。同学们，爱国是每一位公民最基本的品质，一个国家、一个民族正是因为有无数爱国的仁人志士前赴后继的努力，才能获得独立与发展。同学们，知国才能爱国，“知之深”才能“爱之切”。爱国不是一句空口号，明晰历史脉络，把握国情发展，这是时代对每一个爱国学子的基本要求。 [说文解字]大学生如何做好爱国身边事(7分钟) 辅导员：请大家和我一起写一个汉字，我们先写繁体的“國”，再写简体的“国”。 学生：繁体的“國”里面是一个“或”，简体的“国”里面是一个“玉”。 辅导员：是的，在古代，“口”表示一片区域，“戈”表示武器，“國”表示用生命和武器保卫领土。而“国”的里面是“玉”，象征着美好生活、优良传统和祖国的美好山川。这给我们什么启发？ 学生：在战争年代和在和平时代，爱国的情怀依旧，可是爱国的方式不一样。当今，我国和发达国家的差距与竞争主要集中经济文化科技发展方面。对于我们大学生而言，发展好自己、做好身边的小事就是最大的爱国。 辅导员：请同学们说说，我们可以身体力行的爱国行为有哪些？ 学生回答(略)。 辅导员：同学们，爱国不是“九·一八”国耻日在烈士墓前才有的，更多的是我们身边的一言一行。现在，大家以小组为单位，就“大学生身边的爱国行为有哪些”这个问题展开讨论。同时，每个小组代表在讨论结束后代表小组成员进行总结发言，陈述观点和看法。 学生激烈讨论，然后小组代表发言(略)。 辅导员：同学们说得都很好，和平年代的爱国也给我们提出了新的要求，为祖国的发展贡献力量就是爱国。很多曾经被忽视的隐性不爱国行为需要我们重新去审视，带着这份警醒，做好身边的每一件小事才是大学生最应该去做的事情。	当代大学生发展自己，做好身边的事情就是现实的爱国行为。

续表

步骤	班会具体流程	备注
【环节四】总结升华	[微博话题]开展“我与国旗合个影”活动(4分钟) 辅导员:同学们,再回头看看班会伊始的那面国旗,我感觉到,其实我们身边要做的事情有很多。现在号召大家拿出手机,在微博或者QQ上发起#我与国旗合个影#活动,班会结束后,我们去寻找那些被遗忘的国旗,用我们的双手掸去尘埃,让身边的每一面国旗重焕鲜红色彩。 [集体合唱]合唱《国家》(4分钟) 一玉口中国一瓦顶成家 都说国很大其实一个家 一心装满国一手撑起家 家是最小国国是千万家 在世界的国在天地的家 有了强的国才有富的家 国的家住在心里家的国以和矗立 国是荣誉的毅力家是幸福的洋溢 国的每一寸土地家的每一个足迹 国与家连在一起创造地球的奇迹 国是我的国家是我的家 我爱我的国我爱我的家 辅导员:同学们,这段歌词,慷慨激昂。不禁让我想起习总书记关于中国梦的一段阐释:“中国梦”关乎着中国未来的发展方向,凝聚了中国人民对中华民族伟大复兴的憧憬和期待。它是整个中华民族不断追求的梦想,是亿万人民世代相传的夙愿,每个中国人都是中国梦的参与者、创造者。我想,每一名同学做好身边的事情,都是在创造一个个美丽的中国梦。	网络线上线下活动,让同学们感受大学生爱国行为有很多,进一步激发学生的历史使命感和社会责任感。

十二、注意事项

1. 主题班会前

(1)会场卫生:由生活委员和各寝室长负责;

(2)活动秩序:全体班委共同协作,维持好班会现场秩序;

(3)活动宣传:由宣传委员负责撰写宣传稿及照相,并进行及时报道;

(4)设备检查:提前检查班会教室音响设备,并进行调试。

2. 班会过程中

根据班会现场的状况,及时做出相应的调整与变化,随机应变。

3. 主题班会后

(1)对班会的过程进行全面总结与反思,改进不足,汲取经验;

(2)引导学生结合班会内容,坚定爱国意识,并付诸实践;

(3)通过QQ、微博、微信等新媒体平台,宣传班会内容,固化班会成果。

十三、总结

爱国是当代大学生践行社会主义核心价值观的体现,习总书记在我国首个公祭日纪念活动的讲话中说:“疑今者,察之古;不知来者,视之往。”中华民族历经战火的洗礼,我们应更加珍惜和平。和平年代,安逸的生活环境、网络新媒体的冲击、历史知识匮乏给“90后”大学生们的爱国教育提出了新的挑战。忽视隐性爱国行为成为习惯,如何唤醒学生内心深处的爱国意识,并且将爱国情怀转化为做好身边的每一件小事,是进行大学生思政教育的重点之一。

爱国主义教育是提高全民族整体素质的基础性工程,是引导广大青少年树立正确理想、信念、人生观、价值观,促进中华民族振兴的一项重要工作。爱国主义教育必须贯彻大学生思想教育的始终,从学校抓起,认真贯彻落实。辅导员老师应该积极引导学生,弘扬爱国主义教育的主旋律,发挥榜样的示范作用,努力使学生产生情感共鸣,培育符合社会主义核心价值观要求的新时代大学生。

然而,我们也必须清楚地认识到,真正的爱国不是一堂主题班会所能完全体现的,应该体现在平时的一点一滴中。

和谐寝室，快乐成长

——大学生寝室人际关系教育主题班会

一、班会主题

和谐寝室，快乐成长——大学生寝室人际关系教育主题班会

二、班会地点

多媒体教室

三、班会时间

大一、大二第二学期期末前

四、班会对象

大一、大二年级学生

五、主讲人

崔玉凤、张磊

六、班会背景及目的

寝室是大学生人际交往的重要场所，它的好坏直接影响到学生的心理健康，并且直接影响着学生的学习及整个大学生活的方方面面。同时寝室的稳定对辅导员的日常工作管理乃至整个学校的工作管理都具有重要意义。本次班会以寝室中存在的矛盾为切入点，通过案例解读，教育学生认识正确处理寝室人际关系的重要性，引导学生思考怎样处理寝室内矛盾、怎样建立和谐寝室；倡导互帮互助精神，共同营造团结友爱奋发向上的寝室氛围。

七、班会准备

1. 问卷调查

在班级发放调查问卷，征集寝室人际关系中最棘手的问题，根据调查反馈结果，设计情景剧剧本。

2. 寝室走访

辅导员深入走访寝室，了解学生寝室中较常见的、易引发人际关系危机的事件，以及近期班级中发生的棘手的寝室人际关系事件。

3. 资料准备

将班级新生寝室设计大赛活动的照片制作成视频相册；将相关材料制作成多媒体课件，班委对问卷调查结果进行统计，组织学生排练情景剧并录制视频。

八、预期效果

(1)能认识正确处理寝室人际关系的重要性；

(2)能思考怎样处理寝室内矛盾、怎样建立和谐寝室；

(3)倡导互帮互助精神，共同营造团结友爱奋发向上的寝室氛围。

九、环节设置与时间分配

【环节一】班会导入：良好寝室氛围的重要性(6分钟)

[寝室相册播放]

播放班级之前开展的“新生寝室设计大赛”的活动照片，引出班会主题。

[互动分享]

谈谈自己心中理想的寝室氛围。

【环节二】情境创设：提出矛盾，真实展现(4分钟)

[提出矛盾]

首先对同学们提出的理想寝室氛围表示赞同，同时指出实际生活中，寝室内的磕磕碰碰不可避免，如果处理不当，造成的后果不可设想。

[调查结果]

公布班级近期关于“寝室内最棘手的人际问题”的调查结果，请同学们思考遇到寝室人际关系困难时如何应对。

［情景再现］

播放同学们自导自演的情景剧——《女生寝室》。该剧反映了学生日常生活中常遇到的问题：作息时间不一致、室友做事太过以自我为中心，不顾及他人……引导班级同学进入下一环节的互动讨论。

【环节三】互动讨论：怎样处理寝室内矛盾（16分钟）

请同学们谈谈：

（1）情景剧中室友之间发生了哪些矛盾？

（2）如果你是情景剧中的寝室长，你会怎么做？

（3）在你们的寝室中还出现过那些矛盾？

通过案例教学引导学生自己发现问题，解决问题，从而过渡到第四环节。

【环节四】归纳小结：寝室内和谐相处的艺术（22分钟）

［自然引入］

一个寝室的人际关系，可以看作是社会人际交往的缩影。曾经有位教育专家说过，学生在大学里，实际上是学四种东西：学会学习，学会做事，学会做人，学会相处。

［寝室和谐相处的艺术之一：宽以待人］

用一个小笑话点出相容原则——宽以待人。

点评：我们习惯以不同的标准来看人看己，以致往往是责人以严，待己以宽。

［寝室和谐相处的艺术之二：换位思考］

选取问卷中反映较多的"寝室阳台晾衣服事件"，请一位同学谈谈，如果你在晾衣服时，会不会为了多晒到阳光，将其他同学的衣服挤到边上，或者晾衣服的时候把别人的鞋子给淋湿了？

点评：己所不欲，勿施于人；将心比心，谅解他人；设身处地，善解人意。

［寝室和谐相处的艺术之三：说话技巧］

班会现场让两个同学做个语言游戏，说明人际交往中语言表达的重要性。

点评：说话要学会含蓄委婉。

［你说我们听：分享寝室中的感人故事］

先请全体同学分别在纸条上写下他们和室友相处时发生的感人故事，然后选择三位同学在全班同学面前分享。

再请全体同学分别在纸条上写下他们和室友相处时发生的不愉快的事情，然后分析自己在事件中有什么做得不对的地方，然后选择三位同学在全班同学面前分享，并当面对室友道歉。

［共同成长：以实际行动构建和谐寝室］

先对每个寝室提出的几点要求和建议，再总结：和谐寝室并不仅仅意味着大家在一起相处得很好，还意味着大家相互学习、相互促进、共同成长，要有共同的理想信念，为各自的目标奋斗，在追梦的路上，携手前进。

【环节五】结束语（2分钟）

大学室友在我们一生中是极有分量的角色，在大家最渴求经历、最需要友情、最盼望成长的年纪，一群原本素不相识的青年因共同的“志愿”而走到了一起。在窄小的寝室里，在简朴的架子床上，在这缘分的天空下，分享了这段最为美妙的成长时光。珍惜现有的朋友，你将会走得更远。

十、过程设计

步骤	班会具体流程	备注
【环节一】班会导入	［寝室相册播放］ 辅导员：各位同学，大家好！今天我跟大家聊的话题是大家非常熟悉的一个地方——我们的寝室。寝室是同学们逗留时间最长的场所，有数据表明：在一天24小时中，大学生每天都会有超过一半的时间在寝室里活动，如吃饭、看书、上网、聊天……，因此寝室是我们另外一个家。在这个家中，大家共同学习，共同成长。 辅导员：同学们还记得吗？上学期，我们班举办了一次“新生寝室设计大赛”，我们的班委用镜头记录下了许多温馨的时刻，下面我们就一起来重温一下那时的美好时光。 播放视频。 ［互动分享］ 辅导员：好，视频看完了，我刚刚观察到同学们都非常开心。此刻我想大家都有很多话要说，但是别着急，我先问大家一个问题：大家心目中理想的宿舍氛围是什么？ 学生回答（略）。	

续表

<table>
<tr><th>步骤</th><th>班会具体流程</th><th>备注</th></tr>
<tr><td>【环节二】情境创设</td><td>

[提出矛盾]

辅导员:刚刚同学们说得非常好。我总结一下大家的意见,可以概括为四个词:和谐、互助、友爱、包容。但这只是我们理想中的大学寝室,在实际生活中,寝室内的磕磕碰碰不可避免,如果处理不当,可能会造成不可设想的后果。

[调查结果]

辅导员:最近,有人做了一项调查:你认为寝室内最棘手的人际问题是什么?同学们给出了下面的答案,我们一起来看看。

<table>
<tr><th>序　号</th><th>宿舍人际关系棘手的原因</th><th>比例</th></tr>
<tr><td>1</td><td>作息时间不同,产生矛盾</td><td>36.5%</td></tr>
<tr><td>2</td><td>宿舍同学过于自我,难以沟通</td><td>32.8%</td></tr>
<tr><td>3</td><td>性格和个性差异,合不来</td><td>18.4%</td></tr>
<tr><td>4</td><td>利益关系的冲突</td><td>9.5%</td></tr>
<tr><td>5</td><td>其他</td><td>2.8%</td></tr>
</table>

</td><td></td></tr>
<tr><td>【环节三】互动讨论</td><td>

[情景再现]

辅导员:看到这个调查数据,有同学不禁会问“老师,我们的寝室里真有这么多问题吗?”所以,我们下面就来看看发生在我们班女生寝室的故事。

学生观看视频《女生寝室》(略)。

辅导员:同学们不要笑啊,这可不是拍电影啊,这是曾经发生在我们班级里的真实事件。下面呢,我想和同学们一起来讨论下这个视频。

辅导员:情景剧中室友之间发生了哪些矛盾?

学生:(1)作息时间不一致,有的同学看书,有的同学在听音乐,有的同学在睡觉。

(2)有的同学太过以自我为中心,不顾及他人。

(3)利益冲突,因为寝室卫生不达标,就不能评先评优。

辅导员:如果你是情景剧中的寝室长,你会怎么做?

学生回答(略)。

辅导员:同学们说得非常好!这些问题都是同学们日常生活中经常遇到的问题,都是生活中的小事情。

</td><td></td></tr>
<tr><td>【环节四】归纳小结</td><td>

[自然引入]

辅导员:因此,一个寝室的人际关系,可以看作是社会人际交往的缩影。有位教育专家说过,大学生在大学里,实际上是要学会四种东西:学会学习,学会做事,学会做人,学会相处。

可见,学会相处是我们在大学里必须掌握的一项技能,也是一门艺术!那我们在寝室相处过程中需要注意哪些艺

</td><td></td></tr>
</table>

续表

步骤	班会具体流程	备注
【环节四】归纳小结	术呢？今天我们班会的目的就是要和大家一起来探讨下。 [寝室和谐相处的艺术之一:宽以待人] 辅导员:首先,我们一起来看一个小笑话:晚饭后,母亲和女儿一块洗碗,父亲和儿子在客厅看电视。突然,厨房里传来了打破盘子的响声,然后一片沉寂。儿子望着他父亲,说道:“一定是妈妈打破的。”“你怎么知道?”“她没有骂人。” 同学们笑声一片。 辅导员:虽然这是一个笑话,甚至有的同学家里面就可能发生过这样的事情,但这个笑话反映了一个道理:我们习惯以不同的标准来看人看已,以致往往是责人以严,待己以宽。在寝室里发生一些不愉快和小矛盾,可能就因为同学们对待别人和对待自己采用双重标准。所以,在寝室学会相处的第一个艺术就是:学会宽以待人。 [点出寝室和谐相处的艺术之二:换位思考] 辅导员:我再来问同学们一个问题:你在晾衣服时,会不会为了多晒到阳光,将其他同学的衣服挤到边上,或者晾衣服的时候把别人的鞋子给淋湿了? 学生:没有。 辅导员:为什么你不会这样做,你是怎么想? 学生回答(略)。 辅导员:同学们说得很好。虽然这是个小事情,同学们可能偶尔有过或者从来没有,或许是有意也可能是无意,但不管是晾衣服事件还是其他问题,我都想送给同学们24个字,那就是:己所不欲,勿施于人;将心比心,谅解他人;设身处地,善解人意。这也是寝室相处的第二个艺术:学会换位思考。试想一下,别人对我做同样的事情,我是什么感受。所以,有时候换位思考,推己及人,可能就不会发生小矛盾了。 [寝室和谐相处的艺术之三:说话技巧] 辅导员:接下来,我们玩一个小游戏。请一位同学上台背朝黑板,面向同学,再请一位同学面朝第一位同学说出黑板上的句子。要有感情地说出,不是读啊。 ●“你怎么那么笨啊,连这点小事都做不好!” ●“你干吗不经我的同意就用我的东西?” ●“我什么地方惹着你了,一天到晚拿脸色给我看,你当你是谁啊!” ●“你的床好乱,像狗窝一样。天天不打扫,到卫生检查时不要连累我们宿舍。”	

续表

步骤	班会具体流程	备注
【环节四】归纳小结	再请另一位同学,朝第一位同学说出黑板上的另一段话。 ●“别急,没做好不要紧,我来帮你。” ●“请下次需要用时先告诉我好吗?” ●“你好像不大高兴,是不是我有什么地方做得不好?” ●“起床叠被,用完东西归位,这样我们的宿舍就会清爽很多,找东西就不会那么麻烦了。” 辅导员:好,我们两位同学都说完了,我来采访下台上的第一位同学。你听了两位同学对你说的话,都是什么感受? 学生回答(略)。 辅导员:所以,这个游戏告诉我们,同学们在寝室相处过程中要掌握的第三个艺术,也就是说话的艺术:学会含蓄委婉。因为一样的话,可以十样地说,不管是对室友还是对其他人,说话都应注意语气、方法,否则就会产生误会和矛盾。 [你说我听:分享寝室中的感人故事] 辅导员:其实啊,在人际交往中需要注意的艺术还有很多很多,比如,学会尊重、互帮互助等,希望同学们在今后的寝室生活中去慢慢感受。今天,我想请全体同学在纸条上写下你们和室友相处时发生的感人故事,然后选择三位同学在全班同学面前分享。 学生开始写。 辅导员:下面就让我们一起听这三位同学怎么说的。 学生一(女):因小腿骨折,生活无法自理。在受伤的三个月里,室友主动帮助我打水、买饭、洗澡、接送上课。生病时总会更想家,三个多月,腿骨折了也不敢和家里人说,怕他们担心。当我躺在床上看着室友为我忙碌的身影,感受着无微不至的照顾时,那一刻我是真的流泪了。 学生二(男):夜晚突发哮喘,室友及时发现并立即送往医院。由于治疗及时,脱离危险。只有在生死边缘徘徊过的人,才能真正地感受到生命的脆弱,也会更加珍惜生命中曾为你付出的人。弥足珍贵的这份友情是大学送给我的一份礼物,我的室友,谢谢你们!有你们真好! 学生三(女):因遭遇车祸,请假三个月。返校后,学习跟不上进度,十分苦恼,室友每晚坚持和我一起上自习,帮助我学习以往的课程。 辅导员:下面呢,我想再请同学们在纸上写下曾经与室友之间发生的不愉快的事情或矛盾。 学生开始写。 辅导员:随机选取三位同学匿名进行分享,然后辅导员和学生一起帮助他们分析问题的根源。	

续表

步骤	班会具体流程	备注
【环节四】归纳小结	三位学生通过辅导员和同学的分析，了解了自己不对之处。 辅导员：生病时，细心照顾我们的是室友；难过时，陪着我们一起哭泣的是室友；奋斗路上，一起拼搏，相互鼓励的是室友；成功时，拍着你的肩膀，放声欢笑的是室友；简单的两个字却拥有触动人心的力量。我想我们应该给这六位同学和他们的室友点个赞，为他们鼓掌！ [共同成长，以实际行动构建和谐寝室] 辅导员：同学们，通过今天的班会，我们学会了一些在寝室和其他同学相处的艺术，你们赞同这些方法吗？那你们能够在今后的寝室生活中去运用这些方法和室友相处吗？ 学生点头赞同。 辅导员：好，那我们就这么愉快地约定了啊！那么，为了帮助大家共同构建和谐寝室，我也为每个寝室提出几点要求和建议： (1)共同协商、制定寝室公约，每一位成员要严格遵守； (2)每周至少集体活动一次：开展积极向上、健康有益的活动，并在班级QQ群里分享图片和感受； (3)每周至少集体上自习一次； (4)每月召开寝室民主生活会一次：会议中提出自己在共同生活中的问题与缺点，并提出对其他室友的建议。 因为和谐寝室并不仅仅意味着大家在一起相处得很好，还意味着你们要相互学习、相互促进、共同成长，要有共同的理想信念，要为各自的目标奋斗，在追梦的路上，携手前进！	
【环节五】结束语	辅导员：在进入大学后，我们的生活中出现了一个新角色“室友”，在大家最渴望经历、最需要友情、最渴望成长的年代，一群原本素不相识的青年因共同的“志愿”而走到了一起。在窄小的宿舍里，在简朴的架子床上，在这缘分的天空下，分享了这段最为美妙的成长时光。时光静走，青葱岁月，弹指间，四年大学生活转瞬即逝。当你带着梦想离开这个校园时，它也送给你一份最珍贵的礼物——友情。这份真挚的感情，这段单纯的友谊，也将成为你们一生难以忘怀的记忆。同学们，珍惜现有的室友，你将会走得更远。 本次班会到此结束，感谢大家！	

十一、总结

本次班会通过情景再现、互动讨论等形式，引导学生发挥积极性和主动性，激发学生对寝室人际关系重要性的思考；同时在讨论中发现问题、分析问题、解决问题，增强学生的情感互动，使学生可以在学中乐、在乐中学，共同营造文明的寝室氛围，最终形成和谐奋进的优良班风和学风。

学霸是怎样炼成的

——大学学习主题班会

一、班会主题

学霸是怎样炼成的——大学学习主题班会

二、班会地点

多媒体教室

三、班会时间

大一第一学期期末

四、班会对象

大一年级新生

五、主讲人

崔玉凤、张磊

六、班会背景及目的

1. 班会背景

大一新生，刚经历过高考的磨砺，带着美好的向往走进大学校园，然而很多同学对于大学的学习存在错误的认识，比如60分万岁、平时不学考前突击、一天一门课、一周一学期、等待考试划范围等，或者就是沿用着高中时死读书的方法，每天只是埋头死读书等，这些都是对于大学学习的错误认识和做法。因此，很多同学一下子迷失了方向，没有了学习的目标，也不知道该怎么学习，出现很多大学学习不适应的现象。

2. 班会目的

为了帮助大一新生尽快适应大学学习和生活，树立学习目标，端正学习态度，掌握学习方法，营造良好学风，促进全面发展，特在大学第一学期期末伊始，召开有关大学学习的学风建设主题班会。

七、方法与手段

利用图片、案例、视频、音乐等，采用案例分析、互动参与、视频播放、理论讲授等方式进行积极引导和教育，具体有以下几个特点：

（1）注重榜样示范的作用，讲述优秀学霸典型故事，激励同学努力学习；

（2）注重教育与自我教育相结合，引发学生自我思考，总结学习中的不足，找寻差距，促进行动。

八、班会准备

（1）深入了解学生，制订班会方案策划；

（2）做好材料准备工作，如图片视频、背景音乐等；

（3）做好会场布置工作，如申请教室、布置黑板、营造氛围、通知班会的时间和地点、安排班干部做好会场拍照和通讯报道工作。

九、预期效果

（1）正确认识学霸和学霸精神；

（2）端正学习态度，树立“我要当学霸”“我能当学霸”的学习先进、争当先进意识；

（3）树立远大理想，明确学习目的，养成良好学习习惯，落实学习行动。

十、环节设置与时间分配

（一）班会导入：大学学习初体验（8分钟）

【环节一】谈感受：大学学习感受

通过播放大学校园学习和生活的照片，与同学们互动，让同学们谈谈自己的大学学习感受。

【环节二】做比较：大学PK高中

结合同学们对大学学习的初印象，引导同学们总结归纳大学学习与高中学习的不同，帮助同学们明确大学学习目的，认识到学习的重要性。

【环节三】来选择：学霸OR学渣

通过坐标轴比较，指出“学霸”与“学渣”的不同就在于自己是否努力，大学校园里不同的学习态度最终收获也不一样，有的人满满的奖励，有的人连毕业都成问题，从而引导同学们正确对待学习，争做学霸。

(二)进入主题：走进学霸世界，探寻学霸精神(15分钟)

【环节四】澄清问题：何谓学霸

对学霸进行解析，直接点出学霸的三个特点：学习厉害，热爱学习，生活中不只有学习。结合学校十佳大学生典型，给同学们讲述在某方面取得突出成绩的同学均可称为学霸，学霸可分为不同类型。

【环节五】点明主题：学霸是怎样炼成的

通过学霸的故事，反问同学们“学霸是怎样炼成的”，提炼出学霸精神——韧劲，有毅力，善坚持。从而，鼓励同学们学习学霸精神，养成良好学习习惯，创建优良学风，实现全面发展。

【环节六】自我反思：你离学霸有多远

梳理大学学习中存在的问题现状，引导同学们反思学习中的懒惰和不良学习习惯，与学霸的努力拼搏形成对比，找出自身与学霸之间的差距。

(三)深化主题：掌握学习方法，玩转大学学习(10分钟)

【环节七】朋辈指导：学长学姐谈技巧

播放优秀学长学姐经验交流视频，他们结合自己的学习给同学们提供了学习英语的小技巧，以及如何处理学习与工作的关系，做到全面发展。

【环节八】导员支着：大学学习有方法

辅导员结合自身的学习，讲述自己的学习故事，总结归纳大学学习方法，让同学们学会在书本中学习、在实践中学习，给同学们介绍“五有”学习方法。

(四)总结升华:开启学霸模式我要学(6分钟)

【环节九】视频分享:期末励志视频《学霸去哪儿》

通过播放期末励志视频,鼓励同学们好好复习,考出好的成绩,开启大学学习的新篇章。学习学霸精神,开启学霸模式,让自己成为一名学霸。

【环节十】落实行动:明确大学学习规划

布置同学们认真撰写大学学习规划,明确目标,规划学业,开始行动。

十一、过程设计

步骤	班会具体流程	备注
(一)班会导入	**【环节一】谈感受:大学学习感受** 同学们已经度过了大学生活的第一个学期,想必对于大学的学习已有自己的看法。辅导员跟同学们互动,谈大学感受,引导同学们观察大学的课堂教学、图书馆自学、大学课程表等特点,说出对大学学习的认识。 **【环节二】做比较:大学PK高中** 辅导员:大家还记得为了考入大学而奋斗的高中生活吗?你觉得高中学习和大学学习有什么不同? 学生:课程安排不同,老师下课就离开课堂,没人监督,作业少…… 辅导员:是的,大家说得很有道理,的确大学和高中的学习有所不同,总结起来有几点:学习内容上,大学侧重专业性,知识无限性,高中则注重基础性,知识也是有限的,要在三年内学完指定的内容;学习方式上,大学侧重学生自学,教的是思路和学习方法,高中则是教师手把手教育,有明确的知识点;学习途径上,高中主要是课堂教学,而大学课堂教学并不是最主要的,还有听报告、互联网等多样化途径。此外在学习目的上,高中学习目的很简单,就是为了取得成绩,考取理想大学,而大学的学习目的则是为了储备知识。虽然两个目的略有差别,但是我想依然能够看出学习的根本目的还是为了提升涵养,促进发展。所以不论是为了什么,学习是很重要的。 **【环节三】来选择:学霸OR学渣** 辅导员:大学校园里有这样几类群体(通过坐标轴呈现“学神”“学弱”“学霸”“学渣”),“学神”和“学弱”可能是天赋的问题,这类人并不多,大多数的人都是根据自己的努力程度收获不一样的成绩,有的人很努力成了“学霸”,有的人不努力也就成了“学渣”。	通过互动,引发同学们思考大学与高中学习的不同,摆出大学校园因不同学习态度导致不同结果的“学霸”与“学渣”,引导同学们树立“我要做学霸”的意识。

续表

步骤	班会具体流程	备注
(一)班会引入	辅导员:学霸和学渣的生活不一样,他们收获也不一样,学霸每天坚持努力学习各类知识,最终带着满满的奖状与荣誉毕业,而学渣平时生活很惬意,大把的时间花在玩与乐上,因此有很多同学考试红灯挂,最后连毕业也成问题。实际上,学霸与学渣主要是学习态度不一样,就看你愿不愿意努力去学习。你是学霸还是学渣,选择权在你,那么同学们,你想成为谁? 学生:我也想好好学习,我想成为学霸…… 辅导员:不管你是否想让自己成为学霸,是否想要好好学习,但是我想至少你不想让自己费尽辛苦考进的大学最后不能毕业吧?所以,我希望同学们每个人都高举一面我要做“学霸”,不能做“学渣”的大旗,认真对待自己大学的学习。那么究竟什么是学霸,学霸是怎么炼成的,普通人能不能成为学霸,带着这些问题,我们一起走进学霸世界。	对学霸进行分析,讲述学霸背后不为人知的努力与付出
(二)进入主题	**【环节四】澄清问题:何谓学霸** 辅导员:到底什么是学霸?学霸是不是只会死读书?学霸没有什么明确的定义,但是正如刚刚坐标轴看到的,它指的是那些刻苦学习而学习成绩又好的一类人。学霸有三个特点,第一学习厉害,第二热爱学习,第三生活中不只有学习。可以看出学霸不等于死读书,书呆子也不是真学霸,他是一类为梦想坚持而不断努力的人。 辅导员:既然学霸不只是学习,而且大学的学习也不只是学习书本知识,那么自然学霸也就不只是学习成绩好。因此,学霸分为很多类型,正如我校十佳大学生评比一样,有专业学习标兵、全面发展楷模、专业实践达人、优秀校园记者、学科竞赛牛人、学术科研表率、环境保护卫士、体育运动健将……学生根据某方面的突出表现会获得相应的称号。因此,只要你努力,就能够在某个方面取得突出成绩,就能在这个领域因为自己的付出而成为学霸,成为大家学习的表率,所以学霸不只是学习书本。当然,我们也不是要让每个人都学习成绩好,关键是对大学学习有个正确的认识,同时学习学霸的那种拼搏精神。 **【环节五】点明主题:学霸是怎样炼成的** 列举身边的榜样,讲述自强之星张同浩由“笨小孩”逆袭成为学霸的背后故事,引导学生思考学霸之所以成为学霸是因为那种坚持学习的精神。 辅导员:同学们,可能你只看到了学霸的辉煌成绩,却不知他们背后其实是我们无法忍受的寂寞,无法想象的毅力和	提炼出学霸精神,说明学习态度和坚持的重要性,让同学们树立“我能做学霸”的意识。

续表

步骤	班会具体流程	备注
(二)进入主题	无法企及的梦想的力量。这里我给大家讲述一个"笨小孩"的故事,2011级俄语班的张同浩,他曾经两次中考、三次高考,所有人都觉得他没有希望的时候,他自己并没有放弃,功夫不负有心人,他终于考入了师大。对于学起来很有难度的俄语,他秉持着"笨鸟就要先飞"的想法,付出比一般人多几倍的努力,每天坚持六点起床,一直学习到晚上十一点才回寝室。即便是休息日或放假,他也不曾有丝毫的松懈,每天都坚持学习。他在大一结束时,学业成绩第一,拿了奖学金,并在全国俄语大赛中表现出色,获得公派赴俄学习的机会。"成功是百分之一的天赋加上百分之九十九的汗水,即使我连百分之一的天赋也没有,我仍会付出全部的汗水去追求成功。笨不是自己退却的理由,笨鸟更要先飞。" 同学们,听了张同浩的故事,你有何感想?学霸从来都不特殊,跟我们普通同学没有什么区别,如果有也是学霸更懂得为梦想坚持,学霸不是天生的,是他们具有一种令人羡慕的学习能力和值得借鉴的学习态度。而这些,我们每一个同学都可以有。 同学们,听了学霸的故事,我想问问大家,你觉得学霸是怎样炼成的?学霸之所以成为学霸是因为什么? 学生:坚持,毅力…… 辅导员:是的,学霸与普通同学没什么区别,只是比大家更懂得自己想要什么,他们有理想,有目标,有毅力,在坚持。其实每个人都有梦想,每个人都想成为学霸,区别只在于你能否克制自己,能否坚持下去。 **【环节六】自我反思:你离学霸有多远** 辅导员:同学们,每天清晨,在你睡回笼觉的时候;每天下午,在你百无聊赖发呆的时候;每天晚上,在你坐在电脑前奋力拼杀的时候……学霸都去哪了?学霸已经背完了一个列表的单词,学霸已经做完两套六级题,学霸已经静静地看完了一本书…… 可能你也想背单词,你也想做题,你也想看书,可你总说"没关系,还有时间"。你开始怀念高中,那时考试不断,动力不止。现在却懒了,倦了,不知道该怎么努力。大学不是自己想象中的模样,所学的专业不是自己的所爱,课程不够新鲜甚至有些枯燥、晦涩难学。离开了父母的约束,少了老师的管教,没有了应试的压力,空闲多了,自由也多了,却不知道该怎么支配时间。听师兄师姐说工作难找、考研不易,想为将来做些准备,却又找不到方向。于是,有人开始郁闷,有人开始逃课,有人开始沉溺于网络,有人开始漫无目的地打	

续表

步骤	班会具体流程	备注
(二)进入主题	发日子。所以,有了那么多补考的学生,有了部分因修不满学分而留级、退学的学生,而更多的人是找工作时才猛然发现自己其实什么都没有。 [注意事项]用口语化的语言深刻阐述学霸的故事,结合实际列举同学中常见的学习问题,及时提问,师生互动,唤起同学们的自我反思意识,避免说教式论述。	
(三)深化主题	**【环节七】朋辈指导:学长学姐谈技巧** 辅导员:很多同学疑惑,大学到底该学什么,又该怎么学?其实,大学的学习可以概括为一句话就是"一个中心四个基本点"。 何为"一个中心"呢?高中的时候,大家学习和生活的中心是考试、考大学,而现在这个中心应该转移了。在你踏入大学校门的那一刻,你就应该思考"我到大学来干什么?当我离开大学我会什么?我要去哪里?"这几个问题。那么这几个问题的答案就是你在大学学习和生活的中心。 那么什么又是"四个基本点"呢?即学会做人,学会做事,学会相处,学会学习。大学里要学的东西绝不仅仅是书本上的,因为大学里学会学习很重要,有些同学可能也听过某些毕业生在工作之后发出"大学学的很多知识在工作中根本用不上"的感言。是啊,如果我们在大学期间的学习仅仅在于背诵一些单词、记住某些理论的话,那么我们一旦走上社会,面对新知识的迅速增长和现有知识的迅速老化一定会不知所措。人的一生是不断学习的过程,学习不仅仅是学基本知识,更重要的是掌握学习方法,学会思考,培养学习能力。 总之,学生要培养多种能力,注重全面发展。学霸也不只是死读书,当前社会只有全面发展的才叫学霸,只会读书的叫书呆子。 [观看学长学姐经验交流视频] 美女学霸和外院之星一起给大家讲述了语言学习的小技巧。他们积极参与活动,在实践中锻炼自己,学会处理学习和实践的关系,是全面发展的大学生。 **【环节八】导员支着:大学学习有方法** 辅导员跟同学们分享自我学习经历和感悟,指出大学的学习不仅在书本还在实践中,讲述有计划、有方法、有效率、有坚持、有氛围的"五有"学习方法。同时,重点讲述碎片时间管理技巧,学会分配时间,规划大学学习。 辅导员:很多同学埋怨,大学里的活动太多了,参加各种	通过学长学姐的技巧指导,让同学们掌握成为学霸的方法。

续表

步骤	班会具体流程	备注
(三)深化主题	活动占据了自己大量的时间。我想说的是,很多东西都是在实践中学到的,学习不只是在书本和课堂里,留心之处皆学问。关键是学会利用好碎片化的时间来提高效率。课间理顺一下新学习的知识,随身带一个本子记录工作中的点子,睡前重新回顾一下一天的任务和完成情况,最后想想明天怎么做。“时间是海绵里的水,要挤总会有的。”把碎片的时间利用起来,做一个有计划的人,再用你坚持不懈的行动,一定会收获很多。 辅导员提出希望,营造良好学习氛围。环境的作用对一个人的成长是举足轻重的,同学们要营造学霸寝室,互相鼓励,互相督促,互相进步,探讨学习经验,共享学习资源,铆足劲头你追我赶,在互助与竞争中共同提高。	
(四)总结升华	**【环节九】视频分享:期末励志视频《学霸去哪儿》** 辅导员:同学们,期末考试来了,给大家播放一段期末励志视频《学霸去哪儿》。 同学们观看视频。 辅导员:看到了吧? 就连小燕子都要开启学霸模式了,我们还等什么? 赶紧开启学霸模式好好学习吧。 **【环节十】落实行动:明确大学学习规划** 辅导员:同学们,非常高兴你们来到师大,来到外院。外院一直都有优良的学风和浓厚的学习氛围,清晨的花津湖畔总有外院学子晨读的书声,通往教学楼的路上总有外院学子匆匆的脚步,自习室里总有外院学子的汗水和紧锁的眉头,深夜桌旁总有外院学子伏案深思的背影。或许他们拥有拔尖的成绩,或许他们成绩平淡,可是他们努力的身影总是影响着、鼓励着身边的每个师大人。 同学们,学霸的故事已经讲完,希望每个同学都可以高举“我要做学霸”的大旗,传承“舍我其谁”的学霸精神,让我们一起来开启“学霸”模式,好好学习,过一个充实的大学生活。 最后,要求同学们认真撰写一份大学学习规划计划书,明确目标,要规划学业,然后开始行动。	视频分享,引导同学们期末来临开启学霸模式;并布置撰写一份大学学习规划计划书,然后落实学习行动。

十二、总结

通过此次班会,让同学们了解学霸光辉成绩的背后是付出的努力、是坚持和毅力,让同学们总结自我学习上的差距,树立大学学习目标,思考大学应该学什么、怎么学。班会最后，让同学们结合自己的情况撰写个人大学学习计划书，引发同学们思考，激励同学们学习学霸精神，奋发拼搏，努力学习，为建设积极向上的优良班风和学风而努力。

班会后，及时收取和反馈学生的学习规划，对于部分学习目标不明确、学习动力不足的学生进行跟踪谈话。及时整理班会材料（照片、宣传报道、总结、视频等），听取同学们对于班会的反馈意见，了解班会后的感想和感受，查看班会效果。

大学学习不是一次班会就能解决的事情，关键在于日常的教育、引导和督促。主题班会后，结合其他方式严抓学风建设，促进学生学习。

亲们，别拿自己的健康不当回事

一、班会主题

亲们，别拿自己的健康不当回事

二、班会地点

多媒体教室

三、班会时间

大三上学期期末

四、班会对象

大三年级学生

五、主讲人

朱凯迪、冯中超、张迪

六、班会背景及目的

1. 班会背景

习近平总书记定义“中国梦”——实现中华民族伟大复兴，就是中华民族近代以来最伟大的梦想。这个梦想，凝聚了几代中国人的夙愿，体现了中华民族和中国人民的整体利益，是每一个中华儿女的共同期盼。

“中国梦”深刻道出了中国近代以来历史发展的主题主线，深情描绘了近代以来中华民族生生不息、不断求索、不懈奋斗的历史。

习近平总书记提出的“中国梦”，同样也点亮了广大青年心中的“体育梦”，“中国梦”表达出民族复兴的宏伟理想，而“体育梦”则燃烧起体育人追求真善美的火光。“体育梦”包含着体育该为这个世界做什么，为大众做什么，为社会、为理想、为孩子、为自己做什么……

2. 班会目的

(1)了解缺乏体育锻炼带来的后果。通过一系列实例和真实数据向学生介绍缺乏体育锻炼对身心的消极影响。

(2)分析为什么大学生要进行体育锻炼。体育锻炼可以帮助学生增强身体素质，调节情绪，陶冶情操，同时可以增强自己的意志品质。

(3)如何长期坚持体育锻炼。在找到原因的基础上，让学生充分认识到不锻炼身体的巨大危害，坚持体育锻炼的重要意义及对加强身体健康和提升身体素质的重要作用。

(4)制订个人锻炼计划并付诸实施。依据每个人的身体素质水平以及兴趣爱好倾向制订不同的锻炼方案，同时制订阶段性目标以坚持进行体育锻炼。

七、班会准备

1. 环境准备

布置黑板，摆放座位，渲染环境，营造轻松舒适的外部氛围。

2. 人员准备

班会主持人即辅导员，班会参加人员即大三年级学生(提前做好回答问题学生的预案工作)。

3. 资料和道具准备

搜集相关图片、新闻、案例，制作调查问卷。

4. 多媒体准备

制作PPT，利用多媒体教室开展班会活动，同时安排专人拍摄视频。

5. 学生准备

班会开始前根据学生的状态适时进行小游戏，提升学生的班会参与积极性；在班会过程中择机提问，引导学生主动思考。

6. 问题准备

对可能存在的问题做好预案，例如问题讨论中产生的各种可能答案、同学之间答案争端的处理、班会现场气氛的活跃等。

八、预期效果

(1)明白体育锻炼的意义,提高认识,重视平时的体育课,明白德、智、体三育关系。

(2)掌握体育锻炼的正确方法,制订合理的锻炼计划。

(3)养成坚持锻炼的习惯,培养终身体育意识。

九、环节设置与时间分配

(一)班会导入:分享活动内容,引发思考共鸣(10分钟)

【环节一】组织游戏,引发思考:体能测试,迈不过的坎

提问:同学们在体能测试中的表现如何?哪位同学能够高分通过?

游戏:在从学生回答中了解大致情况后,通过测试游戏环节来现场验证。此环节使用适宜在教室进行的一分钟仰卧起坐和一分钟俯卧撑两项简单游戏来展示同学们目前的身体状况。

【环节二】分享时刻,产生共鸣:奋斗的大学,你可曾关心过自己的身体

分享一段视频:因经常不参加体育锻炼,大学生在体能测试中猝死的新闻。

然后运用图表和事例来展示目前我国大学生体质堪忧的状况,指出:我国大学生体质状况已到了临界点,不仅逐年持续下降,并且已经远远落后于日本、欧美发达国家。

引发思考:大学中我们究竟获得了什么?在收获学业、友情,甚至是爱情时,有人关心过自己的身体吗?

(二)进入主题:坚持体育锻炼,保持身体健康(30分钟)

【环节三】故事讲述,直击危害:生命只有一次

通过提问的方式,了解学生是否会有以下几种现象:

(1)在昼夜温差大时容易伤风感冒;

(2)经常胸闷气短,看东西模糊不清;

(3)精神不振,全身无力;

(4)工作中容易出现急躁情绪，情绪起伏变化大。

在充分听取学生回答的基础上，辅导员引导总结：出现以上现象，说明大家平时确实缺乏锻炼。同时也说明，缺乏锻炼对于大家健康的危害之大。

分享故事：在总结完一般危害后，现场展示复旦女博士于娟在生命最后一刻体会到再高的学历也换不回健康的新闻。去世前的日子她写下《生命日记》，写下一年多病中日记。在日记中她反思生活细节，并发出“买车买房买不来健康”的叹息，让学生意识到坚持体育锻炼已到了刻不容缓的地步。

【环节四】释疑解惑，总结原因：造成学生不愿锻炼的原因

既然大家都已经意识到身体素质的下降，体能测试难以通过，体育锻炼有那么多好处，那么为什么还不愿意主动参加体育锻炼呢？发起同学讨论这一问题。

通过学生回答，分析并归纳造成此类现象的原因，并总结引出出现以上问题的关键原因是体育兴趣不够浓厚以及意志力的不坚定。

【环节五】互动交流，激发兴趣：与健身达人面对面

嘉宾互动：邀请体育学院2012级体育教育专业、华东健身健美小姐冠军、全国大学生健身健美冠军、校“十佳大学生”方萍同学现场展示健身健美，与同学们交流自己的运动感悟与锻炼心得，并与同学们互动问答，解答同学们对于如何提升体育锻炼兴趣，如何科学锻炼的疑惑。

通过校园健身达人的现身说法，激发同学们的锻炼兴趣，并顺利引入下一个环节：有了锻炼兴趣还不够，养成良好的体育锻炼习惯还需要有意志力。

【环节六】分析问题，指明道路：良好的锻炼习惯需要坚韧意志力

良好的体育锻炼习惯贵在坚持，而坚持需要意志力的支撑。具体阐释意志力的提升对于坚持体育锻炼的重要性。鼓励学生强化意识，制定目标，督促自己克服惰性心理，坚持体育锻炼。

【环节七】导员支着，提出对策：如何养成科学的锻炼习惯

想要养成科学的锻炼习惯，除了兴趣和意志力的支撑外，我们还需要制订一份合理的锻炼计划。就这个问题，引导学生各抒己见，辅导员充分肯定，并在最后支着，提出一些好方法来帮助学生养成良好的体育锻炼习惯：一是，找到适合自己的运动项目；二是，合理规划锻炼的时间；三是，制订锻炼的阶段目标和最终目标；四是，科学锻炼需要良好生活习惯的配合。

（三）总结升华：感悟体育真谛，付诸实际行动（5分钟）

【环节八】情感升华，落实行动：每天锻炼一小时，健康生活一辈子

再次阐明主题：身体是革命的本钱，为了将来能够健康生活，能够为祖国多做贡献，督促学生从现在开始重视自己的身体，养成科学的锻炼习惯，为美好明天，坚持体育锻炼。最后，将班会的内容升华至实际行动层面，利用班会结束前的重要时机，倡议学生制订一个专属自己的体育锻炼规划并每天锻炼一小时，一个月后看成果。

十、过程设计

步骤	班会具体流程	备注
（一）班会导入	**【环节一】组织游戏，引发思考：体能测试，迈不过的坎** 辅导员：同学们，大家下午好，一年一度的体能测试就要开始了，不知道大家对自己的表现预期如何？哪位同学能够高分通过？ 在座同学说了说自己的看法（略）。 辅导员：从回答来看，似乎大家对于体能测试的成绩并不乐观。我们来进行现场游戏做一做，比一比，看看大家的水平到底如何。（拿出事先准备好的体操垫和计时器）请两位男生上前进行一分钟俯卧撑测试；再请两位女生上前进行一分钟仰卧起坐测试。（比照体能测试标准：男生一分钟30个以上满分，女生一分钟50个以上满分。） 辅导员：从目前的结果来看，在座各位想要在体能测试中获得高分确实难度较大。（带着担忧进入第二环节。） **【环节二】分享时刻，产生共鸣：奋斗的大学，你可曾关心过自己的身体** 辅导员：其实体能测试已成为同学们大学生涯的一道坎，这已经不是个例，而是普遍现象了。下面我们一起看一段新闻视频。 [分享一段视频]因经常不参加体育锻炼，大学生在体能测试中猝死的新闻。	通过组织游戏和播放视频，让学生了解目前我国大学生的体质状况，引发对于体育锻炼与健康的深刻思考。

续表

步骤	班会具体流程	备注
(一)班会导入	[图表与数据]紧接着分享PPT图表和数据来展示目前我国大学生体质逐年持续下降的堪忧现状(1985年与2010年我国大学生体质数据对比);并将我国大学生与日本大学生的体质数据进行对比,通过两组图表,展现差距。 辅导员:大学我们究竟获得了什么?在收获学业、友情,甚至是爱情之时,有人关心过自己的身体吗?请大家带着疑问和思考,进入我们今天的主题班会:亲们,别拿自己的健康不当回事。 [注意事项]根据学生的反应情况及时总结:"我们为什么难以在体能测试中拿高分?""我们怎么去进行体育锻炼?"适时使用调侃的方式,调动学生参与班会的积极性,拉近师生距离。	现场提问可以更好地反映学生现状,更能引起学生的共鸣。
(二)进入主题	**【环节三】故事讲述,直击危害:生命只有一次** 辅导员通过提问的方式,了解学生是否会有以下几种现象:(1)在昼夜温差大时容易伤风感冒;(2)经常胸闷气短,看东西模糊不清;(3)精神不振,全身无力;(4)工作中容易出现急躁情绪,情绪起伏变化大。 学生谈一谈自己的情况(略)。 辅导员引导总结:出现以上现象,说明大家平时确实缺乏锻炼,同时也说明,缺乏锻炼对于身体健康危害之大。 [讲述故事]总结完不参加锻炼对于健康的一般危害后,再通过讲述的方式分享复旦女博士于娟去世前写下的《生命日记》。她写下一年多病中日记,在日记中反思生活细节,并在生命最后一刻发出"买车买房买不来健康"的叹息。 学生听完故事谈感想。 辅导员点明主题,让学生意识到坚持体育锻炼已到了刻不容缓的地步。 **【环节四】释疑解惑,总结原因:造成学生不愿锻炼的原因** 辅导员:既然体能测试都难以通过,且都能意识到不参加体育锻炼对身体健康危害极大,那么为什么同学们还是不愿意参加体育锻炼呢?(发起同学讲述一下自己不愿意参加或是无法坚持体育锻炼的原因。) 学生回答问题,讲述自己的原因(略)。 辅导员将学生讲述的原因归纳,并引导指出不参加或是无法坚持锻炼的关键原因是大家对于体育锻炼的兴趣不够浓厚以及意志力的不坚定。	健身达人现身说法可以激发学生的兴趣。需要注意的是,该环节如果学生出现相反观点,作为辅导员需适时加以引导,目的是使学生正确认识体育锻炼的积极影响。

续表

步骤	班会具体流程	备注
（二）进入主题	**【环节五】互动交流，激发兴趣：与健身达人面对面** 辅导员：大家对于不锻炼总能找到许多理由，其实反过来也有很多理由能够激发大家去参加体育锻炼。下面就让健身达人来分享她的运动感悟吧，大家欢迎。（请出体育学院2012级体育教育专业、华东健身健美小姐冠军、全国大学生健身健美冠军、校“十佳大学生”方萍同学。） ［现场展示］向大家介绍方萍同学的事迹，并先请方萍同学为大家展示健身健美与啦啦操技巧，用行动展现运动的魅力，激发学生对体育锻炼的兴趣。 ［互动交流］展示完后，请方萍同学与学生交流自己的运动感悟与锻炼心得。 学生听完嘉宾感悟后，提问题互动交流（略）。 辅导员感谢嘉宾，适时总结，激发学生的锻炼兴趣，并顺利引入下一个环节，指出有了锻炼兴趣还不够，养成良好的体育锻炼习惯还需要有坚韧的意志力。 **【环节六】分析问题，指明道路：良好的锻炼习惯需要坚韧意志力** 辅导员：美好的人生建立在自我控制的基础上，体育锻炼恰恰需要坚韧意志力的支撑。有时候我们需要坚持“磨炼法则”。“磨炼法则”对于培养克己自制的品质至关重要。 ［举例说明］第一位成功征服珠穆朗玛峰的新西兰人埃德蒙·希拉里在被问起是如何征服世界最高峰时，希拉里回答道：“我真正征服的不是一座山，而是我自己。”这种优秀的品质就叫做意志力、自制力或克己自律。实际上，你也完全可以从每天去做一些并不喜欢的或原本认为做不到的事情开始，在“磨炼法则”的作用下，开发出自己更强的意志力、自制力等。 ［点明问题］长期体育锻炼需要坚韧意志力的支撑，同时坚持体育锻炼也可以磨炼一个人的意志品质。 学生探讨这一话题（略）。 辅导员总结指出，良好的体育锻炼习惯贵在坚持，而坚持需要意志力的支撑，并鼓励学生强化意识，提出目标，督促自己克服惰性心理，坚持体育锻炼。 **【环节七】导员支着，提出对策：如何养成科学的锻炼习惯** 辅导员：想要养成科学的锻炼习惯，只有体育兴趣和坚韧意志力还不够，我们还需制订一份适合自己的合理的锻炼计划。同学们对此有什么好建议吗，可以提出来与大家分享。	

续表

步骤	班会具体流程	备注
(二)进入主题	学生对于这一问题，提出自己的建议和想法(略)。 辅导员：同学们说得都很不错，那么我也来谈谈我的想法。总的来说我认为一份合理的锻炼计划应该包含：一是，找到适合自己的运动项目；二是，合理规划锻炼的时间；三是，制订锻炼的阶段目标和最终目标；四是，科学锻炼需要良好生活习惯的配合。 [合理化建议]具体来说，男生可以选择一项适合自己的球类运动，而女生可以尝试坚持跑步，此外，在寝室做一做瑜伽或健身操都是很好的选择。每天要求自己合理规划出锻炼的时间，如果时间充裕就去操场上锻炼，如果时间紧张，也可以见缝插针利用课间做做小活动。制订计划也不用很大很远，一点一滴阶段目标的完成会有助于增强信心。当然，最后还是要努力做到早睡早起，合理饮食，毕竟身体是革命的本钱。	
(三)总结升华	**【环节八】情感升华，落实行动：每天锻炼一小时，健康生活一辈子** 辅导员：同学们，大学需要为之奋斗的东西有很多，但我们要切记身体是革命的本钱。为了将来能够健康生活，能够为祖国多做贡献，我们需要从现在开始重视自己的身体，养成科学的锻炼习惯，为美好明天坚持体育锻炼。 辅导员：同学们，有规划才有梦想，有梦想就要有规划，我相信大家在未来的大学生活中，不仅能够学得知识、技能，也能锻炼出一副好身板，为自己美好的未来打下坚实基础。在结束今天的班会之前，我倡议同学们会后完成一个专属自己的体育锻炼规划并做到从今天起每天坚持锻炼一小时。你们能做到吗? 学生齐声回答(略)。 辅导员：好的，今天的班会到此结束，让我们拭目以待，一个月后看成效。 [注意事项]注意采用朴素的语言做好主题的总结和升华。班会结束时，利用一个激励性的排比句，营造昂扬向上的气氛，激励学生将自觉的学习认识转化为积极的实际行动。	通过辅导员总结，引导学生将所思所想落实为具体行动，固化教育效果。

亲们，别拿自己的健康不当回事

十一、注意事项

1. 主题班会前

(1)教室卫生:由生活委员和各寝室长负责;

(2)现场秩序:由纪律委员带头,全体班委共同协作;

(3)班会宣传:由宣传委员负责拍照及撰写宣传稿,并及时上传至学院新闻网站。

2. 班会过程中

(1)调动学生的积极性,引导学生带着问题进行思考;

(2)涉及一些理论知识以浅显易懂的方式讲解,通过活动和游戏帮助学生掌握知识。

3. 主题班会后

(1)对班会的过程进行全面总结与反思,以丰富并完善主题班会的内容与形式;

(2)深入学生的班会感受,进行后续引导,固化和延伸班会的作用与效果;

(3)通过活动宣传、微博讨论、上传视频等方式,扩大本次主题班会的影响。

十二、总结

总体来说,班会取得的效果不错,同学们基本都能参与其中,受到教育,但仍有少部分同学参与的积极性不高,值得反思。本次主题班会是由辅导员主持的,如果学生能自发组织并由班委会成员主持召开,可能会更有利于学生的广泛参与和融入。今后主题班会的设计应当更加注重形式创新、更加注重丰富手段,将班会流程设计得更加新颖一些,使每一位学生都能全身心参与其中,以期获得更好的教育效果。

团结就是力量

——团队合作教育主题班会

一、班会主题

团结就是力量——团队合作教育主题班会

二、班会地点

多媒体教室

三、班会时间

大二上学期

四、班会对象

大二年级学生

五、主讲人

朱凯迪、冯中超、张迪

六、班会背景及目的

1. 班会背景

当今社会，随着知识经济时代的到来，各种知识、技术不断推陈出新，竞争日趋紧张激烈，社会需求越来越多样化，使人们在工作学习中所面临的情况和环境极其复杂。在很多情况下，单靠个人能力已很难完全处理各种错综复杂的问题并采取切实高效的行动。所有这些都需要人们组成团体，并要求组织成员之间相互依赖、相互关联、共同合作，建立合作团队来解决错综复杂的问题，并进行必要的行动协调，开发团队应变能力和持续的创新能力，依靠团队合作的力量创造奇迹。

俗话说，“一个和尚挑水喝，两个和尚抬水喝，三个和尚没水喝。一只蚂蚁来搬米，搬来搬去搬不起，两只蚂蚁来搬米，身体晃来又晃去，三只蚂蚁来搬米，轻轻抬着进洞里。”上面这两种说法有截然不同的结果。“三个和尚”是一个团体，可是他们没水喝是因为互相推诿、不讲协作；“三只蚂蚁来搬米”之所以能“轻轻抬着进洞里”，正是团结协作的结果。有首歌唱得好“团结就是力量”，而且团队合作的力量是无穷尽的，一旦被开发这个团队将创造出不可思议的奇迹。

三个臭皮匠赛过一个诸葛亮；众人拾柴火焰高；一箭易断，十箭难折……在日常生活中我们明显地可以感觉到团队合作很重要。我们怎样去理解这种团队合作的重要性呢？

2. 班会目的

(1)懂得什么叫团队合作。团队合作是一种为达到既定目标所显现出来的自愿合作和协同努力的精神。它可以调动团队成员的所有资源和才智，并且会自动地驱除所有不和谐和不公正的现象，同时会给予那些诚心、大公无私的奉献者适当的回报。

(2)了解进行团队合作的原因。无论是谁，他都不可能完美，肯定有缺陷与不足。而团队正是由有缺陷的人组合起来的，通过一个人的优点来补充另一个人的缺点，这样组成的团队就有可能达到完美。一个完美的团队肯定比不完美的个人要强。

(3)领悟团队精神。其实团队精神的重要性，在于个人与团体力量的体现。小溪只能泛起破碎的浪花，百川纳海才能激起惊涛骇浪，个人与团队关系就如小溪与大海。每个人只有将自己融入集体，才能充分发挥个人的作用。团队精神的核心就是协同合作。总之，团队精神对任何一个组织来讲都是不可缺少的精髓。一根筷子容易折，十根筷子难折断……这就是团队力量的直观表现，也是团队精神重要之所在。

七、班会准备

1. 环境准备

布置黑板，摆放座位，渲染环境，营造轻松舒适的外部氛围。

2. 人员准备

班会主持人即辅导员，班会参加人员即2014级休闲体育专业学生（提前做好回答问题学生的预案工作）。

3. 资料和道具准备

搜集相关图片、新闻、案例，制作调查问卷，准备道具。

4. 多媒体准备

制作PPT，利用多媒体教室开展班会活动，同时安排专人拍摄视频。

5. 学生准备

班会开始前根据学生的状态适时进行小游戏，提升学生参与班会的积极性；在班会过程中择机提问、引导学生主动思考。

6. 问题准备

对可能存在的问题做好预案，例如问题讨论中产生的各种可能答案，同学之间答案争端的处理，班会现场气氛的活跃等。

八、预期效果

（1）了解团队合作的意义，以及团队合作对于个人的具体要求；

（2）正视团队合作，明晰团队精神的重要性。

九、环节设置及时间分配

（一）班会导入：开展破冰活动，引发思考共鸣（10分钟）

【环节一】破冰活动，切入主题：比一比，看谁快

游戏环节：组织体现团队合作的小游戏“齐眉棍”，通过破冰游戏让同学们直观体验，共同参与团队合作。

“齐眉棍”游戏规则：

（1）首先分组，参与者站成两列，且两队面对面；

（2）每个人将双手举起，与额头齐平，每个手只伸出一个食指；

（3）在两列之间放上细直棍，所有参与者用食指在下面托起直棍，然后缓慢下降，最终将直棍放在地上；

（4）其间，所有人的食指不能与直棍脱离，必须时刻紧贴直棍，否则游戏失败，需要重新开始。

结果：比赛将通过时间快慢分出胜负，一方团队获胜，一方团队落败。

【环节二】胜负讨论，引发思考：赢在哪里，输在哪里

组织讨论：在环节一比赛结果产生后，辅导员引导两组同学进行胜负讨论，着重请学生探究胜负的原因，并逐渐引向团队合作这个主题并引发学生思考。

在学生充分讨论完后，辅导员总结：这个游戏其实告诉我们不管做任何事情，要看清问题的本质，不可盲从。虽说"人多力量大"，但这句话并非放诸四海而皆准的。"三个和尚"的故事不正说明了这个问题吗？如果只片面地强调"人多"的力量，那么最终将导致"没水喝"的局面。因此，如果只是一味地执行，而不懂得思考，不论对于自身的进步还是组织的发展都是相当不利的。工作中也是，我们要步调一致，一切行动听指挥，做到心往一处想，劲往一处使。人的潜力是巨大的，只要在团队中大家同心协力、团结拼搏，就没有战胜不了的困难，也就没有实现不了的任务。

通过游戏的直观体验、胜负讨论以及辅导员的总结，逐渐让学生了解团队合作的重要性，为班会深入讨论做铺垫。

（二）进入主题：树立团队意识 提升团队合作（30分钟）

【环节三】提出问题，激发意识：何为团队合作，它的意义在哪

提问：我们在日常生活中经常会说到"团队""合作"，可是它的真正含义是什么？

在学生回答讨论的基础上，辅导员总结团队合作的含义：在一项事务中，要互相支持、互相协作、互相配合，顾全大局，明确工作任务和共同目标，在过程中能够尊重他人，虚心诚恳，积极主动协同队友完成工作。明确含义之后，接着引向第二个问题：团队合作的重要意义在哪？

继续提问：那么团队合作的重要意义又在哪里呢？同学们可以具体谈一谈。

辅导员引导学生用生活、学习和工作中的例子来阐述团队合作的重要性。辅导员要充分肯定学生的回答，并用名言警句来做一般性的归纳：

(1)列夫托尔斯泰："个人离开社会不可能得到幸福，正如植物离开土地而被抛弃到荒漠里不可能生存一样。"

(2)叔本华:“单个的人是软弱无力的,就像漂流的鲁宾孙一样,只有同别人在一起,他才能完成许多事业。”

(3)韦伯斯特:“人们在一起可以做出单独一个人所不能做出的事业;智慧+双手+力量结合在一起,几乎是万能的。”

这些名言警句都充分说明了团队合作的重要性。我们也不难看出,团队合作是一切事业成功的基石。

【环节四】举例说明,深化认识:团队合作无处不在

在总结完一般道理激发学生的团队合作意识后,辅导员应当引向主线问题,即优秀班集体建设、良好班风的形成需要团队合作;面临日趋激烈的就业竞争,我们更需要注重团队合作意识的养成和能力的锻炼。

举例说明:

(1)进入大学后,我们每一位同学都将在自己所在的学院、所学的专业找到自己归属的班集体,班集体从而也成为大学集体中最基础的团队单元。那么,一个优秀的班集体具备哪些优点呢?成绩优秀、勤学文明、活泼向上、心理健康和团结友善。而将这么多的优秀元素融合在一起需要什么呢?当然就是团队合作的凝聚力。只有团结、互助、友爱才能塑造优秀的班集体,形成向上向善的班风。

(2)除了班风的建设,同学们在个人能力提升、日常集体生活和参加活动竞赛等方面无不需要团队合作的支撑。特别是在竞争日益激烈的求职就业中,现在的用人单位在关注求职者个人能力的基础上,更多地看重应聘毕业生的团队合作意识与能力。因此,在大学学习和未来人生道路中,我们更应该重视团队合作的深刻意义,努力养成团队合作的意识。

引发共鸣:通过事例说明,由小见大,再回到一般规律,再次指出,想要在社会中生存与成功,就必须要团结奋进,精诚合作。

【环节五】释疑解惑,直击危害:个体远离团队的困境

前面说了团队合作的优势,也说了团队合作的重要性,那么如果个人能力很强,是否就可以单打独斗,而不需要团队合作呢?本环节再次通过互动体验游戏的方式,让学生充分意识到无论个体的能力有多强,都没有任何一个个体是能够孤立于团队之外而生存的,个体远离团队将很快陷入困境。

互动体验:折筷子。首先请班级同学推选力气最大的一位同学上台分别折筷子(一根,三根,一捆)。再请三位以上同学一起上台折一捆筷子。

讨论:游戏结束后让学生讨论个体能力的局限性与团队合作的必要性。

这一简单的小游戏直观反映出,个体的能力是有限的,离开团队的个体在困难面前将无所适从,进而从反面例证了团队合作的优势和必要性。

【环节六】分析内容,总结原因:为什么咱们的团队合作意识薄弱

既然大家都已经意识到团队合作的重要性,仅凭个人的力量是难以获得成功的,那么为什么我们的团队合作意识依然薄弱,在具体实践中还是会忽略团队合作呢?(发起学生讨论这一问题。)

通过学生回答,对造成此类现象的原因进行分析和归纳,并总结引出出现以上问题的关键原因是意识的薄弱以及个人主义的膨胀。

【环节七】导员支着,提出对策:如何更好地成为一个"team人"

在经过知、析、悟、行中的前三个步骤之后,本环节将就"行"做具体讨论。首先辅导员引导学生就如何提升团队合作意识及切实提升团队合作意识的方法进行自由讨论,建言献策。辅导员要充分肯定学生的发言,并适时做出总结:一是,从认知上加强团队合作的意识;二是,从内化上提升团队合作的能力;三是,从整体上提升团队合作的方法。在单纯说理的同时,辅导员也要结合事例和方法寓教于乐,为学生提出切实可行的对策和建议。

(三)总结升华:感悟团队精神,付诸实际行动(5分钟)

【环节八】情感升华,落实行动:不做孤胆英雄,要做"team人"

再次阐明主题,将班会的内容升华至实际行动层面,并布置无领导小组讨论的作业,安排学生在会后开展实践活动。利用班会结束前的重要时机,引导学生重视团队合作的优势,做一名善于融入团队的"team人"。

十、过程设计

步骤	班会具体流程	备注
(一)班会导入	**【环节一】破冰活动，切入主题：比一比，看谁快** 辅导员：同学们，大家下午好，今天我们在这里召开班会。关于主题，我先卖个关子，先让我们大家一起来玩一个游戏好不好？(拿出事先准备好的“齐眉棍”) [游戏环节]将在座同学分成两队，且两队面对面。在说明游戏规则之后，开始比赛。辅导员作为裁判计时。就比赛结果判定用时更短的为胜方，另一方为负方。 **【环节二】胜负讨论，引发思考：赢在哪里，输在哪里** 辅导员：就刚才的游戏过程和结果，大家有什么想法吗？我想请同学说一下赢的一方为什么能赢，输的一方又为什么会输。请大家分组讨论一下，各派出一个代表回答。 在充分讨论意见后，由胜负方的选手代表回答问题(略)。 辅导员：当听到以上这些话时，你的第一感觉是什么？参加完这一活动后，你又有什么感觉？ 学生现场作答，给出自己的看法。 [归纳总结]这个游戏其实告诉我们不管做任何事情，要看清问题的本质，不可盲从。虽说“人多力量大”，但这句话并非放诸四海而皆准。“三个和尚”的故事不正说明了这个问题吗？如果只片面地强调“人多”的力量，那么最终将导致“没水喝”的局面。因此，如果只是一味地执行，而不懂得思考，不论对于自身的进步还是组织的发展都是相当不利的。工作中也是，我们要步调一致，一切行动听指挥，做到心往一处想，劲往一处使。人的潜力是巨大的，只要在团队中大家同心协力、团结拼搏，就没有战胜不了的困难，也就没有实现不了的任务。 辅导员：那么究竟什么是团队合作，它的重要性在哪，我们应该怎样成为一个合格的团队合作“team人”呢？好的，下面就让我们进入今天的主题班会：团结就是力量。 [注意事项]根据学生的反应情况进行及时总结：“游戏如何才能获胜？”“游戏具体输在哪方面？”适时使用调侃的方式，调动学生参与班会的积极性，拉近师生距离。	通过破冰游戏和互动的形式，让学生了解“团队”的意义，引发对于团队意识的深刻思考。
(二)进入主题	**【环节三】提出问题，激发意识：何为团队合作，它的意义在哪** 辅导员：我们在日常生活中经常会说到“团队”“合作”，可是它的真正含义是什么？ 学生根据自己的理解，回答问题(略)。 在学生回答讨论的基础上，辅导员总结团队合作的含	利用游戏用身边的真实案例引导学生对团队有更加

续表

步骤	班会具体流程	备注
(二)进入主题	义：1994年，斯蒂芬·罗宾斯首次提出了“团队”的概念，即为了实现某一目标而由相互协作的个体所组成的正式群体。具体说来就是，在一项事务中，要互相支持、互相协作、互相配合，顾全大局，明确工作任务和共同目标，在过程中能够尊重他人，虚心诚恳，积极主动地协同队友完成工作。 辅导员：那么团队合作的重要意义又在哪里呢？同学们可以举例具体谈一谈。 学生用生活、学习和工作中的例子来阐述团队合作的重要性。 辅导员：同学们都说得很不错。其实从古至今有许多名人也都对团队合作发出过自己的感想，我们具体来看一看。 ［名言警句话合作］ (1)列夫托尔斯泰：“个人离开社会不可能得到幸福，正如植物离开土地而被抛弃到荒漠里不可能生存一样。” (2)叔本华：“单个的人是软弱无力的，就像漂流的鲁宾孙一样，只有同别人在一起，他才能完成许多事业。” (3)韦伯斯特：“人们在一起可以做出单独一个人所不能做出的事业；智慧+双手+力量结合在一起，几乎是万能的。” ［归纳总结］这些名言警句都充分说明了团队合作的重要性。我们也不难看出，团队合作是一切事业成功的基石。 **【环节四】举例说明，深化认识：团队合作无处不在** 辅导员：我们刚才说了那么多名言，其实团队合作不仅在书本理论上，在同学们的实际生活中也处处体现，比如一年一度的校十佳班集体评选。每年从全校300多个班集体中脱颖而出的十佳班集体在学习成绩、班级班风、遵纪守法、活泼向上，心理健康和团结友善方面都堪称楷模。同学们认为他们是怎么做到的？ 学生各抒己见(略)。 ［总结点题］其实能将这么多的优秀元素融合在班集体中，最重要的就是团队合作的凝聚力。只有团结、互助、友爱方能塑造优秀的班集体，养成向上向善的班风。 ［深度剖析］除了班风的建设，同学们在个人能力提升、日常集体生活和参加活动竞赛等方面无不需要团队合作的支撑。特别是在竞争日益激烈的求职就业中，现在的用人单位在关注求职者个人能力的基础上，更多地看重应聘毕业生的团队合作意识与能力。因此，在大学学习和未来人生道路中，我们更应该重视团队合作的深刻意义，努力养成团队合作意识。	全面的认识，让学生在学、听、说、练和玩的过程中思考，在思考过程中反思。辅导员要及时加以引导，但不要过于干涉。

续表

步骤	班会具体流程	备注
(二)进入主题	**【环节五】释疑解惑,直击危害:个体远离团队的困境** 辅导员:前面说了团队合作的优势,也说了团队合作的重要性,那么如果个人能力很强,那是否就可以单打独斗,而不需要团队合作呢?我们通过一个小游戏来验证这个问题吧。(拿出事先准备好的道具) [互动体验]折筷子。首先请班级同学推选力气最大的一位同学上台分别折筷子(一根,三根,一捆)。再请三位以上同学一起上台折一捆筷子。 游戏结束后让学生讨论个体能力的局限性与团队合作的必要性(略)。 辅导员:这一简单的小游戏已经直观反映出,个体的能力无论多强毕竟有限,没有任何一个个体是能够孤立于团队之外而生存的,个体远离团队将很快陷入困境。(由此反面例证了团队合作的优势和必要性) **【环节六】分析内容,总结原因:为什么咱们的团队合作意识薄弱** 辅导员:既然大家都已经意识到团队合作的重要性,仅凭个人的力量是难以获得成功的,那么为什么我们的团队合作意识依然薄弱,在具体实践中还是会忽略团队合作呢? 学生就这个问题展开讨论,讲述自己认为的原因(略)。 辅导员:通过学生回答,对造成此类现象的原因进行分析和归纳,并总结引出出现以上问题的关键原因是意识的薄弱以及个人主义的膨胀。 **【环节七】导员支着,提出对策:如何更好地成为一个"team人"** 辅导员:我们已经知悉了团队合作的重要性,也知道了团队合作意识薄弱主要是因为主观意识的薄弱以及个人主义的膨胀。那么我们该如何更好地融入团队,成为一个"team人"呢? 学生对于这一问题,提出自己的建议和想法(略)。 辅导员:同学们说得都很不错,我也来谈谈我的想法。总的来说我认为应该从三个方面来落实改善:一是,从认知上加强团队合作的意识;二是,从内化上提升团队合作的能力;三是,从整体上提升团队合作的方法。 [合理化建议]具体来说,我们可以读几本关于团队合作的书籍,在学习、生活和工作中学会倾听,有意识地融入团队与人交流,从一些小事做起。此外,在竞争面前将个人的进取心与团队的整体提升摆在同样的高度去思考,充分树立1+1>2的思想。最后,可以由身边学,向老师学,从社会学。	

续表

步骤	班会具体流程	备注
(三)总结升华	**【环节八】情感升华，落实行动：不做孤胆英雄，要做“team人”** 辅导员：同学们，大学中我们需要学习很多知识：关于科学，关于哲学，关于生活，关于人生。而最重要且不能忘记的是，我们生活在现代社会中，在现代社会中，每个人都不是个体，而是一名团队成员的社会人。为了能够更好地融入社会，为祖国做贡献，我们需要从现在开始树立一个观念，即不做孤胆英雄，要做“team人”。同学们能做到吗？ 学生齐声回答(略)。 辅导员：同学们，在结束今天的班会之前，我提议大家在会后将团队合作的真谛落在实处。一个月后，我们在第二次班会中将会以无领导小组讨论的形式来看看大家的进步与成长。好的，我宣布今天的班会到此结束，我们下次再见。 [注意事项]注意采用朴素的语言做好主题的总结和升华，班会结束时，利用一个激励性的排比句结束，营造昂扬向上的气氛，激励学生将自觉的学习认识转化为积极的实际行动。	通过辅导员总结，引导学生将所思所想落实为具体行动，固化教育效果。

十一、注意事项

1. 主题班会前

(1)教室卫生：由生活委员和各寝室长负责；

(2)现场秩序：由纪律委员带头，全体班委共同协作；

(3)班会宣传：由宣传委员负责拍照及撰写宣传稿，并及时上传至学院新闻网站。

2. 班会过程中

(1)注意调动学生的积极性，引导学生带着问题进行思考；

(2)涉及一些理论知识以浅显易懂的方式讲解，通过活动和游戏帮助学生掌握知识。

3. 主题班会后

(1)对班会的过程进行全面总结与反思，以丰富并完善主题班会的内容与形式；

(2)深入学生的班会感受，进行后续引导，固化和延伸班会的作用与效果；

(3)通过活动宣传、微博讨论、上传视频等方式，扩大本次主题班会的影响。

十二、总结

本次主题班会，辅导员积极引导，学生主动参与，充分利用素材，综合采用多种方法，寓教于乐，潜移默化地教育学生。需要注意的是，此次班会既是讲方法，更是意识培养，因此不可操之过急，要重在平时。本次主题班会以小见大，从一般到特殊，以“团队合作”为主线，重点讲解“团队意识”的内容，帮助学生形成团队意识。但由于时间所限，本次班会方案设计的初衷并不是期望仅仅通过一次班会就达到教育效果，而是以此为引，在今后的工作中，设计开展一系列主题班会和实践活动，不断强化学生团队合作意识，提升学生团结合作能力。

我们走在实践的道路上

——专业实践教育主题班会

一、班会主题

我们走在实践的道路上——专业实践教育主题班会

二、班会地点

多媒体教室

三、班会时间

大一上学期

四、班会对象

大一年级学生

五、主讲人

田超、孙月婷

六、班会背景及目的

为全面落实《国家中长期教育改革和发展规划纲要(2010—2020年)》,积极响应《教育部等部门关于进一步加强高校实践育人工作的若干意见》文件要求,顺应传媒产业迅猛发展、传媒人才培养亟待升级的时代要求,特在大一新生中围绕"实践育人"主题,展开专门的学习讨论。《我们走在实践的道路上——专业实践教育主题班会》就是在该主题的专题学习下开展的一项具体活动。

本次班会面向大一播音与主持艺术专业学生,围绕"'创、采、写、摄、编、播、评、管’八位一体的应用型、复合型卓越新闻传播人才”这一具体培养目标，开展专业实践教育。通过对时下热点的主持人救场案例引入主题，进行微观、中观、宏观层面的原因剖析，带领学生梳理需要提升的技能种类，探索提升技能的实践途径，最后通过身边成功案例验证探索内容，升华主题，再配合课后作业，进一步固化教育效果。

本次主题班会的目的就在于使学生充分理解“专业实践”的深刻内涵和重要性，明确在大学期间需要锻炼提升的专业技能以及专业实践的路径，最终通过理论的探讨上升到专业实践层面，动员学生主动参与到专业实践活动中，在专业实践中锤炼专业技能，熟悉传媒行业，构建专业认知体系，明确自身发展方向，为将来求职就业做好准备。

七、方法与手段

(1)时政话题讨论，师生交流，生生交流；

(2)PPT辅助教学，观看视频；

(3)互动体验，案例分享，集体朗诵；

(4)调查反馈，总结反思。

八、班会准备

(1)提前深入学生，结合班级学生中存在的实际问题，初步确定班会主题。

(2)召开班团干部会议，正式确定班会主题，并正式制订班会活动方案。

(3)围绕班会活动方案，确定主题班会活动组委会，由组委会带领各小组成员搜集资料，尽可能地让所有同学都参与进来。

(4)进一步确定核实活动方案的可实施性、可操作性，将不合理的地方进行适当修改，尽可能增加方案的针对性、实效性和吸引力、感染力。

(5)做好活动前的宣传工作和活动各项分配工作，申请多媒体教室，做好会场布置、物品准备等工作，安排好活动中的记录、拍照和会后宣传等工作。

(6)整理好班会内容活动资料，为活动报道做好准备，并组织学生准备调研反馈，做好本次活动的总结工作。

(7)进行板报设计,书写班会主题"我们走在实践的道路上",教室布置合理,营造与主题相称的班会氛围,增强班会的针对性。

(8)桌椅摆放齐整,便于开展互动体验和学生交流,不影响学生观看视频及课件,增强班会的实效性。

九、预期效果

(1)能充分领会专业实践育人的深刻内涵和重要意义,认识到专业实践对于职业发展的重要性;

(2)能建立专业实践技能框架,明确专业发展对自己的具体要求,努力提升个人专业素养;

(3)能找到专业实践的具体路径,根据自己的专业需求选择适合自己的实践平台,努力参与专业实践;

(4)能树立信心、做好规划、积极行动,力争在专业实践的道路上获得成功。

十、环节设置与时间分配

(一)导入(5分钟)

【环节一】视频开场:《汪涵的花式救场集锦》

汪涵主持节目26年来遇到过各种突发情况,他都能巧妙地救场。

【环节二】主题引入:经验源于实践

(1)对主持人汪涵的评价;

(2)对其专业素养的归因;

(3)引出主题——专业实践教育。

(二)思考(10分钟)

【环节三】原因分析:为什么要进行专业实践

(1)微观层面:为学以致用;

(2)中观层面:为深化专业知识技能;

(3)宏观层面:充分认识专业实践教育的重要性,努力成为应用型的专业人才,为就业做好充分准备。

（三）学习（20分钟）

【环节四】知识梳理：用专业实践提升哪些技能

（1）专业知识技能；

（2）自我管理技能（或称为适应性技能）；

（3）可迁移技能（或称为通用技能）。

【环节五】路径探索：怎样通过专业实践来提升这些技能

（1）专业知识技能——课内实践课、素质拓展专业模块活动、毕业实习实训、专业竞赛；

（2）自我管理技能——素质拓展德育模块活动、朋辈教育、体育锻炼、学生工作、社团活动、生活实践；

（3）可迁移技能——素质拓展文体模块活动、暑期社会实践、校企合作、社会服务。

【环节六】成功案例：实践的力量

李雪聪——全国大学生摄影及微电影创作大赛一等奖获得者背后的故事。

（四）总结（10分钟）

【环节七】情感升华：我们走在实践的道路上

别等到花期已过，才想起珍惜春光；

别等到毕业歌唱响，才想要重新来过；

别等到在职场碰得头破血流，才明白荒废了青春。

现在，最需要行动，而不是感叹。

【环节八】真诚祝愿：实践走向成功

（1）总结班会内容，再次阐明主题；

（2）鼓舞学生士气，积极倡导行动；

（3）真诚美好祝愿，实践走向成功。

【环节九】课后作业：《我的专业实践规划书》

（1）对照自己现状和大学生涯规划，列举需要加强的技能；

（2）根据需要加强的技能确定实践提升路径；

（3）制订具体行动规划，完成《我的专业实践规划书》。

十一、过程设计

步骤	班会具体流程	备注
(一)导入	**【环节一】视频开场:《汪涵的花式救场集锦》** 辅导员:同学们大家好,相信大家看到这个画面都会想起在2015年《我是歌手》的歌王争霸赛上,孙楠临时退场,主持人汪涵在非常短的时间内从容救场的一幕。一时间各界对于汪涵的睿智赞不绝口,他救场的那段内容也被很多网友夸赞成是可以写进我们播音主持课本里的鲜活案例。 其实不仅仅是在《我是歌手》中,汪涵主持节目26年来遇到过各种突发情况,他都能巧妙地进行救场。不信你看! 播放视频《汪涵的花式救场集锦》。 **【环节二】主题引入:经验源于实践** 辅导员:看完这段视频,大家觉得汪涵作为一个主持人怎么样? 学生:厉害!牛!很专业!…… 辅导员:看来大家还是很信服这位湖南卫视一哥的专业水准。那么我想请大家来谈一谈,汪涵为什么能在多次主持发生突发状况时,临危不乱、从容救场呢? 学生:他经验多。他专业素养高。…… 辅导员:好的,很多同学都提到了"经验"一词。主持人也好,其他任何职业也好,经验都来自专业的实践。单纯依靠教科书上的理论学习,是不足以解决在工作中遇到的各种问题的,唯有不断进行专业实践,在专业实践中积累经验,才是走向成功的不二法门。 那么今天我们就一起来探讨关于专业实践的话题。	引发学生关注。 探讨原因,主动认识到"专业实践"的重要性。
(二)思考	**【环节三】原因分析:为什么要进行专业实践** 辅导员:除了从感性层面上认为的专业实践非常重要,大家有没有认真思考过,我们为什么要进行专业实践呢? 学生自由发言(略)。 辅导员:好的,大家说的都很有道理,我们总结一下大家的意见,由浅入深地进行归纳。 首先是强化专业知识技能。我们说熟能生巧,只有不断地通过实践进行练习,才能强化我们的专业知识技能。强化专业技能是为了什么呢?当然是学以致用,为了在工作、学习和生活中使用这些技能。那么从大学人才培养的角度来说,就是培养应用型的专业人才,这对于咱们播音主持专业来说,尤其如此。 最后,在大学里的所有学习和实践,归根结底都是为了咱们今后的就业做好准备,以实践帮助咱们成为一个合格的职业人。	探讨原因,主动认识到"专业实践"的重要性。

续表

步骤	班会具体流程	备注
(三)学习	**【环节四】知识梳理：用专业实践提升哪些技能** 辅导员：刚刚大家归纳得不错，我们充分体会到了专业实践对于专业学习的重要性。那么在大学期间，我们可以通过专业实践去提升哪些技能呢？ 学生自由发言(略)。 辅导员：根据大学生职业生涯规划的学习内容，在工作中需要运用到的技能分为三大类，分别是专业知识技能、自我管理技能(或称适应性技能)和可迁移技能(或称通用技能)。 专业知识技能是指那些需要通过教育或培训才能获得的特别的知识或能力。这些技能涉及学习的科目，就是我们学习的内容、所懂得的东西。比如，是否掌握吐字归音的技巧、对于稿件的理解和把握、不同场景下播报时身份和角色的转换等知识。 自我管理技能经常被看作是个性品质，而非技能，多是一些形容词，用来描述或说明人具有的某些特征。这项技能不是通过专门的课程学习到的，而是在日常生活中随时随地培养起来的，也叫作适应性技能。对于主持人来说，自我管理技能包括：认真负责、热情自信、勇于创新、灵活机智等。 可迁移技能就是你会做的事，多是一些动词。它的特征是可以从生活中的方方面面，特别是工作之外得到发展，却可以迁移应用于不同的工作之中，所以也成为通用技能。比如，思考能力、写作能力、表达能力、说服能力、分析能力等 。 **【环节五】路径探索：怎样通过专业实践来提升这些技能** 辅导员：同学们再来谈论一下，都有哪些活动可以帮助我们提升以上三种技能呢？ 学生分三组进行讨论，每组由一名代表发言(略)。 辅导员：好的，下面我们来逐一进行探讨。 (1)专业知识技能——课内实践课、素质拓展专业模块活动、毕业实习实训、专业竞赛。 (2)自我管理技能——素质拓展德育模块活动、朋辈教育、体育锻炼、学生工作、社团活动、生活实践。 (3)可迁移技能——素质拓展文体模块活动、暑期社会实践、校企合作、社会服务。 各项技能中选择一个具体项目做详细介绍(播音专业汇报演出、学生工作、暑期社会实践)。 **【环节六】成功案例：实践的力量** 辅导员：我们列举了这么多可以帮助我们熟能生巧的实践活动，效果如何呢？我们来看一个视频——《印度人都是开挂的》。	详细解读，帮助学生全面理解。

续表

步骤	班会具体流程	备注
(三)学习	学生观看视频。 辅导员:大家都很惊叹是不是?这些熟练的动作技巧让他们的工作看起来也像是一门艺术。大家可能觉得这些技术型的工作离我们今后的工作比较远,当然这只是抛砖引玉,下面我们再来分享一个我们身边成功的实践案例。 [李雪聪——全国大学生摄影及微电影创作大赛一等奖获得者背后的故事] 辅导员:李雪聪是新闻与传播学院2011级摄影专业的学生,入学以来积极进行摄影实践,先后在国家级专业摄影刊物《大众摄影》上发表了5幅作品:在《大众摄影》第9期发表了《航海精神》《妆》,在第10期发表了《戏里戏外》,在第11期发表了《闹新春》《一个教师的学校》(《大众摄影》是中国摄影家协会主办的国家级专业摄影刊物)。在此基础上,李雪聪蹲点全国多个乡村学校近两年时间,拍摄几十组照片,其中《一个教师的学校》荣获"我的中国梦·最美中国"全国大学生摄影大赛唯一的个人一等奖。 李雪聪的事迹充分说明了专业实践对于个人能力提升的重要作用,更是让各位大一的同学从现在开始认识到专业实践的重要性,在今后的学习中充分实践,锻炼能力。	与学生共同努力,为学生加油打气。
(四)总结	**【环节七】情感升华:我们走在实践的道路上** 辅导员:同学们,别等到花期已过,才想起珍惜春光;别等到毕业歌唱响,才想要重新来过;别等到在职场碰得头破血流,才明白荒废了青春。现在,最需要行动,而不是感叹。 **【环节八】真诚祝愿:实践走向成功** 辅导员:同学们,美好充实的大学生活已经开始了,如果我们每个人都坚信千里之行始于足下,那么只要你迈出第一步,梦想离你就不再遥远。大家有没有信心抓住机会,积极投身专业实践,努力提高自己的能力呢? 学生:有! 辅导员:好的,那就让我们一起努力,圆梦青春!真诚祝愿同学们梦想都能早日实现,成为优秀的传媒人! **【环节九】课后作业:《我的专业实践规划书》** (1)对照自己现状和大学生涯规划,列举需要加强的技能; (2)根据需要加强的技能确定实践提升路径; (3)制订具体行动规划,完成《我的专业实践规划书》。	

十二、注意事项

1. 卫生问题

班会前后均由生活委员负责保障会场的干净整洁。

2. 活动秩序问题

各个环节都要有组织、有秩序地进行，班委带头维持好纪律和秩序。

3. 活动宣传问题

由宣传委员负责安排落实宣传报道。

4. 音响效果问题

班长预备一个辅助扩音器。

十三、总结

1. 过程反思

注意在班会的过程中观察学生的配合情况和思考反应，及时做出有针对性的点评，合理调控会场秩序等。

2. 会后观察

通过班级QQ群、微信、微博等网络平台，了解学生此次班会后的心理感受、所思所想，及时辅以评论以便深入引导。

3. 持续监测

收集学生的课后作业，对班会后一段时间内学生课余生活情况进行走访和了解，持续观察学生对时间的掌握、自制力和执行力的转变程度。

4. 指导反馈

针对学生的不同反应进行谈话和指导，进一步深化班会的效果和影响，确保主题班会的实效性与思想教育的持久性。

5. 经验总结

对主题班会开展的全程进行总结和反思，形成文字材料，总结经验教训，以便今后不断改进，更好地以此形式对学生进行思想政治教育。

让梦想照进现实

——中国梦，我们在行动

一、班会主题

让梦想照进现实——中国梦，我们在行动

二、班会地点

多媒体教室

三、班会时间

大一下学期期末考试前

四、班会对象

大一年级学生

五、主讲人

田超、孙月婷

六、班会背景及目的

1. 班会背景

根据《中共教育部党组关于在全国各级各类学校深入开展“我的中国梦”主题教育活动的通知》（教党[2013]2号）和省教育厅相关文件精神，全省各高校掀起了开展“我的中国梦”主题教育活动的热潮。在积极组织学生参与各项活动的同时，应让大学生知其然更知其所以然。通过主题班会对“中国梦”的内容进行解读，可引导学生深入领会“中国梦”的历史底蕴和时代内涵，对学生进行理想信念教育。

在此基础上，对目前班级学生的学习生活状态进行梳理和对比分析。大一学年将近尾声，即将迈入崭新的大二学年，学生们熟悉了校园生活环境，摸透了大学生存规则，少了几分刚入学时的激情和憧憬，感受不到考研和就业的紧迫压力，清闲自在，时间充裕，老师的影响力在他们心中似乎也不再那么强。这样的状态对于大学生涯的规划和学习目标的完成是十分不利的。大二是大学生涯的关键时期，因此在学生即将进入大二之前再次进行理想信念教育，唤醒每个学生心中梦想的力量，将精神的力量转化为实际的行动，就显得尤为重要。

2. 班会目的

目的就在于使学生充分领会中国梦的深刻内涵，明白中国梦的实现离不开每一个人个体梦想的实现。作为一名大一学生，实现梦想的基础就是明确社会需求，准确定位个人，在充分分析自身的情况下，把握现在、规划未来，充分利用好大学的时间，为了自己的目标和梦想努力奋斗。

七、方法与手段

(1)时政话题讨论、师生交流、生生交流；

(2)PPT辅助教学、观看视频；

(3)互动体验、案例分享、集体朗诵；

(4)调查反馈、总结反思。

八、班会准备

(1)提前深入学生，结合班级学生中存在的实际问题，初步确定班会主题。

(2)召开班团干部会议，正式确定班会主题，并正式制订班会活动方案。

(3)围绕班会活动方案，确定主题班会活动组委会，由组委会带领各小组成员搜集资料，尽可能地让所有学生都参与进来。

(4)深入学习有关时政知识和国家政策文件，围绕大学生涯规划请教相关专家，充分备课，设计好主题班会的环节和内容。

(5)进一步确定核实活动方案的可实施性、可操作性，将不合理的地方进行适当修改，尽可能增加方案的针对性、实效性和吸引力、感染力。

(6)做好活动前的宣传工作和活动各项分配工作，申请多媒体教室，做好会场布置、物品准备等工作，安排好活动中的记录、拍照和会后宣传等工作。

(7)整理好班会内容活动资料，为活动报道做好准备，并组织学生准备调研反馈，做好本次活动的总结工作。

(8)进行板报设计，书写班会主题“让梦想照进现实”，教室布置合理，营造与主题相称的班会氛围，增强班会的针对性。

(9)桌椅摆放齐整，便于开展互动体验和学生交流，不影响学生观看视频及课件，增强班会的实效性。

(10)设置朗诵诗文和背景音乐，用于营造烘托班会主题的氛围，帮助学生建立深刻印象，调动情绪，增强班会的吸引力和感染力。

(11)准备互动体验环节所需材料(纸条若干)及其他可能用到的物品。

九、预期效果

(1)充分领会中国梦的时代内涵和深刻意义，认识到国家梦想与个人梦想的关系，唤醒学生对梦想的执着与坚守。

(2)建立反思意识和规划意识，看清理想与现实间的差距，明确努力的方向，明白实现梦想要做到有目标、有规划、有行动、有反思。

(3)学会合理分配时间、合理规划大学生活，认识到时不我待，必须争分夺秒、脚踏实地，向有限的时间要效率。

(4)树立信心、鼓舞士气、找到动力，勇于面对挑战和不足，积极进取、落实行动，努力靠近梦想的彼岸。

十、环节设置与时间分配

(一)导入(5分钟)

【环节一】朗诵开场:《梦想》

是否有这样一片天空，能够让我自由飞翔；……

【环节二】主题引入:探寻关键词

(1)主流社论；

(2)各级通知；

(3)校园活动。

(二)学习(10分钟)

【环节三】直击重点：走进中国梦

(1)引题：要有梦；

(2)点题：做什么梦——民族复兴之梦；

(3)破题：怎么实现——根本路径。

(三)思考(10分钟)

【环节四】回归现实：最初的梦想VS现今的生活

(1)还记得大一时你在《梦想纪念册》中写过的梦想吗？

(2)漫画、视频、图片展现现今生活，对照理想，反思现状。

(3)状态分类：荒废型、默默型、学习型、活动型、工作型。

【环节五】敲响警钟：时间还有多少

(1)撕纸看大学(由“撕纸看生涯”改编)；

(2)PPT展示招聘会现场照片，配合板书，“时间换算成日”还有多少；

(3)引发学生思考、感悟。

(四)升华(10分钟)

【环节六】落实行动：让改变发生

(1)梦之道：大学生涯规划；

(2)梦之圆：目标、信念、能力、执行。

【环节七】情感升华：少年中国说

千里之行始于足下，圆梦从己做起、从现在做起。

集体朗诵梁启超《少年中国说》：故今日之责任，不在他人，而全在我少年。少年智则国智，少年富则国富，少年强则国强，少年独立则国独立，少年自由则国自由，少年进步则国进步，少年胜于欧洲，则国胜于欧洲，少年雄于地球，则国雄于地球。

（五）总结（10分钟）

【环节八】真诚祝愿：不负少年时 共圆中国梦

（1）总结班会内容，再次阐明主题；

（2）鼓舞学生士气，积极倡导行动；

（3）真诚美好祝愿，梦想早日实现。

【环节九】课后作业：让梦想照进现实

（1）对照自己现状和一年前的期望，查找原因，反思不足；

（2）根据现状重新确定可行的目标；

（3）制订具体行动规划，完成《大学生涯与职业生涯规划书》。

十一、过程设计

步骤	班会具体流程	备注
（一）导入	**【环节一】朗诵开场：《梦想》** 是否有这样一片天空， 能够让我自由飞翔； 是否有这样一方土地， 能够让我静静流淌。 我不是高山，我只是一粒石子； 我不是大海，我只是一支小溪。 但， 我有我的梦想， 我有我的希望。 日久天长， 我会将我累积成一座高山， 我会将我汇集成一片汪洋。 只要你肯等待， 等待我由叛逆蜕变成长。	引发学生兴趣。
	【环节二】主题引入：探寻关键词 辅导员：同学们大家好，刚才这首诗歌的名字叫《梦想》，那么今天我们就来聊聊关于梦想的那些事儿。说到梦想，大家都知道最近有一个词非常火，火到什么程度呢？近期的人民日报、光明日报、中国青年报等各大平面媒体都相继发表社论，对它进行解读；全国各部门各单位纷纷自上而下下发通知开展相关的主题教育活动；咱们学校呢也组织开展一系列的学习实践活动，很多同学参与其中。那么大家告诉我，这个关于梦想的	热点话题，引发学生兴趣。

续表

步骤	班会具体流程	备注
(一)导入	词是什么? 学生:中国梦! 辅导员:对了,是中国梦。既然大家现在每天在中国梦的教育氛围里忙碌,那是否真的理解和懂得了中国梦呢?	
(二)学习	**【环节三】直击重点:走进中国梦** 辅导员:关于中国梦,你了解多少? 随机抽学生回答。 学生:…… 辅导员:刚才这位同学描述了自己对中国梦的理解。同学们可能没有意识到,这是我们的党精心安排的一次专题教育活动,具有深刻的时代背景和价值内涵。 辅导员:下面我们就一起来回顾"中国梦"概念是怎样提出的。 第一次,是2012年11月15日,新当选的中共中央总书记习近平第一次与中外记者见面时说,全党同志的重托,全国各族人民的期望,这是对我们做好工作的巨大鼓舞,也是我们肩上的沉重的担子。这个责任,就是对民族、对人民、对党的责任。在这里,总书记提出,人民对美好生活的向往,就是我们的奋斗目标。我们的责任就是要继续为实现中华民族伟大复兴而努力奋斗。这是第一次引出中国梦,强调我们"要有梦"。 第二次,是2012年11月29日,习近平总书记和其他中央领导同志来到国家博物馆,参观大型展览《复兴之路》并发表重要讲话,直接解释了何为中国梦,即实现中华民族的伟大复兴,就是中华民族近代最伟大的中国梦。同时指出"国家好,民族好,大家才会好",这就是中国梦的核心价值。这是在为中国梦点题,强调我们做什么梦。 第三次,是2013年3月17日,十二届全国人民代表大会一次会议在人民大会堂闭幕,总书记在闭幕会上的讲话阐述了实现中国梦的根本途径。这是在破题,强调我们怎么实现中国梦。 从这三次讲话中可以看出,三次讲话语言都相当朴实,表达也很简洁,却让我们深深记住了"民族复兴、国家富强、人民幸福"这一中国梦的实质。	详细解读,帮助学生全面理解。 活跃气氛,激发学生兴趣,从中国梦引到个人梦、青春梦,引起学生思考。
(三)思考	**【环节四】回归现实:最初的梦想VS现今的生活** 辅导员:同学们,习总书记提出"空谈误国,实干兴邦""幸福不会从天而降,梦想不会自动成真""学如弓弩,才如箭镞""青年人正处于学习的黄金时期,应该把学习作为首要任务,作	反思,对比现状。

续表

步骤	班会具体流程	备注
(三)思考	为一种责任、一种精神追求、一种生活方式。”我想这也是我们的家长、老师常常在大家耳边念叨的内容,那么大家有没有做到呢? 学生:…… 辅导员:今天我把大家的《梦想纪念册》带来了,它记录了我们全班同学在去年刚进校时的中秋晚会上写下的每个人的梦想。经过了将近一年的学习,大家现在对自己的生活还满意吗?在翻开它之前,我们先来看一组描述大学生活状态的漫画。(沉溺网络,上课睡觉,找父母要钱谈恋爱,谎称生病不参加活动,实际逛街玩乐。) 我看到有些同学偷偷笑了。我们再看一段视频,给大家一些更直观的感受。希望咱们班不要出现这种情况。说到这里,我想找几个同学分享一下自己的感受。 辅导员:你来描述一下现在的学习和生活状态,你觉得满意吗?是你当初希望的那样吗?(常旷课的学生) 学生:…… 辅导员:大家还记得刚进校时你们的梦想吗?翻开《梦想纪念册》,我们一起来回顾下…… 师生一起回顾。 辅导员:看得出来当时大家对自己的大学还是有很多期待,也有很多具体目标的。 **【环节五】敲响警钟:时间还有多少** 辅导员:可是经过一年,有些同学和我聊天时说,老师,我就是普通人一个,我也没啥大志向,我也不想拿奖学金、做学生干部,我只要顺利拿到毕业证就行,我觉得轻轻松松也没什么不好。这种想法对不对呢?我先带大家做一个小活动。 撕纸看大学(由“撕纸看生涯”改编),具体步骤略。 辅导员:现在大家拿着手上的纸条,看看你从现在到毕业前还剩多少时间可以支配,可是等待你的还有多少任务没有完成? PPT展示招聘会现场人山人海照片。 辅导员:同学们,设想一下三年后的你们站在这人山人海之中会是怎样的情境,有什么办法能让你站在最高点脱颖而出吗?大家知道吗,2015年全国普通高校毕业生规模将达到724万,是新中国成立以来大学毕业生最多的一年,大家做好准备了吗?	吸引注意力,展示代有表性的典型案例,引起学生共鸣和反思。 帮助学生认清自己的现状。 由活动带给学生直观感受,使学生认识到时间紧迫,任务艰巨,现实严峻。

续表

步骤	班会具体流程	备注
(四)升华	**【环节六】落实行动:让改变发生** 辅导员:不过大家也不要害怕,尽管我们说就业形势越来越严峻,但其实明天的命运,答案就在今天;远方的道路,起点就在脚下。对于我们目前的学习生活来说,就是做好大学生涯规划。 梦之道——大学生涯规划:大一、大二、大三、大四 在做好规划的基础上,我们总结了大学期间需要培养的四力。 梦之圆——目标、信念、能力、执行 **【环节七】情感升华:少年中国说** 辅导员:同学们,说了这么多,大家是不是觉得自己真的该行动了呢?也许说中国梦你会觉得自己力量渺小,但中国梦是国家的、民族的,它更是每个中国人的,是我们青年一代的。实现我们自己的青春梦想,我们能做的还有很多!我想起了梁启超先生的《少年中国说》,它也是我们同学特别钟爱的文章,下面就让我们一起重温这个美好的希望。 [齐诵]故今日之责任,不在他人,而全在我少年。少年智则国智,少年富则国富,少年强则国强,少年独立则国独立,少年自由则国自由,少年进步则国进步,少年胜于欧洲,则国胜于欧洲,少年雄于地球,则国雄于地球。	介绍学习方法和规划的途径,帮助学生树立信心。 引发学生强烈情感共鸣,为行动增添动力。
(五)总结	**【环节八】真诚祝愿:不负少年时 共圆中国梦** 辅导员:同学们,美好充实的大二生活正在向我们招手,如果我们每个人都坚信千里之行始于足下,那么只要你迈出第一步,梦想离你就不再遥远。同学们,告诉我你们能不能马上行动起来? 学生:能! 辅导员:好的,那就让我们一起规划大学、圆梦青春! 真诚祝愿同学们梦想都能早日实现,也祝愿我们所有的中国人,不负少年时,共圆中国梦! **【环节九】课后作业:让梦想照进现实** (1)对照自己现状和一年前的期望,查找原因,反思不足; (2)根据现状重新确定可行的目标; (3)制订具体行动规划,完成《大学生涯与职业生涯规划书》。	与学生共同努力,为学生加油打气。 确保班会效果的实效性和持续性。

十二、注意事项

1. 卫生问题

班会前后均由生活委员负责保障会场的干净整洁。

2. 活动秩序问题

各个环节都要有组织、有秩序地进行，班委带头维持好纪律和秩序。

3. 活动宣传问题

由宣传委员负责安排落实宣传报道。

4. 音响效果问题

班长预备一个辅助扩音器。

十三、总结

1. 过程反思

注意在班会的过程中观察学生的配合情况和思考反应，及时做出有针对性的点评，合理控调控会场秩序等。

2. 会后观察

通过班级QQ群、微信、微博等网络平台，了解学生此次班会后的心理感受、所思所想，及时辅以评论以便深入引导。

3. 持续监测

收集学生的课后作业，对班会后一段时间内学生课余生活情况进行走访和了解，持续观察学生对时间的掌握、自制力和执行力的转变程度。

4. 指导反馈

针对学生的不同反应进行谈话和指导，进一步深化班会的效果和影响，确保主题班会的实效性与思想教育的持久性。

5. 经验总结

对主题班会开展的全程进行总结和反思，形成文字材料，总结经验教训，以便今后不断改进，更好地以此形式对学生进行思想政治教育。

做文明学生，建美丽校园

——文明礼仪教育主题班会

一、班会主题

做文明学生,建美丽校园——文明礼仪教育主题班会

二、班会地点

多媒体教室

三、班会时间

大一下学期

四、班会对象

大一年级学生

五、主讲人

朱罗莎、马星宇

六、班会背景及目的

1. 班会背景

叶圣陶先生说:“教育是什么,往简单方面说,只需一句话,就是要养成良好的习惯。”对于大学生而言,养成良好的习惯就包括了校园文明行为习惯。

大学生的一言一行代表着自身素养,也代表着学校乃至当代中国人的形象,但部分同学存在文明观念淡薄、行为举止失范的问题。针对这一现象,进行文明行为教育显得尤为重要。

2. 班会目的

本次主题班会以大学生在校园中的不文明行为为切入点，首先通过图片和视频唤起学生的自我反省和思考，引出班会主题。接着分析大学生不文明行为产生的原因，针对原因，先解决意识问题。通过运用社会分层理论和文明进化论，对文明行为的重要性进行理论分析，进而运用共情，激发学生对文明行为规范的认同感，增强学生养成文明行为习惯的自觉性和主动性。最后解决行动力问题，帮助学生检查反思自身不文明行为，制订改正不文明行为的计划，并督促执行。会后注意巩固班会教育成果。

七、方法与手段

利用视频、案例、图片等，综合采用问题引导、案例分析、小组讨论、互动游戏、总结陈述等方法，通过现象分析、观点交流、观看视频、案例分享，结合多媒体应用、互动体验、总结反思、制订规划等手段，达到教育目的。

八、班会准备

1. 环境准备

布置黑板，摆放座位，渲染环境，营造轻松舒适的外部氛围。

2. 人员准备

班会主持人即辅导员，班会参加人员即大一年级学生(提前做好回答问题学生的预案工作)。

3. 资料和道具准备

搜集相关图片、新闻、案例，准备互动需要的白纸。

4. 多媒体准备

制作PPT，多媒体教室开展班会活动，同时安排专人拍摄视频。

5. 问题准备

对可能存在的问题做好预案，例如问题讨论中产生的各种可能答案，同学之间答案争端的处理，班会现场气氛的活跃等。

九、预期效果

(1)能找出不文明行为产生的原因并进行反思；

(2)意识到文明行为的重要性，增加对文明行为规范的认同感，自觉主动地养成文明行为习惯；

(3)形成一份科学合理的文明行为改正计划，并付诸行动，做到内化于心、外化于行。

十、环节设置与时间分配

(一)班会导入：观看图片、视频，引发思考共鸣(5分钟)

【环节一】文明VS不文明大论战

通过列举和讨论校园中常见的不文明行为，带领学生进入班会主题。

【环节二】校园不文明行为知多少

将校园不文明行为按场域分类，请学生罗列各个场域中的不文明行为。

(二)进入主题：讨论问题成因，统一思想行为(30分钟)

【环节三】寻找根源，分析原因

通过对校园不文明行为的讨论，确立统一评价标准，唤起学生自省，分析自身不文明行为产生的原因。

【环节四】理论支撑，统一认识

通过社会分层理论和文明进化论，对为什么要养成文明行为习惯进行学理分析。

【环节五】联系实际，反向论证

通过观看视频、图片和场景假设，建立学生的同理心，运用共情，换位思考，激发学生对文明行为规范的认同感，增强学生养成文明行为习惯的自觉性和主动性。

【环节六】落到实处，制订计划

通过罗列个人文明言行负面清单和重要言行文明清单，为学生找到目标，制订个人言行改正计划，并督促学生执行。

【环节七】共同承诺，从己做起

通过共读文明言行倡议书，使学生做出公开承诺，促使学生自觉践行文明言行。

（三）总结升华：再次阐明主题，号召践行理论（5分钟）

【环节八】深化主题，提升层次

再次阐明主题，将主题从个人层面升华到国家和民族层面，号召学生将理论转化为实践，真正做一个文明师大人。

十一、过程设计

步骤	班会具体流程	备注
（一）班会导入	**【环节一】文明VS不文明大论战** 辅导员：我们先来看一组图片（干净的课桌椅和脏的课桌椅、整洁的草坪和被踩踏后的草坪、整齐的宿舍环境和脏乱的宿舍环境、有人打扫的路面和到处是垃圾的地面对比图）。我们再来看一段视频（不文明行为集锦）。通过图片和视频，大家应该知道我们今天的班会主题是什么了吧？ 学生：校园文明。 辅导员：对，校园文明。人的行为有文明与不文明之分，文明行为是一个人教养程度即受教育程度和自我修养程度的外在表现。 讨论刚才的视频和图片，你们认为哪些行为是不文明的？ 学生：乱扔垃圾、踩踏草地、不关水龙头、深夜弹吉他、在课桌上乱写乱画…… **【环节二】校园不文明行为知多少** 辅导员：除了这些不文明行为，你们平时还见到过哪些不文明行为？我们按照场域逐一来说一下。 （1）教室：吃气味浓重的食物、手机不调静音、课堂上大声讲话…… （2）宿舍：从窗户往楼下扔垃圾，大声打电话、唱歌，上完厕所不冲，吸烟…… （3）食堂：打饭不排队、吃完不送餐盘、下雨天把雨伞放在座椅上…… （4）图书馆：把茶叶倒在开水机上、在书上乱涂乱画、书不放回原处……	导入话题，唤起学生的自省和思考。

续表

步骤	班会具体流程	备注
(一)班会导入	(5)校园其他公共区域:洗衣机里洗鞋子、垃圾留在浴室储物柜内、深夜摩托车马达轰鸣…… 辅导员板书,分类记录学生发言。 辅导员(指不文明行为):所有同学都认可这些是不文明行为吗? 学生:是的。	
(二)进入主题	**【环节三】寻找根源,分析原因** 辅导员:那么你认为判断行为是否文明有哪些标准? 学生:…… 辅导员:行为文明不文明的主要标准(可让学生讨论)如下。第一,行为对周围的大多数人带来的影响,包括利益的影响和情感的影响。凡是对周围大多数人有利的行为,引起大家情感愉悦、尊敬、欣赏的行为就是文明的;反之,那些对大家有害或不利的行为,引起大家厌恶、反感、不快等情感反应的行为就是不文明的。第二,行为对组织、社会秩序带来的影响,包括是否维护了组织和社会的秩序,是否保障了组织和社会的共同利益不受损害。第三,行为举止是否和环境相协调。第四,行为是否与行为主体的身份、角色和地位相吻合。 概括地说,评价一个行为的文明与否,有"四看":一要看行为对大家的利益和情感所产生的影响,二要看对组织和社会秩序的影响,三要看与环境是否和谐,四要看与社会认可的行为主体的身份、角色和地位是否相称。 但"四看"主要是对一般人的评价而言的,是对他人的评价,那对自己应该如何评价呢?你是否意识到你的某些行为是不文明的? 学生:…… 辅导员板书,归纳整理学生发言。 辅导员:基本上,我们可以将标准归纳为"四有关",即与对他人和共同利益的理解和意识的强弱有关,与对组织和社会规范的熟悉和尊重的程度有关,与对自我行为的自律程度有关,与对自我的身份、角色的定位有关。换句话说,不文明行为的产生,首先是因为观念薄弱,对规范行为缺少理解和敬畏;其次是自律性差,对自己大学生的身份理解不够、要求不严。 **【环节四】理论支撑,统一认识** 辅导员:观念薄弱,也就觉得文明行为不重要。那文明行为到底重要不重要呢?为什么要养成文明行为习惯呢? 在社会学里有一个"社会分层理论",是指以一定的标准区分出来的社会集团及其成员在社会体系中的地位层次结构、社会等级秩序现象。古代社会的社会分层是靠出身,现代	分析不文明行为产生原因。

续表

步骤	班会具体流程	备注
(二)进入主题	社会靠的是自己的努力,其中,文明教养就是自己的努力。有钱的人虽然经济地位很高,但如果没有教养,会被称为“暴发户”“土豪”,政治权利很高却没有教养的人,出言粗鲁、举止不文明,别人仍然给他否定评价。所以,最受人们尊敬的、最稳固的、最牢靠的还是自己的文明教养,不管你的经济、政治处在什么样的地位上,人们一样会尊敬你,这样你才有尊严感、自豪感。 从文明进化论来看,文明进化的方向和趋势是从野蛮愚昧走向文明进步。和原始社会相比,现代社会更注重文明礼仪,比如吃饭,现代文明礼仪要求吃饭不能发出很大的声音、用筷子或者刀叉,西餐更有繁复的礼节和注意事项。人类文明进化的最基本的要求就是对野蛮的克服和对文明的实现。那么你是愿意遵守这些文明要求,做一个现代人,还是愿意做个野蛮人? **【环节五】联系实际,反向论证** 辅导员:那如果不讲文明,会有什么样的后果? 师生共同观看视频《公益广告:诚信呢》。 辅导员:自己不讲诚信的结果就是被同样不讲诚信的人欺骗,如果人人都是这样,那整个社会只能进入恶性循环。 再看两个案例: (1)2014年12月11日,从泰国曼谷飞往南京的亚航航班上,两名中国游客因提供热水及找零问题与空姐发生冲突,男游客把垃圾倒在过道上乱踩并辱骂空姐,女游客把一整杯热水泼在空姐身上。该事件造成了恶劣影响,也让国家形象受到负面冲击。 (2)2013年2月,黄渤在太平洋岛国帕劳度假时,在其微博中晒出了中国游客随手乱扔垃圾的照片,并感慨说:“那日帕劳潜水,正为上帝的奇作美景唏嘘不已,突看见水面漂浮一烟盒,心中暗骂哪来的无德之人,这么干净的水怎丢得下手。突然看见烟盒上两个大字‘××’,臊得我上去一把捏在手里,像做贼一样生怕被别人看见,一直带回岸边,朋友啊,去别人家做客咱客气点,这俩字的脸丢不起啊!” [总结]近年来,一些公民在旅游活动中表现出来的不文明行为,引起了海内外舆论的关注和批评。这些中国游客在旅游时的不文明行为,直接影响着中国“礼仪之邦”之形象,更直接影响到一个国家的现代文明素养和文化软实力。 [讨论](换位思考) (1)如果你正在宿舍午睡(前一晚做作业熬了一个通宵,早上起早上课,好不容易中午能休息了),你的室友在宿舍里开着电脑音箱在看电影或者打游戏,你会怎么想?	解决意识问题,即文明行为是否重要,通过理论分析,结合事例,增加学生对文明行为的认同感,激发养成文明习惯的主动性和自觉性。

续表

步骤	班会具体流程	备注
(二)进入主题	(2)如果你早起到图书馆门口排队上自习,在天寒地冻的天气里排了一个小时队,终于走进了图书馆,却发现里面的座位都已经被人用书包、水杯等占座了,你会怎么想? (3)如果你在教室认真地听课,后排的两个同学有说有笑大声喧哗,导致你完全听不清老师在说什么,你会怎么想? (4)如果把宿舍、教室换成你的家,你还会乱扔垃圾、在桌上乱刻乱画吗?你在家会怎么做呢? 学生:…… [总结]所以文明不是小事,不是可有可无的,不是无所谓的,不是“不拘小节”。将心比心,在你谴责别人的同时,是否想到,当你举止随意,自己“不拘小节”的时候,又有多少人在受到你的不良影响。你希望别人怎么对你,你就必须怎么对待别人,对人对己不能“两套标准”,要求别人和要求自己应该是一致的。 **【环节六】落到实处,制订计划** 辅导员:现在我们已经意识到文明行为很重要,但应该怎么去践行呢?有同学可能会说,文明是一个比较大、比较空的概念,我知道要文明,但是我不知道具体该怎么做。以下这些行为,你会选择哪一个去做?(文明和不文明行为正反例对比图片) 为了帮助大家养成文明行为习惯,我希望同学们结合自己的问题制订一个切实可行的计划。 [活动一] (1)请大家拿出纸笔,列一个“文明言行负面清单”,请写下1~3个你做得不够好、不够文明的行为。 (2)请再写下你认为最重要的文明行为清单,写1~3个。 请同学们来分享一下你写的清单。 学生:…… 辅导员:大家已经能够意识到自己行为的不足,其实大家也都为自己树立了个人目标,你认为最重要的文明行为其实就是你自己的目标,那么,我们要如何改正自己的缺点,成为我们想要的样子呢? (3)现在请大家来制订个人计划。完成后请同学们分享你们的计划。 学生:…… 辅导员:请大家将计划贴在自己的床头,每天对照执行。(自律) 一个寝室的同学请互相督促、互相检查、每周总结,看看哪些习惯已经做到了,哪些还需要努力。(他律)	解决行动力问题,帮助学生检查反思自身不文明行为,制订改正不文明行为的计划,并督促执行。

续表

步骤	班会具体流程	备注
(二)进入主题	两个月以后，我们将再次召开班会，检查大家对个人计划的执行情况，并分享大家这两个月的感受。(效果检查) **【环节七】共同承诺，从己做起** [活动二] (1)请各位同学在班会后以漫画的形式为我校的教室文明公约和公寓管理公约配图。 (2)请将你的配图拍照并用新浪微博发表，在微博前加上主题词“做文明学生 建美丽校园”。 [活动三] 请大家共同朗读倡议书，从我做起，从身边做起，从现在做起，从小事做起，让我们为成为更优秀的自己而努力。 倡议书： 秉承古皖新安厚重文风，师大学子理应传承优良校风。礼仪之邦，文明素养，伟大时代更应慷慨担当。细节体现涵养，文明传承思想，师大学子争做时代榜样。 进课堂，手机要关上；护座椅，乱画不应当；常自习，占座有礼让；爱宿舍，垃圾不乱放。 文明礼仪，你我担当；文明校园，你我共享！	
(三)总结升华	**【环节八】深化主题，提升层次** 辅导员：同学们，文明行为不是个人的私事，不是无足轻重的小事，它表明了一个人是否有良好的道德修养，影响着人际交往的质量和社会风气的好坏，关系到国家和民族的长远发展。做一个合格的文明人，既是个人成长的需要、也是社会的需要，时代的需要。文明行为，贵在实践，希望大家今后以实际行动，告别各种不良行为，全面提升自身素养，做一个文明的大学生。 今天的班会到此结束，我们下次再见。 布置班会： (1)以两个月为限，要求学生上交个人文明习惯养成小结； (2)文明回顾，各团小组之间督促与互查； (3)评选班级文明之星和文明寝室。	固化教育效果。

十二、注意事项

1. 主题班会前

(1)教室卫生：由生活委员和各寝室长负责；

(2)现场秩序：由纪律委员带头，全体班委共同协作；

(3)班会宣传：由宣传委员负责拍照及撰写宣传稿，并及时上传至学院新闻网站。

2. 班会过程中

(1)注意调动学生，引导学生带着问题进行思考；

(2)理论知识以浅显易懂的方式讲解，通过活动和游戏帮助学生掌握理论；

(3)引导学生联想日常生活中的场景，及时进行归纳总结，激发认同感。

3. 主题班会后

(1)对班会的过程进行全面总结与反思，以丰富并完善主题班会的内容与形式；

(2)深入了解学生的班会感受，进行后续引导，固化和延伸班会的作用与效果；

(3)通过活动宣传、微博讨论、上传视频等方式，扩大本次主题班会的影响。

十三、总结

本次主题班会辅导员积极引导，学生主动参与，通过利用“文明行为”与“不文明行为”图片的强烈对比和不文明行为的视频等，综合采用多种方法，图文并茂、潜移默化地教育学生，帮助学生认识文明行为的重要性。整个班会既有宣传倡导，又有践行方法。对不文明行为的反省和文明行为的养成不是一蹴而就，重在平时和点滴改正。本次主题班会以小见大，以少见多，从学生自己和身边的情况引导学生对文明行为进行思考，使学生意识到文明行为对社会和个人形象的重要性。建设文明校园需要每一个学生通过自己点滴的文明行为构建。本次班会方案设计的初衷并不是期望仅仅通过一次班会就达到教育效果，而是以此为引，在今后的工作中，设计开展一系列主题班会和实践活动，不断强化学生意识，提升学生能力。

老祖宗的东西为什么不能丢?

——和大学生谈优秀传统文化

一、班会主题

老祖宗的东西为什么不能丢?——和大学生谈优秀传统文化

二、班会地点

多媒体教室

三、班会时间

大一学年第二学期端午节前

四、班会对象

大一年级学生

五、主讲人

朱罗莎、马星宇

六、班会背景及目的

1. 班会背景

继十七届六中全会通过的《中共中央关于深化文化体制改革推动社会主义文化大发展大繁荣若干重大问题的决定》明确将传统文化的繁荣发展提升到党和国家的工作重点以后,十八大对这一问题进一步做出了战略部署,十八届三中全会强调要完善中华优秀传统文化教育。习近平总书记就中华优秀文化的传承与弘扬多次做出重要指示。2014年3月,教育部印发《完善中华优秀传统文化教育指导纲要》,为新形势下加强中华优秀传统文化教育指明了方向，也为大学辅导员的工作提出了新的要求。2014年9月24日，习近平总书记在纪念孔子诞辰2565周年国际学术研讨会暨国际儒学联合会第五届会员大会开幕会上发表重要讲话时指出，中国人民的理想和奋斗，中国人民的价值观和精神世界，是始终深深植根于中国优秀传统文化沃土之中的。10月15日，习近平总书记主持召开文艺工作座谈会时再谈传统文化。他强调，在几千年的历史流变中，中华民族从来不是一帆风顺的，遇到了无数艰难困苦，但我们都挺过来、走过来了，其中一个很重要的原因就是世世代代的中华儿女培育和发展了独具特色、博大精深的中华文化，为中华民族克服困难、生生不息提供了强大精神支撑。

2. 班会目的

本次主题班会针对现在青年学生追求西方文化价值观、喜欢追求时尚和潮流，认为传统文化已经过时了、淘汰了、落伍了的现状召开。本次班会旨在帮助大学生尊重历史，正视传统，辩证认识和评价传统文化，启发和引导大学生在坚持“三个面向”的同时，积极传承和发扬中华民族的优秀传统文化。

七、方法与手段

利用视频、案例、图片等，综合采用问题引导、案例分析、小组讨论、互动游戏、总结陈述等方法，通过现象分析、观点交流、观看视频、案例分享、结合多媒体应用、互动体验、总结反思、制订计划等手段，达到教育目的。

八、班会准备

1. 环境准备

在教室张贴中国古代和近代的名人名言，办一期以宣传中国传统优秀文化为主题的墙报，营造与本次班会主题相呼应的环境氛围。

2. 人员准备

班会主持人即辅导员，班会参加人员即大一年级学生（提前做好回答问题学生的预案工作）。

3. 资料和道具准备

搜集相关图片、新闻、案例，准备互动需要的白纸。

4. 多媒体准备

制作PPT，利用多媒体教室开展班会活动，同时安排专人拍摄视频。

5. 问题准备

对可能存在的问题做好预案，例如问题讨论中产生的各种可能答案、同学之间答案争端的处理、班会现场气氛的活跃等。

九、预期效果

(1)增强了对优秀传统文化重要意义的认识；

(2)明确优秀传统文化的功能和作用；

(3)能制订落实传承和践行优秀传统文化的行动计划。

十、环节设置与时间分配

(一)班会导入：对比分析，引入主题(5分钟)

【环节一】中国传统节日VS西方节日

通过图片对学生进行西方节日和中国传统节日知识调查，发现学生“知西方，忘传统”的问题。

【环节二】古代英雄VS现代明星

通过对现代明星和古代英雄的图片辨识，发现学生“熟当代，陌古人”的问题，引发学生对自身传统文化知识缺失的思考。

(二)进入主题：剖析内涵，统一思想行为(30分钟)

【环节三】古文经典，初识传统文化

列举古文经典名言让学生感受传统文化。

【环节四】辩证分析，界定传统文化

通过将传统文化与西方文化、现代文化比较和传统文化“好与坏”两个层面辩证分析，给优秀传统文化做出界定，阐释优秀传统文化的内涵。

【环节五】举例分析，剖析功能作用

通过讨论家风是什么、方言和乡风民俗的作用，由小及大、由表及里，使学生理解传统文化的功能和作用。

【环节六】理论支撑，深化文化内涵

通过引用美国的前国务卿基辛格的话，以及习近平总书记在纪念孔子诞辰2565周年国际学术研讨会暨国际儒学联合会第五届会员大会开幕会上的讲话和在文艺工作座谈会上的讲话，深化传统文化的内涵，为继承和弘扬中国优秀传统文化提供理论支撑。

【环节七】传承家风，从身边做起

通过分析自己家庭的家风，找出家风中的核心文化，制订践行和传承的计划，并通过班级分享和网上发布两种方式做出公开承诺。

【环节八】调研乡风，了解我的家乡

要求学生利用暑期社会实践，调研家乡的乡风民俗，延伸班会效果。

（三）总结升华：再次阐明主题，号召践行理论（5分钟）

【环节九】深化主题，提升层次

再次阐明主题，深化传统文化与现代文明的关系，强调大学生的责任和使命。

十、过程设计

步骤	班会具体流程	备注
（一）班会导入	**【环节一】中国传统节日VS西方节日** 辅导员：再过几天就是端午节了，大家知道端午节的起源吗？端午节又有什么习俗呢？ 学生：…… 辅导员：端午节是中国古代伟大诗人、世界四大文化名人之一的屈原投汨罗江殉国的日子。据史料记载，公元前278年农历五月初五，楚国大夫、爱国诗人屈原听到秦军攻破楚国都城的消息后，悲愤交加，心如刀割，毅然写下绝笔作《怀沙》，抱石投入汨罗江，以身殉国。沿江百姓纷纷引舟竞渡前去打捞，沿水招魂，并将粽子投入江中，以免鱼虾蚕食他的身体。两千多年来，每年的农历五月初五就成了纪念屈原的传统节日。端午节有吃粽子、喝雄黄酒、赛龙舟、插艾草的习俗。	

续表

步骤	班会具体流程	备注
(一)班会导入	我们再来看看这些中国传统节日。大家是否知道这些节日的具体日期和习俗? (展示中国传统节日时间表) 上元节、中元节、下元节:上元节,即元宵节,农历正月十五;中元节,又称盂兰盆节,农历七月十五日,祭祀先人;下元节,又称水官节,十月十五日,祭祀祖先。这三节合称三元。 寒食节:寒食节亦称“禁烟节”“冷节”“百五节”,在夏历冬至后105日,清明节前一两日。当日禁烟火,只吃冷食。并在后世的发展中逐渐增加了祭扫、踏青、秋千、蹴鞠、斗鸡等风俗。寒食节前后绵延两千余年,曾被称为民间第一大祭日。后来因为寒食和清明离的较近,所以人们把寒食和清明合在一起只过清明节。 上巳节:俗称三月三,汉民族传统节日。该节日在汉代以前定为三月上旬的巳日,后来固定在夏历三月初三。传统的上巳节在农历三月的第一个巳日,也是春浴日,即在水边举行祭礼,洗濯去垢,消除不祥。 辅导员:我们再来看一组图片。这些是什么节日?你知道它们的具体日期及习俗吗? (展示圣诞节、情人节、万圣节、感恩节、复活节图片) 学生:…… **【环节二】古代英雄VS现代明星** 辅导员:我们再来看这一组图片,这些人都是谁? (展示历史人物图) 戚继光:明朝抗倭名将、民族英雄;王守仁:别号阳明,明代著名的思想家、文学家、哲学家和军事家,精通儒家、道家、佛家;梁红玉:南宋抗金女英雄,“巾帼不让须眉”说的就是她;丁汝昌:清朝海军北洋水师提督,在威海卫之战中,指挥北洋舰队抗击日军围攻,最后在弹尽粮绝,拒绝了日本元帅的劝降,服鸦片自尽。 辅导员:那这些又是谁? (展示当代明星图:吴亦凡、杨颖、范冰冰、周杰伦) 学生:…… [总结]通过刚才的问答,似乎可以看出大家了解了不少西方的节日,但对中国的传统节日似乎并没有多少了解,大家对现在的明星很熟悉,但没有几个同学认识古代的历史人物。传统节日、历史人物都是中国优秀传统文化的组成部分,可以看出大家对中国优秀传统文化的了解还是存在很大不足的。今天我们就来谈谈优秀传统文化。	通过中西对比、古今对比,引导学生进入主题,反思对传统文化的忽视

续表

步骤	班会具体流程	备注
(二)进入主题	**【环节三】古文经典，初识传统文化** 博学而笃志，切问而近思，仁在其中矣。——孔子 业精于勤，荒于嬉。——韩愈《进学解》 真者，精诚之至也，不精不诚，不能动人。——《庄子·渔夫》 志不强者智不达。——《墨子·修身》 锲而舍之，朽木不折；锲而不舍，金石可镂。——《荀子·劝学》 **【环节四】辩证分析，界定传统文化** 辅导员：这些都是优秀传统文化。 首先，什么是文化？根据辞海，文化广义指人类在社会历史发展过程中所创造的物质财富和精神财富的总和；狭义指精神生产能力和精神产品，包括一切社会意识形态：自然科学、技术科学、社会意识形态。 那什么是传统文化呢？我们姑且给传统文化做这样一个界定：传统文化是相对于现代文化而言的，指的是已经既定和完成的、过去的东西，现代文化指的是现在正在发生的文化。而传统总是某一个民族的传统，它是有特定主体的，今天我们讨论的是中华民族的传统。也就是说，当我们在说中国传统文化时，是相对于现代的、外国的文化而言的中国古代文化。 传统文化从价值上可分为精华和糟粕两个部分。糟粕就是那些过时的、落后的、淘汰了的部分，如与封建专制制度相联系的等级观念、特权思想等。精华就是那些经长期的历史证明是有生命力，有价值，对当代和未来都仍具有宝贵的启示、借鉴和指导意义的优秀传统文化，表现为适用于任何社会和时代的为人处世、待人接物的基本准则、方式和要求，如勤俭、孝亲、信义、忠诚等。我们这里说的就是我们民族的优秀传统文化。 了解历史和传统，才能更好地理解、评价和把握现在，也才能明确未来的目标。对传统文化的正确态度应该是在辩证分析的基础上，取其精华，去其糟粕，既不能因循守旧，抱残守缺，也不能全盘否定，数典忘祖。 **【环节五】举例分析，剖析功能作用** 辅导员：为什么优秀传统文化不能丢呢？优秀传统文化是一个很大很抽象的概念，可能同学们觉得很远。我们从小处开始分析，以大家身边的、大家都很熟悉的家风为例。我们每个人都有家庭，每位家长对孩子都有期待，有特别强调的要求，这其实就是家风。 [讨论]你家的家风是什么？ 学生发言，并观看视频"家风是什么"。	通过将传统文化与西方文化、现代文化比较，给传统文化做出界定。 通过对传统文化"好与坏"两个层面辩证分析，阐释优秀传统文化的内涵。 通过举例分析，由小及大，

续表

步骤	班会具体流程	备注
(二)进入主题	[总结]家风是“勤劳”,家风是“真诚”,家风是“孝敬”等。 对一个家庭而言,这是家风;对一个地域而言,这是民风。那么,我们再放大一点,讨论一下同学们家乡的方言和乡风民俗。 [讨论]大家觉得方言和乡风民俗有什么作用? 学生:…… [总结]方言和乡风民俗是一个地方的、一个区域的传统,而传统文化是一个民族的传统,它们只是适用范围不同,但功能和作用都是相同的。总的来说,方言和民俗具有地域识别、文化认同、情感归属、身份识别、凝聚人心等作用,而传统文化于中国人而言也有同等作用。 如果没有方言,大家都用普通话,固然有其好处,但也失去了回到家乡听到乡音时的亲切,失去了在异地巧遇同乡人的激动。同样,如果丢弃了优秀传统文化,只接受所谓的现代文明,就等于失去了中国人的身份和地域的识别标志,失去了中国人相互之间的归属感和认同感,外国人也无法识别中国人,而现代文明也失去了其成长发展的根基。 优秀传统文化是我们中华民族的先辈在过去的历史活动(生产、生活)中创造的文化成果。这些成果与现代文化和未来文化共同构成一个民族延绵不断的文化长河和历史发展的链条。优秀传统文化的存在及其对当今时代的影响都是客观的,不应回避和忽视。	讲解优秀传统文化的功能和作用。
	【环节六】理论支撑,深化文化内涵 国际上许多著名的思想家、理论家和有识之士面对西方社会由竞争和发展差距引发的深刻的社会矛盾和内外危机,都希望从中国的传统文化中寻找药方。比如美国的前国务卿基辛格称“中国是一个传奇的国家,她有着几千年延绵不断的文化,里面蕴藏着丰富的战略和治国之策。其他国家,包括美国,都宣称他们有着普世的价值和政治制度。但是在历史变迁的长河中,没有一个能坚持多久,包括被邻国认可。”“中国的语言文化和政体就是文明的象征,就连她的征服者都部分或全部采用以装饰自己的合法性”,“任何人要想理解中国20世纪的外交和21世纪的世界作用就必须先了解她的历史传承。”外国人尚且这样重视和珍视中国的传统文化,我们作为中国人当然更应该尊重和传承自己的优秀文化。 2014年9月24日,习近平总书记在纪念孔子诞辰2565周年国际学术研讨会暨国际儒学联合会第五届会员大会开幕会上发表重要讲话时指出,中国人民的理想和奋斗,中国	通过学习习近平总书记的讲话,深化传统文化的内涵,为主题提供理论支撑。

续表

步骤	班会具体流程	备注
（二）进入主题	人民的价值观和精神世界，是始终深深植根于中国优秀传统文化沃土之中的。他强调到，中国优秀传统思想文化体现着中华民族世世代代在生产、生活中形成和传承的世界观、人生观、价值观、审美观等，其中最核心的内容已经成为中华民族最基本的文化基因，是中华民族和中国人民在修齐治平、尊时守位、知常达变、开物成务、建功立业过程中逐渐形成的有别于其他民族的独特标识。 10月15日，习近平总书记主持召开文艺工作座谈会时说，文化是民族生存和发展的重要力量。人类社会每一次跃进，人类文明每一次升华，无不伴随着文化的历史性进步。中华民族有着5000多年的文明史，近代以前中国一直是世界强国之一。在几千年的历史流变中，中华民族从来不是一帆风顺的，遇到了无数艰难困苦，但我们都挺过来、走过来了，其中一个很重要的原因就是世世代代的中华儿女培育和发展了独具特色、博大精深的中华文化，为中华民族克服困难、生生不息提供了强大精神支撑。 这些都说明了我们应该坚持继承和发扬优秀传统文化。 **【环节七】传承家风，从身边做起** 既然优秀传统文化需要传承和弘扬，那如何做到呢？ ［活动一］传承家风 （1）你认为你的家风或乡风中最重要的内容以及使你受益最多、对你影响最大的文化价值观是什么？（比如勤劳、诚信、节俭、感恩、礼仪等） （2）请制订个人计划，说明自己未来将如何践行和传承这一价值观。 （3）请互相交流分享。 （4）请将你个人计划拍照并用新浪微博发表，在微博前加上主题词“优秀传统文化不能丢　我承诺”。 **【环节八】调研乡风，了解我的家乡** ［活动二］调研乡风 请利用暑期社会实践的机会，对自己家乡的乡风民俗进行进一步全面调研，完成调研报告。	通过活动，唤起学生对传统文化的兴趣，激发学生传承和弘扬优秀传统文化的内在动力。
（三）总结升华	**【环节九】深化主题，提升层次** ［总结］我们今天讨论的传统文化是由我们的祖先世世代代在长时间的历史活动中实践积累起来的经验教训和精神财富，为我们今天的文明发展奠定了坚实的基础，是我们走向更高文明不可缺少的阶梯，所以将优秀的传统文化传承、践行下去，是我们当代大学生的责任和使命。希望大家将我们今天讨论的内容践行到以后的生活中去。谢谢大家。	

十二、注意事项

(1)教室卫生:由生活委员和各寝室长负责;

(2)现场秩序:由纪律委员带头,全体班委共同协作;

(3)班会宣传:由宣传委员负责拍照及撰写宣传稿,并及时上传至学院新闻网站。

十三、总结

1. 过程反思

注意在班会的过程中观察学生的配合情况和思考反应,及时做出有针对性的点评,合理调控会场秩序等。

2. 会后观察

通过班级QQ群、微信、微博等网络平台,了解学生此次班会后的心理感受、所思所想,及时辅以评论以便深入引导。

3. 持续监测

收集学生的课后作业和暑期社会实践策划书,了解学生在乡风民俗调研活动中的情况。

4. 指导反馈

针对学生的调研报告和计划书进行指导,进一步深化班会的效果和影响。

5. 经验总结

对主题班会开展的全程进行总结和反思,形成文字材料,总结经验教训,以便今后不断改进,更好地以此形式对学生进行引导。

告别“低头族”

一、班会主题

告别“低头族”

二、班会地点

多媒体教室

三、班会时间

大一下学期3月中旬

四、班会对象

大一年级学生

五、主讲人

徐彪、莫霏

六、班会背景及目的

1. 班会背景

随着智能手机、平板电脑等移动产品的普及和网络的发展，日常生活的每一个缝隙，都有被数字产品“侵蚀”之势，比如在校园中，随处可见只顾低头玩手机而不听课、走路不看路的同学。诚然人们通过智能移动设备可以增强沟通，及时获取资讯，但不恰当地使用、过分依赖手机会带来安全与健康隐患，阻碍“面对面”沟通，使我们忽略身边人。

2. 班会目的

随着新媒体、新媒介的大力发展，网络成为人们日常生活不可缺少的一部分，并与时俱进、逐步渗透到每个角落。在这不可逆的新形势下，为引导学生正视网络新媒体的“副作用”，学会正确利用网络文明成果，增强安全风险意识，加强网络道德修养，告别“低头族”，成为“抬头族”，特组织此次新媒体形势下的告别“低头族”主题班会。

通过此次班会，力争达到以下几点：

(1)帮助学生认识“低头族”问题及其严重后果，促使学生正视自身行为，并启发学生分析原因，以对症下药，摒弃不良习惯。

(2)推动告别“低头族”活动的开展，督促学生以实际行动宣战不良行为，形成同学互补互助、相互监督、共同进步的良好氛围。

(3)引起学生对现实校园生活中人际交往的重视，促使他们意识到不仅在网络上如鱼得水，更要有良好的人际交往能力，促进同学之间的“面对面”交流，营造和谐友爱的班级环境。

(4)启发学生对新媒体使用方式的思考，培养正确利用网络工具的价值观。

(5)以告别“低头族”为契机，推动学生摒弃不良学习习惯、纠正行为作风，引导学生重视学习、尊重老师，树立良好学风、创造优秀校园文化。

七、班会准备

(1)完成“低头族”各方面素材的收集，如视频、漫画和文献等。

(2)组织学生建立调查小分队，提前完成问卷调查，指导学生分析结果、综合文献资料、形成结论等。

(3)完成班会PPT的制作和讲稿的撰写。

(4)提前申请班会教室，安排学生对教室做简单的装饰，并设计、完成主题板报。

(5)做好相关摄影摄像工作安排。

(6)通知参会人员具体的班会时间和地点。

八、预期效果

(1)认识低头的后果及危害；

(2)学会合理利用手机等电子产品；

(3)养成良好的行为习惯。

九、环节设置与时间分配

【环节一】导入

“低头族”,你知道吗?(10分钟)

本环节首先通过播放视频,展示大学生生活中的常见场景,如课堂上、食堂里、道路上等,来反映校园“低头族”现象,随后引入话题,介绍“低头族”一词的来历。

【环节二】分析

(1) 现象篇(10分钟)。

本环节中辅导员提出问题,学生回答,分享个人经历。

学生体验:主导全班同学课堂上低头玩手机,让同学代表站在讲台上以教师视角观察,并分享感受和体会。

(2) 成因篇(15分钟)。

本环节中先利用班会前完成的问卷调查,以及部分网络调查结果和文献资料,由学生进行结果展示和分析总结;再请学生分享自己低头的动因。

学生分享:什么时候不玩手机?什么样的课堂不玩手机?

(3) 危害篇(10分钟)。

本环节中先请学生说一下自己对“低头族”危害的认识,再利用视频、图片和文献资料,展示一些因低头而产生的严重后果,如突然致瘫、发生交通事故等。

学生思考:“低头族”现象导致的身体、心理等方面不同程度的伤害。

【环节三】行动

(1) 好方法用巧力(10分钟)。

本环节中先由辅导员介绍摆脱“低头族”的建议,然后由学生讨论发言。

(2) 心动不如行动(5分钟)。

本环节中辅导员做总结号召,全班同学签订合约书。

学生参与:分团小组开展课下活动,做宣传和践行告别“低头族”的宣传员、践行者。

十、过程设计

步骤	班会具体流程	备注
【环节一】导入	[引入语]世界上最遥远的距离不是生与死,而是我们在一起,你却在玩手机。在班会开始之前,我有一个小小的要求:请大家收起自己的手机,让我们尝试一下在本次班会过程中,不使用手机,好不好?下面我们来欣赏一段视频,进入今天的班会。 [评语]相信上面一段视频,大家都不会陌生。马路上、公交上、餐桌上、车站上很多人双眼紧盯手机屏幕,写微博、看新闻、看小说、发短信、玩游戏……随着手机功能越来越强大,"玩手机"成为越来越多年轻人消磨时间的方式,很多人是走到哪玩到哪,见缝插针,连吃饭、走路甚至开车也不放下手机。 [介绍"低头族"]澳大利亚的麦肯用一个全新的英文单词来形容他们——Phubbing。该单词由phone(手机)和snub(冷落)组合而成,形容那些只顾低头看手机而冷落面前的亲友的人们。在国内,这些人被称为"低头族"。如今在地铁、公交车里很多人都作"低头看屏幕"状,有的看手机,有的掏出平板电脑或笔记本电脑上网、玩游戏、看视频,每个人都想通过盯住屏幕的方式把零碎的时间填满。他们共同的特征是低着头,他们的视线和智能手机相互交感直至难分难解。	在班会之初,营造轻松氛围,以吸引学生注意力,同时引导大家注意到自身玩手机的行为,展开主题。
【环节二】分析	(1)现象篇。 [提出问题]网络上总结了"低头族"的特征,让我们来看看,同学中有没有"低头族"。(通过PPT,展示问题) [学生体验]主导全班同学课堂上低头玩手机,让同学代表站在讲台上以教师视角观察,并分享感受和体会。 (2)成因篇。 [评语]看来在我们中间有不少的"低头族"。下面,让我们来了解一下,是什么原因造成了低头之风盛行。 [结果展示]在班会之前,我们的团小组特别针对"低头族"现象的成因,在校园里进行了问卷调查,下面有请团支书同学为我们展示一下他们的结果和分析。 [引导语]好,听了这个调查结论,不知道大家有什么感想,我们请几位同学说一下。 [学生参与]请几位同学说一下他们对调查结果的感受,引导他们结合自身,总结一下自己的低头原因。 [学生分享]什么时候不玩手机?什么样的课堂不玩手机?	通过现场学生体验,引导学生思考,以人为镜,使学生联系到自己,正视自身问题。 通过学生组织问卷调查的方式,使结论更贴近大学生现状,容易引起学生共鸣;通过学生自述原因,引起学

续表

步骤	班会具体流程	备注
【环节二】分析	[引导语]通过大家的分享我们发现,不同的同学可能会因为不同的原因,加入这低头大军。那么,低着头对我们有什么影响?我们请几位同学谈谈他们是怎么看这个问题的。 [引导语]请几位同学说一下他们的了解。 (3)危害篇。 [引导语]作为大学生,对于“低头族”的危害,我们很关心它对学习的影响,下面,我们请几位同学说一下。 [学生思考]“低头族”现象导致的身体、心理等方面不同程度的伤害。 [引入视频]好,看来这几位同学对这个问题有一定的思考,下面,让我们通过视频来看一些生活中的真实事件。 [评语]除了上述事件,还发生过深圳女护士专注玩手机被大厦电梯夹断头部,十堰女学生走路时玩手机一脚踩空跌入深坑等安全事故。医学界也发现长期玩手机会导致眼部结膜血管充血,可能引起椎间盘退型性病变,还会引起失眠、听力下降、手指肌腱炎等健康问题,也会引起手机依赖症等心理问题。(PPT展示)	生对自身的反省。 通过展示现实案例,引起学生对“低头族”后果的重视,了解可能的危害,促使学生抵制“低头族”。
【环节三】行动	(1)好方法用巧力。 [引导语]通过刚刚我们看到的这些例子,同学们应该了解了“低头族”的危害。那么我们应当如何摆脱呢?老师先来给大家介绍几个小方法。 [建议一]抵制“低头族”,思想先行。要想有效摆脱手机的“奴役”,首先就是要端正思想。同学们要认识到,作为大学生,我们应当以学习知识,培养成才为重。认真努力学习知识,上课专心听讲,不仅仅是学习的第一要务,也是对授课老师,对知识的尊重。同时,我们也要认识到,存在即“合理”,我们刚刚也分析了低头盛行的原因,手机带来的便利和某些必要性,成了广大“低头族”的保护伞。我们必须正视这些优点,但更要学会正确地认识它。手机可以及时获得资讯,并不意味着上课的时候、走路的时候,是我们获取信息的时间;手机可以沟通你我,并不意味着课堂学习时间是用来聊天的,也不意味着可以漠视眼前的朋友。我们只有在思想上重视低头问题,不滥用网络文明成果,才能找到抵御“低头族”的动力。 [建议二]万事开头难,同学来帮忙。在诱惑面前,个人的力量可能微不足道,但是,我们是一个集体,我们可以一起行动。澳洲墨尔本大学生海艾利发起了著名的“别再当低头族”(Stop Phubbing campaign)运动,他们通过专题网站、公益视频、校园活动等,吸引了很多人关注“低头族”问题。而我	通过辅导员建议,让同学们注意到思想上要高度认识“低头族”问题和集体的力量,也引发思考,制订出更符合学生自身的策略。

续表

步骤	班会具体流程	备注
【环节三】行动	们同学也可以这样做，晚上自习，把一个宿舍的手机放在一起监督管理；出去吃饭，第一个抵制不了手机诱惑的买单……这样一些小行动，说不定可以让你的“抬头行动”得到意想不到的结果。 (2)心动不如行动。 [学生参与]当然，这两个小建议只是抛砖引玉，不知道大家有没有什么建议？下面请大家集思广益，让我们早日成为“抬头族”。 [引导语]好了，今天我们说了这么多“低头族”，心动不如行动，就让我们从现在起，放下手机，告别“低头族”。下面，在全班同学的见证下，请签下这份《告别“低头族”，我能行合约书》，希望大家能相互鼓励，相互监督，共同成功！ (PPT展示合约书内容，纸质文本由全班同学现场签名) [学生参与]分团小组开展课下活动，做宣传和践行告别“低头族”的宣传员、践行者。	引导学生开始行动，鼓励大家，使学生有改变的勇气。

十一、后期活动

班会之后，将根据学生建议，自发开展“告别‘低头族’，我能行”系列体验活动，体验上课、用餐、行走无手机；开展“告别‘低头族’，看我的”竞赛活动，自发形成互助小组，设定并公布个人目标，相互帮助，全班监督评比；在校园里发起告别“低头族”宣传活动，营造关注低头问题的氛围，促进全校师生共同努力，共建和谐校园环境。

十二、注意事项

1. 会场卫生问题

班会前后均由班委负责保障会场的干净整洁。

2. 会场技术支持

安排计算机水平好的班委负责会前设备调试，并做好备用安排。

3. 活动秩序问题

各个环节都要有组织、有秩序地进行，班委带头维持好纪律和秩序。

4. 活动宣传推广问题

由宣传委员负责宣传，重视在腾讯QQ、微博等新媒体平台上的宣传推广。

十三、总结

1. 现场掌控

在班会的进行过程中留心现场情况，主动根据学生的兴趣点和配合情况，及时有效地调整引导方式，进行场面控制。

2. 线上跟踪

在班会后，持续通过QQ群、微博、微信等新媒体工具了解学生的所思所想，及时主动与学生沟通，了解对此次班会的感想，引发深入思考。

3. 长期引导

通过合理规划和开展后续活动等，对学生上课情况进行持续观察，落实班会思想，保持良好氛围，主抓突出个体，确保拒绝低头行动深入人心、落到实处。

4. 经验总结

组织总结反思本次主题班会的全过程，结合辅导员和学生等各方面感受，形成书面材料，以便今后教育工作的开展。

附件：

学生手机使用现状的调查问卷

亲爱的同学：

您好！本问卷是关于学生手机使用现状的调查研究。该研究将对"低头族"问题提供一些建议。所有回答都将被严格保密。

您的回答对我们的研究非常重要，请您尽可能准确地、按照要求回答所有问题。

真诚地感谢您的合作！

您的背景资料：

1. 年级：大一（　　）　大二（　　）　大三（　　）　大四（　　）

2. 性别：男（　　）　女（　　）

请您选择最能准确反映您观点的答案。

1. 您认为自己是"低头族"的一员吗？

A. 是　　　　　　　　B. 不是

2. 您平均每天玩手机的总时间大致为

A. 少于1小时　B. 1～2小时　C. 3～5小时

D. 5～7小时　E. 7小时以上

3. 您上课会玩手机吗？

A. 根本不玩　B. 很少玩　C. 偶尔玩

D. 经常玩　E. 必玩

4. 您上课玩手机的时间占多大比例？

A. 小于20%　B. 20%～40%　C. 40%～60%

D. 60%～80%　E. 80%以上

5. 您上课玩手机的原因是(可多选、可补充)

A. 习惯性　B. 上课无聊,老师讲的没意思

C. 偶尔放松,玩一下　D. 有事处理

E. 其他

6. 上课玩手机、平板等是否已成为您的一种习惯？

A. 不是的,觉得无所谓

B. 是的,但是不能玩就不玩,我应该会听课

C. 是的,没有它,我难以忍受

7. 您上课玩手机最常干什么？(可多选、可补充)

A. 有目标地聊天

B. 无目的地浏览社交软件和网站(如微信、人人、微博等)

C. 玩游戏　D. 戴耳机听音乐

E. 浏览新闻　F. 看电子书

G. 看视频　H. 查阅资料

I. 不使用　J. 其他

8. 您觉得上课玩手机对学习的影响大吗？

A. 没影响,反正不玩手机也听不懂　B. 有一点影响

C. 影响很大　D. 不清楚

9. 您觉得上课玩手机对学习成绩的影响大吗？

A. 没影响,反正不玩手机也听不懂　B. 有一点影响

C. 影响很大　D. 不清楚

10. 您走路时或在其他出行途中会玩手机吗？

A. 根本不玩　　B. 很少玩　　C. 经常玩　　D. 必玩

11. 在上题情况下，您一般使用手机做什么？

12. 如果本校制定禁止上课使用手机的政策，您会支持吗？

A. 支持　　B. 不支持　　C. 无所谓

"证途"漫漫，能力为先

——大学生考级、考证规划主题班会

一、班会主题

"证途"漫漫，能力为先——大学生考级、考证规划主题班会

二、班会地点

多媒体教室

三、班会时间

大二下学期

四、班会对象

大二年级学生

五、主讲人

许晓峰

六、班会背景及目的

1. 班会背景

数十载寒窗苦读，数十载披荆斩棘，承载着太多的梦想与追求，我们走进了大学这个神圣而又庄严的殿堂。这里是人生的一篇唯美乐章，记录着我们的成长旅途。在这个学习的殿堂，我们学习文化知识，为以后的求职与走入社会打下扎实的基础。为提升自身核心竞争力，在大学中，同学们忙于专业课程学习的同时，也不断地参加各类考级、考证考试，希望借此提高自身的求职竞争力。通过考试获取相关证书，既是同学们能力

的体现，也是应聘相应职位的需求。但是同学们在积极参加各类考试的同时，却出现认知不高和目的性不明确的特点，部分同学对于相关的考级、考证考试漠不关心，甚至对于学校组织的常规的考级、考证考试的流程与用途都不了解，不愿参加或放弃参加各类相关考试。而更多的同学则呈现出随大流，盲目地参加各类考级、考证考试的现象，在漫漫的“证途”中迷失了方向，失去了宝贵的时间，也影响了自身专业课学习。为了更好地引导同学们合理规划考级、考证考试，有针对性地制订相关考试计划，我们应加强对于考级、考证考试的教育引导，将考级、考证纳入第二课堂的教育范畴。

2. 班会目的

通过此次班会，我们力争实现以下几点目标：

(1)使同学们认识到大学中考级、考证考试的重要性，并能通过主题班会学会合理制订考级、考证计划。

(2)引导同学们辨别各类考级、考证，不轻信外界宣传，不盲目参加考试，做到有的放矢。

(3)解读考级、考证中遇到的各类难题，帮助同学们树立考试自信。

七、方法与手段

(1)现身说法法：结合本人在校期间考级、考证的经历，引导同学们产生共鸣。

(2)图片展示法：在班会PPT中使用权威部门的数据图片，进行班会导入，让同学们产生更直观的视觉效果。

(3)音频视频法：在班会中插入相应视频，强化班会的教育引导。

(4)发言讨论法：组织开展班会的班级讨论，强化同学们的自我教育。

八、班会准备

(1)通过发放调查问卷或与同学沟通，了解同学们对于考级、考证的认识。

(2)制作主题班会课件与考级、考证知识手册。

(3)提前申请班会教室并对教室做简单的装饰，设计主题板报。

(4)班委在班会前联系落实好相关参会人员，提前通知出席班会时间、地点。

(5)班委联系好班会拍照及视频录制人员。

(6)设立班会主题微博与微信讨论群公众账号,注重班会过程中的新媒体使用。

九、预期效果

(1)树立了良好的考级、考证意识,认识到所存在的考级、考证认知误区,能有针对性地解决此类问题,对考试、考证有合理的认知与规划。

(2)能合理制订考级、考证考试规划,注重从能力提高的角度选择相应考试。

(3)树立了考试信心,了解了考试方法与相关注意事项。

十、环节设置与时间安排

【环节一】班会导入:通过介绍在校考级、考证考试引出主题(4分钟)

通过播放校园内常见的各类证书图片,询问同学们的考试情况,引出本次班会的主要内容:大学生考级、考证。期间询问同学们是否参加过相应考试,并取得了这些证书,为什么要参加这些考试,引发同学们思考,进而引入本次班会主题:"证途"漫漫,能力为先。

【环节二】互动活动:通过与同学互动,发现同学在考级、考证规划过程中存在的误区(10分钟)

简单介绍校园内同学们所熟知的各类考级、考证考试,然后开展互动环节,即通过PPT展示出校园内外的各类考级、考证考试,让同学们根据自己的想法进行选择和罗列(限时两分钟),然后选取同学在全班同学面前陈述自己的考试规划,重点阐述选择的理由。

【环节三】讨论分析:讨论大学生考级、考证的不合理现象(6分钟)

结合前一环节同学的发言,引导全班同学讨论,探讨发言同学的考试安排是否合理,得出同学们自己的看法。对同学们的观点和看法,辅导员进行记录但不做评判。

【环节四】教育引导:展示国家取消部分职业资格证书图片和相关教育视频,论证同学们的不正确观点(15分钟)

展示国家关于取消相关职业资格考试的通知图片,推翻一些同学日常所认为的“一考定终生”错误观念。随后播放名为“大学生之人在证途”视频，引发同学们的反思，结合在班会前段同学们提出的考试规划，引导同学们自发找出考试过程中所存在的认知误区，包括：证书多多益善、证书越热门越好、考证比专业学习更重要、证书即意味能力等看法，并由辅导员针对这几类考试常见错误认知一一进行论证，让同学们认识到合理考级、考证规划的重要性。

【环节五】如何规划：针对如何合理规划考证，给同学们提出建议（15分钟）

辅导员通过权威的调查数据指出，大学生考级、考证的目的是为了提高就业的竞争力，虽然证书能有所帮助，但是现在更多的企业进行人才招聘时，更看重同学们的能力，所以同学们应积极开展专业课学习，把握在校园的学习机会，提高自身的专业技能与相应能力。与此同时，在选择相应考试时，应结合自身职业发展规划，合理地进行考试规划。辅导员给出大学期间考试规划的有关建议，同时要求同学们，在考级、考证时，要多方听取意见，不能盲目轻信宣传，树立“依托专业，详细规划，能力为先，宁缺毋滥”的考证理念。

（期间可结合同学们身边的案例进行讲解，如2011级软件工程专业崔松等同学，通过专业技能学习，提高专业能力，从而获取心仪工作的视频。并邀请2~3位本专业高年级学长、学姐和同学们分享考证、考级经验。）

【环节六】互动提问：现场解答同学们的疑问（10分钟）

通过微博和微信平台，关注同学们的提问，并进行归类，予以解答，着重加强对于同学们考试的正面引导，帮助同学们做到有针对性、有目的地开展考试，并树立通过考试提高专业能力，用专业学习辅助考级、考试的理念，不要因不合理考试安排而荒废专业课程学习。

【环节七】班会总结：辅导员做班会总结（5分钟）

鼓励同学们通过新媒体，用合理的方式，传播正确规划考级、考证的相关知识，帮助更多的同学做好考级、考证规划。

十一、过程设计

步骤	班会具体流程		备注
	辅导员活动	学生活动	
【环节一】班会导入	[开头]欢迎参加每月一次的主题班会。 [PPT展示]校园内常见的各类证书,提问同学们是否参加过相应考试,并取得了这些证书?为什么要参加这些考试? [引导]同学们都说参加过,都认为证书很重要,对求职有帮助等。 [过渡]这也正是我们这次班会的主题。	[思考]考级、考证考试是否重要?为什么这么认为? [活动]主动起立回答问题,告知自己的真实感受想法。	从同学们在大学内广泛参加的校园考级、考证考试着手,引入本次班会主题。
【环节二】互动活动	[PPT展示]校园内外各类考级、考证考试的图片与名称,重点展示校园内同学们经常参加的各类考试。 [引导]看完展示,让同学们选择自己毕业前准备通过的相关考级、考证考试(不限数量)。 [过渡]让同学们阐述自己进行选择的理由。	[观看]认真观看PPT的展示页。 [思考]结合展示页的内容,根据自己的想法,进行思考和选择,初步构思自己的大学考试规划。	通过同学们的考级、考证选择与规划,发现班级同学在考级、考证过程中存在的问题。
【环节三】讨论分析	[板书展示]将同学们所展示的考级、考证计划在黑板上进行简单的展示,并依据同学们的回答展开。 [提问]在场的所有同学对于这些同学所做的选择的意见(包括正反两个方面)。 [记录]记录同学的意见,着重记录反面意见。	[思考]结合板书内容认真思考,并对提问的问题做出回答。 [讨论]遵循辅导员的指导开展小组讨论。	让同学们以小组为单位,讨论互动环节的同学的选择,并提出不同意见,由此引导同学们自发探索自身考级、考证规划过程中所存在的问题,打好班会后半段基调。
【环节四】教育引导	[过渡]播放国家取消的职业资格证书图片。 [引导]解读展示的国家取消的职业资格证书图片,说明取消原因,帮助同学们认识到,外界所传言的"一考定终生"的错误。	[观看]认真观看视频。 [思考]视频中所提及的问题是否发生在自己身上。 [活动]让同学	结合班会前半段的内容,通过引发同学们的讨论,让同学们自发找寻在考级、考证考试规

续表

步骤	班会具体流程		备注
	辅导员活动	学生活动	
【环节四】教育引导	[PPT展示]播放视频:“大学生之人在证途” [提问]大家看完这组视频后又有何感想呢? [引导]结合同学们前一环节的小组回答,指出大学生考级、考证存在的误区,即证书多多益善、证书越热门越好、考证比专业学习更重要、证书即意味能力等看法。 [PPT展示]出现这些错误想法的原因在哪? [总结]国家职业考试中心和相关部门数据表明,大学生盲目考级、考证的原因是,对结业缺乏信心,对考试缺失规划,没有自我主张,盲目跟随大流。 [过渡]提出问题:面对种类繁多的各类考试,我们应该如何选择?	们自发回答视频中的错误是否发生在本人或者身边的同学身上。 [讨论]为什么会产生不合理的考试现象,以及自己应该如何应对名目众多的各类考试。	划中所存在的错误认知,并帮助同学们认识到合理进行相关考试规划的重要性。
【环节五】如何规划	[PPT展示]依次展示“依托专业”“详细规划”“能力先行”“宁缺毋滥”的相关图片。 [引导]辅导员发挥引导作用,针对每幅图片进行解释。期间要简单介绍职业规划的相关知识,提出大学期间考试规划的相关建议。提倡同学们依托重点、依托专业发展和职业生涯规划,进行大学考级、考证规划,并邀请本专业学长、学姐与同学们交流经验。 [重点]通过相关数据和案例,展示同学们的求职就业更多应依靠专业能力,而不是资格证书。	[观看]认真观看展示图片,并能做出相应思考。 [反馈]在思考的同时,强化自己的合理考级、考证意识,期间也记录下自己所关注的问题。	通过会前准备内容帮助同学们树立良好的考级、考证观念。通过专业学习,提高专业技能和个人能力,提升就业竞争力,摆脱“证途”困扰。
【环节六】互动提问	[PPT展示]对于同学们考级、考证提出几点建议:多方询问,不随大流;考虑成本,慎重抉择;长线“战役”,务必三思;合理安排,规划时间;一经决定,决不放弃;擦亮双眼,不被欺骗。	[观看]PPT中的各项建议。 [思考]认真记录相关建议,做到通过班会受教育。	提出建议,帮助同学们树立考试的信心,做好合理的规划,并回答同学们的问题,进一

续表

步骤	班会具体流程		备注
	辅导员活动	学生活动	
【环节六】互动提问	[解答]回答微信、微博平台以及现场同学们提出的问题。		步解决同学们的疑问。
【环节七】班会总结	【总结】鼓励同学们通过新媒体,用合理的方式,传播正确规划考级、考证的相关知识,帮助更多的同学做好考试规划,并布置本次班会的作业,即我的大学考级、考证规划。建议同学们通过展示,增强本次班会的校园影响,进而帮助更多的同学。		

十二、注意事项

(1)各班委事先认真完成好自己的任务(包括辅导员的协助工作、教室的预定以及会场布置),务必确保班会正常开展。

(2)严格控制班会时间,维持好班级秩序。班委要起带头作用,积极发言,注意调动现场气氛。

(3)在班会的开展过程中,要时刻关注微博平台,就同学们关注的内容对班会做适当调整。

(4)要提前搜集好与本专业相关的资格证书相关内容,以备解答同学们的咨询。针对同学们突发提及的证书种类,要寻求专业课教师的帮助,不能随意回答。建议设立现场连线求助环节。

十三、总结

本次考级、考证主题班会是针对在校学生忽略在校学习和求职规划,盲目进行考级、考证而开展的。目前本人所带的班级中,也出现了学生盲目追求职业从业资格证的现象。为此,班会的开展应贴近学生的在校学习和求职规划，同时要发挥学生的主观能动性，强化其在学习方面的自我管理。

在班会的开展过程中，主要依据图片和现实班级情况进行导入。引导学生思考，让学生结合自身的规划进行反思。期间，也将让高年级同学现身说法，进行朋辈教育。但是，如何选取优秀的高年级同学，如何进行朋辈引导，也需要提前关注，并应完全依托专业来进行的。建议在班会的过程中，邀请年轻的骨干教师，结合专业的学习，有效地进行指导。

班会的开展过程中，也应该注意导入的时机和思路，要根据学生的互动和回答，及时修正班会的开展方法与路径，确保班会的开展效果。

传承勤俭美德，争做节约达人

一、班会主题

传承勤俭美德,争做节约达人

二、班会地点

多媒体教室

三、班会时间

大二上学期

四、班会对象

大二年级学生

五、主讲人

汪光麒

六、班会背景及目的

1. 班会背景

2013年1月22日,习近平总书记在十八届中央纪委第二次全体会议上发表重要讲话。他强调,要大力弘扬中华民族勤俭节约的优秀传统,大力宣传节约光荣、浪费可耻的思想观念,努力使厉行节约、反对浪费在全社会蔚然成风。然而大学校园浪费现象严重,一个食堂一年倒掉的饭菜价值上百万的事实,让人触目惊心。更让人忧心忡忡的是,面对浪费的事实,许多大学生不是“自感惭愧”,而是不以为然。所以,比浪费更可怕的是漠然。花自己的钱不能浪费,生活水平提高了也不能浪费,这是基本的生活常识。“我国是农业大国，这点儿粮食算什么”，这样的言辞让人吃惊。因为我国的粮食没有多到可以浪费的地步，而且即便粮食丰足也不能成为浪费的理由。类似言论的出笼，暴露出某些学子认知上的浅陋和生活常识的缺乏。

2. 班会目的

首先，揭露大学生消费行为中的误区，指出大学生日常生活中的浪费现象；其次，分析出大学生消费误区的原因，找出大学生对勤俭节约忽视的原因；最后，引导大学生树立正确的消费观，倡导理性消费、适度消费，倡导大学生抵制享乐主义、拜金主义、奢侈浪费等不良社会风气，让大学生养成良好的节俭习惯，落实到平时的生活中。

七、班会准备

1. 环境准备

布置黑板，摆放座位，渲染环境，营造轻松舒适的外部氛围。

2. 人员准备

班会主持人即辅导员，班会参加人员即大二年级学生（提前做好回答问题学生的预案工作）。

3. 资料和道具准备

搜集相关图片、新闻、案例，组织开展活动。

4. 多媒体准备

制作PPT，准备好多媒体教室，安排专人拍摄视频。

5. 学生准备

班会开始前根据学生的状态适时进行小游戏，提升学生的班会参与积极性；在班会过程中择机提问，引导学生主动思考。

6. 问题准备

对可能存在的问题做好预案，例如问题讨论中产生的各种可能答案、同学之间答案争端的处理、班会现场气氛的活跃等。

八、环节设置与时间分配

（一）班会导入：分享班会内容，引发思考共鸣（5分钟）

【环节一】引发思考：浪费与勤俭的不和谐

选取一些铺张浪费的照片和一些勤俭节约的照片，以PPT组图的形式生动形象地展示铺张浪费的现象和勤俭节约的存在，用触目惊心的照片，给同学们带来震撼，引发同学们的思考。

【环节二】发起讨论：大学生怎样对待浪费现象

贴合生活，接近自身，选取校园内浪费粮食、浪费电、浪费水等典型照片，引出问题，发起讨论，引导学生自主思考，进入班会主题。

（二）进入主题：传承勤俭美德，争做节约达人（30分钟）

【环节三】勤俭美德：古往和今来，勤俭与节约

勤俭节约是中华民族的传统美德和世代相传的宝贵财富，也是百折不挠、生生不息的力量之源。穷当克俭，是美德；富而思俭，是更高层次的美德，这种传统美德不能丢、不能废。

【环节四】问题严重：巨大的数字，背后的危害

用数字说话，用事实说明问题。一组组惊心动魄的数字，一个个与我们息息相关的数字，让同学深刻感受到自身的浪费，从而检讨自己，发现问题的危害性。

【环节五】聚焦问题：水、电、粮的资源短缺

小在师大，大到国家，铺张浪费的现象都有存在。水、电、粮是我们生活中不可缺少的一部分。通过播放全国浪费粮食调查的网络视频，让同学们感受到迫在眉睫的浪费问题，产生深刻感触。

【环节六】剖析原因：为什么存在这么严重的铺张浪费

关于浪费的原因一般就是从小没有培养一种爱惜资源的意识，所以也没有养成一种好习惯。从众心理和攀比心理，还有社会环境的影响，以及家庭环境的培养等因素也是导致浪费的重要原因。分析同学们的讨论结果，辅导员加以总结。

【环节七】收集想法：如何杜绝铺张浪费，传承勤俭节约美德

互动以提问形式展开，首先让同学们回想自己在生活中的浪费经历，轮流发言，提出节约的一些小方法与大家分享，然后列举生活中一系列普遍的浪费现象，让同学们自己对号入座，看自己是否也曾在不经意间成了浪费群体中的一员。

（三）总结升华：付诸实际行动，感染周围群众（5分钟）

【环节八】发起倡议：个人争做节约达人

向同学们发起大学生勤俭节约倡议书，鼓励同学们争做节约达人。

【环节九】开展活动：班级组织“感受6块3”体验活动。

每个人都可以运用上个环节的勤俭节约妙招，做勤俭节约达人，带领班级组织活动，感受勤俭节约美德。通过办活动的形式，让同学们身临其境，使整个班级的同学对于这个班会有更深的感受。

【环节十】媒体推广：微博、微信等网络新媒体宣传

同学们自发举牌子写上节俭小妙招，拍照发布微博、微信等网络新媒体，号召大家转发和更新小妙招。让更多的人继承勤俭节约文化，争做节约达人。运用新媒体的方式感染到更多人，让大家对于勤俭节约有更深的认识。

九、过程设计

步骤	班会具体流程	备注
（一）班会导入	**【环节一】引发思考：浪费与勤俭的不和谐** 辅导员用PPT给同学们展示了一组组图片，让同学们仔细体味。 每一个同学说了说自己的看法和感悟（略）。 辅导员：说了那么多收获，有没有让大家感到“不和谐”的呢？ 每一个同学都谈了自己的看法（略）。 辅导员：其实对于我们来说，生活中处处有铺张浪费的现象和勤俭节约的存在，那我们应该怎么做呢？ **【环节二】发起讨论：大学生怎样对待浪费现象** 辅导员：当看到以上这些图片时，你的第一感觉是什么？结合自身情况，你又有什么感想？ 学生现场作答，给出自己的看法（略）。	通过对比图片，让学生看到浪费和节俭的不和谐，引发对于生活中浪费现象的深刻思考。

续表

步骤	班会具体流程	备注
(一)班会导入	辅导员:我们再来看一看这几张校园里的图片,你们是不是有似曾相识的感觉? (1)关于浪费电、节约电的图片。 (2)关于浪费粮食、节约粮食的图片。 (3)关于浪费水、节约水的图片。 学生现场作答,给出自己的看法(略)。 辅导员:这些图片,有全球性的,有国家的,有自己身边的,对于这种浪费现象和节约现象,你们又会有什么样的想法呢?结合自身情况你们又能发现什么问题呢?你们又需要从哪些方面去做呢?带着这些看似简单又不简单的问题,进入我们今天的主题班会:传承勤俭美德,争做节约达人。 [注意事项]根据学生的反应情况进行及时总结:适时使用调侃的方式,调动学生参与班会的积极性,拉近师生距离。	通过分享学生身边的情况,让学生了解勤俭与浪费,并引起讨论。
(二)进入主题	**【环节三】勤俭文化:古往和今来,勤俭与节约** 辅导员:咱们在座的同学谁能分享一下自己了解到的勤俭节约的故事? 学生回答(略)。 辅导员:下面我来介绍一下这张图片。这是一张毛主席在延安时穿着补丁衣服的老照片。大家看过这张照片后,有没有什么想法呀? 学生回答(略)。 辅导员:节俭,是中国五千年传统文化的精华,是需要我们继承和弘扬的。历览中国传统文化,节俭文化始终被古人所称颂,所推崇。我们可以学习一下古时候的谚语来提升自己。 明末清初的大教育家朱柏庐在《治家格言》中指出,“一粥一饭,当思来之不易;半丝半缕,恒念物力维艰”,教育人们勤俭治家,不能轻易浪费。 关于节俭这个传统文化,古人已用事实证明了其重要性,也传授了我们节俭的方法,它已不容置疑地成为中国几千年来的优秀传统,至今仍有重要的现实意义。现在,科技发达了,经济进步了,人们的生活水平也提高了,但奢侈浪费现象却严重了,作为“天之骄子”的大学生,不但没有把勤俭节约这个优良传统发扬光大,生活中铺张浪费现象却颇为严重。 **【环节四】问题严重:巨大的数字,背后的危害** 辅导员联系学校的后勤部门,进行问卷调查,了解到这	通过分享图片,介绍谚语,引起同学们思考。

续表

步骤	班会具体流程	备注
(二)进入主题	一组组数字，一个个与我们息息相关的数字，都是从我们身边产生的，这背后的危害该有多大！ 学生思考。 **【环节五】聚焦问题：水、电、粮的资源短缺** 辅导员：小在师大，大到国家，铺张浪费的现象都有存在。水、电、粮都是我们生活中不可缺少的一部分，你们有没有了解到身边资源短缺的现象呀？ 学生回答(略)。 辅导员：下面再带领你们看一段视频，来了解我国资源浪费的情况(略)。 学生观看视频。 视频中告诉我们，我国餐饮业一年浪费的粮食可以养活两亿人，想象一下两亿人需要的粮食是一个多么庞大的概念。我们对于这种浪费就应该从自身做起，在外就餐时做到勤俭节约，吃多少点多少，不要存在攀比心理和虚荣心理。 **【环节六】剖析原因：为什么存在这么严重的铺张浪费** 辅导员：同学们，请问到底什么原因造成了这么严重的铺张浪费？ 学生回答(略)。 辅导员：综合同学们的观点，咱们一起总结一下。 为什么存在勤俭节约，有以下几点： (1)国家情况依旧严峻：我国粮食产量虽然持续增加，但是粮食进口也在持续增加。据统计，整个中国粮食自给率已下降，我国粮食增产赶不上需求的发展。水、电情况也类似。 (2)勤俭节约是每一个人的责任：提倡勤俭节约，不是纯粹的理念，而应当是我们的自觉行为。俭以养德，节源戒奢。我们每个人节约一滴水、一度电、一粒米、一分钱、一张纸，行为虽小，却意义重大。 为什么存在铺张浪费的现象，也有以下几点： (1)家庭教育的误区：想方设法满足孩子的物质需求，总是不舍得苛刻孩子、委屈孩子，养成了孩子不知珍惜物质的坏习惯。 (2)学校教育的缺失：从幼儿园教育到高中教育阶段，因高考指挥棒的导向作用，大多只顾教书，不管育人，一味地强调分数和成绩，而忽视对学生品德素质的教育和培养。 (3)成长过程的效仿：社会上形成了一股铺张浪费之风，对大学生产生了负面影响。	问卷调查和后期部门提供的数据可以更好地反映学生现状，更能引起学生的共鸣。明晰现象背后的原因。

续表

步骤	班会具体流程	备注
(二)进入主题	(4)高校对大学生的节约意识培养：开展教育时，仅停留在表面的说教上，工作不深入、不细致，方法不多，思路不明确，收效甚微。另外，学生群体经常聚餐、长流水、长明灯等浪费现象也客观上影响了教育的效果。 **【环节七】收集想法：如何杜绝铺张浪费，传承勤俭节约美德** 辅导员：同学们，可大胆地说说自己身边的铺展浪费，或者自身存在的铺展浪费情况。 学生回答(略)。 辅导员：那大家对于勤俭节约和理性消费有没有什么好的想法呀？ 学生回答(略)。 辅导员：下面就带着大家看一下，我从网上收集来的一些勤俭节约的小妙招和理性消费的好习惯吧。 (1)用完水，把水龙头拧紧，不要让水龙头一直淌水。 (2)用盆子接水洗手，洗完手的水可以用来洗衣服或者拖地，重复利用。 (3)水开了就不要再烧了，水会变成水蒸气大量蒸发。开水冷了可以拿去洗衣服，不要直接倒掉。 (4)把水果放进盆子里面洗，不要直接放自来水龙头下淋。 (5)调低显示器的亮度，节电又护眼。 (6)家用电器不要让它长时间处于待机状态，一来浪费电，二来会减短家用电器使用寿命。包括电视机、电脑、音响等。 (7)离开教室、宿舍的时候随手关灯、关空调。 (8)节能考虑下，空调使用最合适温度为26℃，室内温度达到26℃时，压缩机就停止工作，耗电量减少。 (9)买东西的唯一原则是：必须实用。 (10)实体店买任何东西都要问价钱。 (11)坚持预算后再消费。 (12)厉行节约，按需点菜，剩菜打包，避免浪费。 (13)垃圾分类：可回收垃圾、厨余垃圾、有害垃圾、其他垃圾。	这个环节非常重要和及时，让学生自己在活动中体会问题的实质，发现原因，反省自己，这比单项的知识传输更具有效果。教师要在学生相对零散的感性认识基础上提炼出理性知识，便于学生深化认识，落实行动。
(三)总结升华	**【环节八】发起倡议：个人争做节约达人** 辅导员：经过这次班会，我向同学们发起大学生勤俭节约倡议书。	

续表

步骤	班会具体流程	备注
(三)总结升华	倡议书 亲爱的同学们: 为贯彻教育部提出的“节水、节电、节粮”的号召,提升我院大学生的思想道德素质和文明修养,现向我院学生提出“三节”的倡议。 节约每一滴水。培养起节约用水意识,以节约用水为荣,以浪费水源为耻。切忌过量用水,杜绝长流水现象,勇于制止浪费水的行为。 节约每一度电。尽量不使用与学习生活无关的电器;不用电器时,关闭电源,以免待机耗电;离开教室、寝室自觉关灯等。 节约每一粒米。一粥一饭当思来之不易,半丝半缕恒念物力维艰。以“光盘”为荣,以“剩饭”为耻,对浪费行为积极劝阻。 我们是祖国的未来,更是肩负责任、勇于担当的使者。我们要从小事做起,从现在做起,关注点滴水、节省一度电、节约每粒粮,刻苦学习、勇于实践,为早日实现中华民族伟大复兴而努力奋斗! **【环节九】开展活动:班级组织“感受6块3”体验活动** 辅导员:下面我向大家介绍一个活动。 联合国世界粮食计划署和中国扶贫基金会共同发起“感受6块3”活动,号召民众体验用6.3元人民币过一天,增进对贫困的感受。之所以是“6块3”,源于中国最新扶贫标准的农民人均纯收入2300元除以365所得的结果。 联合国号召189个会员国家签署了《联合国千年宣言》,积极采取行动,推进本国、本地区的减贫工作。2013年,中国扶贫基金会与联合国世界粮食计划署、腾讯网及《光明日报》社、中央人民广播电台、《南方都市报》社、《京华时报》社、中国周刊、《中国财富》杂志社、《公益时报》社、《今日中国》杂志社等多家单位共同发起实施“感受6块3——2013国际消除贫困日主题活动”。 所以,在班会结束后,班委组织开展一次这样的活动。 **【环节十】媒体推广:微博、微信等网络新媒体宣传** 辅导员:为了让更多的人传承勤俭文化,争做节约达人,我号召同学们自发举牌子写上节俭小妙招,拍照发布微博、微信等网络新媒体,并号召大家转发和更新小妙招。号召更多人做到勤俭节约可以避免不必要的浪费,可以节省我国资源,然后对于缺少资源的地区给予帮助。 今天的班会到此结束,让我们下次再见。	

十、注意事项

(1)“感受6块3”体验活动要宣传到每位同学,让同学们都真正参与其中,互相监督。

(2)班委提前收集好“感受6块3”活动素材,均拍成照片放入多媒体设备。

(3)协助策划小组成员提前到会场布置,调试好电子设备,准备好材料等。

(4)要求参会人员自觉遵守会场秩序,保持会场整洁。

(5)注意调动班会现场的氛围。

(6)对思想观点不一致的学生作积极的引导。

(7)班会结束后,由班委负责教室卫生,将教室恢复原貌。

十一、总结

本次班会通过了解当前大二年级学生日常生活中的浪费现象，分析学生的浪费心理，引导学生树立正确的校园勤俭节约观念，鼓励学生在满足自身需要的同时，追求物质节约和精神文明的均衡发展。营造厉行勤俭节约，反对铺张浪费的风气，发扬艰苦奋斗的精神。同时，也能够为建设师大校园勤俭节约的风气和构建和谐校园提供参考依据。

附件一：

“感受6块3”体验活动

1. 活动背景

联合国世界粮食计划署和中国扶贫基金会共同发起“感受6块3”活动，号召民众体验用6.3元人民币过一天，增进对贫困的感受。

之所以是“6块3”，源于中国最新扶贫标准的农民人均纯收入2300元除以365所得的结果。

联合国号召189个会员国家签署了《联合国千年宣言》，积极采取行动，推进本国、本地区的减贫工作。2013年，中国扶贫基金会与联合国世界粮食计划署、腾讯网及《光明日报》社、中央人民广播电台、《南方都市报》社、《京华时报》社、中国周刊、《中国财富》杂志社、

《公益时报》社、《今日中国》杂志社等多家单位共同发起实施“感受6块3——2013国际消除贫困日主题活动”。

2. 活动目的

让班级同学参与到活动中，了解贫困地区的生活现状，使大家体会到社会中那么多贫困人民生活的不易。通过自身感受加强对浪费行为的认识，从而引起对主题班会的共鸣。

3. 活动开展

在主题班会召开的当天，让班级所有的同学只花费6.3元人民币度过一天，并用图片或文字记录下自己的生活花费。

附件二：

1. 水的浪费

一滴水，微不足道。但是不停地滴起来，数量就很可观了。据测定，“滴水”在一个小时里可以集水3.6公斤，一个月里可集水2.6吨。这些水，足可以供给一个人的生活所需。可见，一点一滴的浪费都是不应该有的。至于连续成线的小水流，每小时可集水17公斤，每月可集水12吨；哗哗响的“大流水”，每小时可集水670公斤，每月可集水482吨。

2. 粮食的浪费

中国人每年在餐桌上浪费的粮食价值高达2000亿元，被倒掉的食物相当于两亿多人一年的口粮。据有关部门估计，全国每年浪费的粮食，足够五千万人吃一年，多么惊人的浪费啊！所以，以中国有全世界1/5人口来计算，全世界每年浪费的粮食足够两亿以上的人吃一年。

3. 校园书籍的浪费

据相关调查报告显示，我国高校在校生约有2300万，如果按每个学生一年平均使用16册课本计算，每年就要用课本3.68亿册以上。有关专家参考数据折算后得出，若按教科书每本2000克计算，一年消耗的纸张可达73.6吨、纯净水0.736亿吨、树木44.16万亩。可见，高校教材确实浪费惊人。

4. 纸张的浪费

我国由于没有足够的林木资源来造纸，需要大量的废纸来做造纸的原料。可我国的废纸回收率还不到20%，因而每年都要进口废纸；用电子书刊代替印刷书刊。如果将全国5%的出版图书、期刊、报纸用电子书刊代替,每年可减少耗纸约26万吨，节能33.1万吨标准煤，相应减排二氧化碳85.2万吨；用电子邮件代替纸质信函。在互联网日益普及的形势下，用一封电子邮件代替一封纸质信函，可相应减排二氧化碳52.6克。如果全国1/3的纸质信函用电子邮件代替，那么每年可减少耗纸约3.9万吨，节能5万吨标准煤，减排二氧化碳12.9万吨……

青春·信仰·行动

——用信仰的力量驾驭青春的航向

一、班会主题

青春·信仰·行动——用信仰的力量驾驭青春的航向

二、班会地点

多媒体教室

三、班会时间

新生军训期间

四、班会对象

大一年级学生

五、主讲人

廖仲明、刘飞

六、班会背景及目的

1. 班会背景

中共中央、国务院《关于进一步加强和改进大学生思想政治教育的意见》明确指出:大学生思想政治教育的主要任务是以理想信念教育为核心,深入进行树立正确的世界观、人生观和价值观教育;以爱国主义为重点,深入进行弘扬和培育民族精神的教育;以基本道德规范为基础,深入进行公民道德教育。可见,理想信念教育的目的就是要引导广大学生确立在中国共产党领导下走中国特色社会主义道路,实现中华民族伟大复兴的中国梦,进而使大学生树立共产主义的远大理想和坚定马克思主义科学信仰。

在大学生中围绕社会主义核心价值观进行马克思主义信仰教育,目的在于帮助大学生形成科学的世界观、人生观和价值观,使他们成为中国特色社会主义事业的建设者,这既是大学教育的必然要求,也是大学教育必须承担的任务。大一新生入学期是大学生成长的重要奠基期,在这一时期,针对这一特定人群开展以信仰为主题的理想信念教育显得尤为重要。

2. 班会目的

当然,我们还应认识到对大学生进行理想信念教育是一个长期的、循序渐进的过程,通过本次班会我们希望达到以下几个目的:

(1)帮助大学生用正确的方式理解现实与信仰、青春与信仰的关系;

(2)帮助大学生正确认识青年行动应与社会、国家的前途和命运相联系,也就是“小我”与“大我”相结合的问题;

(3)帮助大学生明白在当代中国,应该选择什么样的信仰,如何去追逐信仰,如何坚守信仰。

七、方法与手段

利用案例、图片、视频、音乐等,综合采用讲授法、讨论法、评价法和情境陶冶法等方法。在教育过程中还可以采取以下几种形式:

(1)可让学生们自行设计关于科学信仰与入党问题调查问卷,针对问卷中同学们提出的问题展开讨论;

(2)班会中,还可以播放纪录片,让学生了解一些优秀共产党员事迹,并组织学生进行讨论总结。

八、班会准备

(1)深入了解学生,制订班会方案;

(2)做好材料准备工作,如PPT、视频、背景音乐等;

(3)做好会场布置工作,如布置黑板、营造氛围等。

九、预期效果

(1)能理性看待社会现象,意识到信仰的重要性;

(2)树立了社会责任感,与国家社会发展保持一致;

(3)能自觉选择马克思主义信仰,矢志不渝坚守信仰。

十、环节设置与时间分配

(一)班会导入:信仰在哪里(5分钟)

【环节一】网络事件,吸引注意:讨论网络诋毁英雄事件

展示黄继光和邱少云两位家喻户晓的英雄形象,与大学生网络质疑"黄继光堵枪眼的真实性""邱少云违背生理学常识"事件进行强烈对比,再展示近年来多起网络诋毁英雄事件,引发学生对熟悉人、熟悉事的关注。

【环节二】媒体调查,引入主题:信仰困惑值得关注

展示《华尔街日报》的评述和《人民论坛》的调查,说明网络诋毁英雄事件的背后透视了一种深层次的社会思考——即当下热议的"信仰缺失"问题,引发学生对于班会主题的思考。

(二)现实与信仰:信仰的重要性(15分钟)

【环节三】自由讨论,产生共鸣:面对压力,是否需要信仰

抛出"理想很丰满,现实很骨感","现实是一把锤子,一个个敲碎装着信仰的坛子"等网络流行话语,让学生自由讨论在当代社会面对现实的层层压力是否还需要信仰。讨论之后,由辅导员展示近期三部热播的影视剧《红高粱》《平凡的世界》《中国合伙人》,通过故事主人翁三代青年人不同的奋斗史,说明压力对于每一代青年人来说都是"现实的存在",现实的压力不应该成为抛弃信仰的借口。

【环节四】释疑解惑,澄清问题:面对迷茫,更需坚守信仰

分析在"信仰缺失+压力山大"的时代背景下,我国民众从产生"习惯性怀疑"到"盲目性崇拜"和"选择性迷茫"的社会现象,指出"越是找不到方向,越需要有方向",并借用马云的"梦想要有,万一实现了呢"的流行言语,让学生体会信仰对于人生和社会的重要意义,寄语学生信仰一定要有,而且是青年人前行的动力和方向。

（三）青年与信仰：信仰的方向性（15分钟）

【环节五】历史回顾，引发思考：中国青年的时代选择

引用马克思名言“一个时代的精神，是青年代表的精神；一个时代的性格，是青春代表的性格”，指出青年是标志时代最灵敏的晴雨表。带领学生回顾五四运动以来的近百年历史长河中，不同时代背景下中国青年的运动方向，并请学生讨论“纵观近百年中国青年的时代选择，展现的共性特征是什么”。

自由讨论后，辅导员总结归纳，指出中国青年始终满怀着对民族、对国家、对人民的责任与担当，是引领时代潮流的先锋，始终与时代潮流同步；并指出，作为青年人，要接过先辈们的接力棒，自觉将个体的选择与社会前行的方向同步。

【环节六】现实思考，找寻目标：党引领当代中国前行

引导学生思考，现实社会中，在中国，什么力量引领对民族、国家和人民的责任与担当。在学生小声议论后，辅导员分享1900年以来，中国共产党带领民族、国家和人民的奋斗史，指出在当代中国，没有什么力量比中国共产党更能引领国家和社会前行，并寄语学生“加入中国共产党是当代青年学生的正确选择”。随后，带领学生观看党的宣传片《中国共产党与你一起在路上》，进一步增强学生对党的感性认识。

（四）信仰与行动：信仰的实践性（15分钟）

【环节七】师生互动，落小落细：我们追随信仰的脚步

带领学生听歌曲《少先队队歌》，看实物团徽和团员证，展示新生递交的《入党申请书》，让学生意识到其实从小学系上红领巾，到中学入团宣誓，直至大学递交入党申请，绝大部分同学都在自觉和不自觉地追随党的脚步，信仰就在每个人身边，并对学生的这种行为予以充分肯定。

【环节八】身边感动，榜样示范：追逐信仰永不言弃

讲述安徽师范大学美术学院周琦几经曲折在病房里入党的故事，通过身边的感动再一次感召学生的入党热情，并让学生明白，对信仰的追逐要矢志不渝、永不言弃。

【环节九】导员支着，落实行动：付诸实际行动

利用学生情感升华的重要时机再次阐明班会主题，明确大学生加入党组织的实现路径，并寄语学生坚守信仰、勇敢前行、踏实学习、积极实践，争取早日加入党组织。

十一、过程设计

步骤	班会具体流程	备注
（一）班会导入	**【环节一】网络事件，吸引注意；讨论网络诋毁英雄事件** 辅导员：同学们，大家下午好！在今天的班会开始之前，请大家跟我一起来看两幅照片，请问大家认识照片上这两个人吗？ 学生：认识，是黄继光和邱少云。 辅导员：看来大家的历史知识都学得很扎实啊！不错，黄继光和邱少云是我们中国人耳熟能详的两位历史英雄人物，他们的事迹大家在中小学课本中就已经学习过。然而，前段时间，几名大学生在网络上公然否定“黄继光堵枪眼”的英雄事迹，甚至用所谓的关于黄继光堵枪眼的技术参数“论证”堵枪眼的不可能性；无独有偶，军校大学生煞有介事地从生理学角度考证邱少云能否经受住“烧烤”的科学性，也在网上流传。 联想到近些年来，网络上关于“刘胡兰精神有问题”“董存瑞炸碉堡系虚构”“狼牙山五壮士其实是土匪”等言论不断被炒作，一些言论甚至荒诞离谱。否定英雄、怀疑好人、恶搞戏说、颠覆主流，这些现象是网络恶搞文化的一个缩影，更从深层次反映出一些网民价值观的缺失与精神信仰的迷失，让国人再次回过头来重新审视我们的信仰问题。 **【环节二】媒体调查，引入主题：信仰困惑值得关注** 辅导员：前不久，美国《华尔街日报》网站发表题为“中国社会十大病态：信仰缺失和自私”的报道。该报道称，“信仰缺失”在中国人最担忧的10个社会问题中排在首位。《人民日报》主管的杂志《人民论坛》调查显示，58%的受访者认为，官员“不信马列信鬼神”，存在信仰缺失的危机。社会发展了，时代进步了，理想、信仰忽然成为一个十分突出的问题，摆在全社会面前。 学生思考。 辅导员：信仰在哪里？我们信什么？在网络上一场轰轰烈烈的“捍卫英雄”活动背后，人们放眼当下，再一次去审视我们的青年、我们的时代、我们的信仰。今天的青年，生活在一个迥然不同的时代，生活更为富足，但也承受着现实的压力；平台更为广阔，但也面对着更激烈的竞争。我们该如何让信仰在空中飘扬，如何去寻找自我的光明？同学们，你们是否有这样的困	通过热点事件，引发同学们对主题的关注和思考。

续表

步骤	班会具体流程	备注
(一)班会导入	惑或者迷茫呢？今天的班会，让我们一起来讨论一下“信仰”这个看上去比较“高大上”的话题。 [注意事项]现场需根据学生的反应情况进行及时总结，适时使用提问的方式，调动学生参与班会的积极性。	
(二)现实与信仰	**【环节三】自由讨论，产生共鸣：面对压力，是否需要信仰** 辅导员：谈信仰之前，我想问同学们一个很现实的问题。网上很多年轻人说，“现实是什么？现实是一把锤子，一个个敲碎装着信仰的坛子”，感叹“理想很丰满，现实很骨感”，于是“屌丝”开始成为一种流行。同学们，面对现实生活的种种压力，我们还需要信仰吗？ 学生讨论发言（有讲需要的，有讲不需要的，也有不确定的）。 辅导员：同学们的发言都很踊跃，讲得都有道理。刚才很多同学都讲到我们这一代人的“压力”，感觉到学习、生活乃至以后的工作很苦。我们这代人的青春苦吗？我们一起来看这三幅照片。这是近期媒体上三部热播的影视剧《红高粱》《平凡的世界》《中国合伙人》，同学们看过吗？ 学生：看过…… 辅导员：这三部热播剧，描述了革命战争年代、“文化大革命”时期和改革开放初期，三个不同年代青年人的故事。故事的主人翁，戴九莲，她的青春有生活压力吗？当然，她时刻面临着“战争与死亡”的威胁；孙少平呢？他们这一代忍受了许多的“贫穷与饥饿”；就算是程东青，在“变革与冒险”的时代背景下，要么闯出一条血路活下去，要么破产待业，他们的压力比我们现在小吗？ 学生讨论。 辅导员：同学们，通过这三代青年人不同的奋斗史，我们可以看出，没有哪一代人的青春是容易的。青春之所以美好，之所以让人回忆，是因为社会给我们酿造了产生动力的压力，让我们勇接挑战，勇敢向前。所以，压力不应该成为青年人抛弃信仰的借口。 **【环节四】释疑解惑，澄清问题：面对迷茫，更需坚守信仰** 辅导员：有人说，在这样一个“信仰缺失+压力山大”的社会大背景下，产生了一个“习惯性怀疑”的时代。部分人什么都敢怀疑，什么都不相信，前面讲的“诋毁英雄”“怀疑英雄”是一个佐证，联想到前些年“至于你信不信，反正我信了”的铁道部官员，“老百姓”变成“老不信”的“国民不相信运动”，和六翅肯德基怪鸡、康师傅地沟油、娃哈哈肉毒杆菌等太多太多的网络谣言，一系列的事件真真假假，让人摸不着头脑。因此，像《是真的吗》这样的一系列“打假”综艺节目受到热捧。	通过对网络热词热语的讨论和对社会现象的深层分析，让学生体会到信仰对于人生和社会的重要意义。

续表

步骤	班会具体流程	备注
(二)现实与信仰	怀疑之后呢?一部分找不到方向的中国人开始盲目崇拜这样那样的“大师”,从“气功大师”严新到“盖世华佗”胡万林,再从“食疗专家”张悟本、“养生教母”马悦凌到“养蛇大师”王林,我们身边的“大师”似乎从未间断。然而,当这些所谓的“大师神话”一个个破灭之后,人们惊叹:信仰缺失很可怕,胡乱信仰更可怕。 向前、向左、向右?到哪里去?当我们再次重修审视信仰这个严肃而重要的话题时,原来方向如此重要。马云曾经说,“梦想要有,万一实现了呢”。所以,同学们,信仰一定要有,因为他是我们前行的动力和方向。	
(三)青年与信仰	**【环节五】历史回顾,引发思考:中国青年的时代选择** 辅导员:同学们,我们再来讨论一下青年的问题。马克思说过,“一个时代的精神,是青年代表的精神;一个时代的性格,是青春代表的性格。”青年是标志时代最灵敏的晴雨表,那么,中国青年是如何体现时代的精神与性格的呢? 学生思考。 辅导员:我们一起来看一下,近百年以来,中国青年的时代选择是什么样的。 (1)“五四”时期:青年学生运动开启了中国新民主主义革命篇章。 (2)抗战期间:四万爱国青年奔赴延安投身抗日救国的洪流之中。 (3)中华人民共和国成立后:无数海外学子,满怀理想和热情回到祖国怀抱。 (4)一穷二白的时代:广大青年把青春献给了社会主义建设的壮丽事业。 (5)改革开放之初:一代青年奏响富民创业的时代最强音。 (6)21世纪:北京奥运上130万青年志愿者成为国家的闪亮名片。 (7)前段时间:“90后”消防员在天津用生命谱写新一代青年人的最强音。 同学们,我们刚才回顾了五四运动以来的近百年历史长河中,不同时代背景下中国青年的运动方向。请同学们讨论一下,纵观近百年中国青年的时代选择,他们的共性特征是什么? 学生回答(略)。 辅导员:同学们回答的都很好,感触很深。我总结同学们的回答,可以得出这样一个结论,那就是:不管处于什么样的年代,不管有着什么样的经济社会背景,在每一代中国青年身上,中国青年历来是引领时代潮流的先锋,始终都烙有属于自己的	通过对历史的回顾、现实的思考和视频短片的感性体悟,让学生增强对党的认识,意识到加入中国共产党是当代青年学生的一种正确的时代选择。

续表

步骤	班会具体流程	备注
(三)青年与信仰	时代印记,这些时代印记归结起来,就是一种对民族、对国家、对人民义不容辞的责任与担当。 同学们,作为社会新青年,我们这一代也应该承担起历史的使命,接过青年先辈们的接力棒,自觉将个体的选择与社会前行的方向同步,用实际行动肩负起我们这一代人对民族、对国家、对人民的责任与担当。大家说对不对? 学生点头认可。 **【环节六】现实思考,找寻目标:党引领当代中国前行** 辅导员:既然如此,那么在当代中国,是什么力量体现这种责任与担当,引领中国前行呢? 学生小声议论。 辅导员:我听到有的同学在底下嘀咕说“党”,或“共产党”,对不对呢?我们再来看历史。 1900年,那时候共产党还没诞生。八国联军在北京以杀人为乐。在八国联军占领北京的第三个月,570多名中国妇女不堪凌辱选择了集体上吊。《日本邮报》描述:“联军以杀人取乐竞赛。法军将中国人追进死胡同,用枪扫射十分钟,直到不留一个活口;英军将中国人赶成一堆,然后用炮轰毙;德军遇到中国人,一律格杀勿论。枪杀、刺死、绞刑、烧死、棍击、勒死、奸杀无所不用其极,街头到处都是砍下的人头,一些房屋里悬有首级和被肢解的尸体。” 1931年,那时候共产党饱受污蔑和攻击。日本人拿中国人试验取乐。国民党统治期间,中国人均寿命始终在35岁以下,中国人被当做牲畜一般任人宰割。侵华日军纯粹是为了取乐,用手术摘除中国受害者的胃和小肠,让受害者不断地吃东西也只能眼睁睁地饿死;砍下中国受害者的手和脚,还用“高明的医术”把手接在小腿上,把脚接在手臂上;把中国受害者的血液抽干注入马血,史料称由此引起的剧烈抽搐和痉挛“连几个壮汉也压制不住”……侵华日军的罪行真是罄竹难书。 1942年,那时候共产党被国民党政府围剿,四分五裂的中国饿殍遍野。河南大旱之后又遇蝗灾,拥有1000万民众的河南省,有300万人饿死,300万人西出潼关逃难。在逃难者中,无数人因为饥饿吞食尸体、易子而食,不仅饿死、病死,扒火车挤踩摔轧而死者也无数,沿途前行的难民队伍不断遭到各省军阀的驱赶扫射,或者是被日本飞机轰炸,哀号响彻云天,大量的人在饿得只剩皮包骨后挣扎着死去,或者是在伤口感染生蛆灌脓之后撒手人寰。那时我们的祖辈,是多么希望能有一个统一的国家,不被各省军阀驱来赶去。 1949年,共产党执政,接手一穷二白的中国,人均寿命为38	

续表

步骤	班会具体流程	备注
(三)青年与信仰	岁。那一年,中国一片废墟,如同水洗一般的贫穷。城乡几乎找不到完整的房子,到处是残垣断壁,没有像样的武器,没有汽车、石油和化肥,钢铁产量才几万吨,文盲占绝大多数。整个中国的GDP还不如一个在世界地图上连自己的名字都差一点写不下的小小的比利时。 1959年,共产党执政十年。那一年,中国完成了第一个五年计划,建设了157项重点工程。工业化打下了全面基础,钢产量是过去的几百倍。之前在一穷二白的时候,和美国人的一场正面战场较量取得胜利,震撼了世界。 1969年,共产党执政二十年。那时候,虽然由于政策的失误,国家进入了令人痛心的动荡时期。但尽管这样,中国的各项事业发展,还是保持了惊人的高速度,取得了非凡的成就,比如大庆油田的开采、东方红卫星上天、原子弹氢弹试验成功、合成人工胰岛素、建成南京长江大桥…… 1979年,共产党执政三十年。那一年,党拨乱反正,实行改革开放。中国从此走上超高速发展的正确道路,开始创造全球瞩目的发展奇迹。 1989年,共产党执政四十年。我国在社会主义阵地越站越稳,十年改革开放的成果越来越多。 1999年,共产党执政五十年。那一年,美国撕裂中国的决心到达顶峰,我们的大使馆被导弹轰炸,数名同胞遇难。也是在那几年,中国成功收复了"香港""澳门"的行政主权,此时的中国已绝不是百年前的"东亚病夫"。 2009年,共产党执政六十年,中国人均寿命为75岁。那一年,我们的北斗上天,我们的卫星遍布,我们正式启动了航母计划。虽然比起美国我们还有些差距,但这却是我们的父辈用百年沧桑、屈辱、磨难、牺牲、不屈、桀骜与血性换来的荣耀辉煌。这时候,除了我们自己犯错之外,再没有人能将我们摧毁。只要共产党领导这个国家,任何外国势力都没有办法撼动中国。 走到今天,中国一跃成为世界第二大经济体,"一带一路"、亚洲基础设施投资银行、新亚洲安全观、新型大国关系正式提出,中国作为世界大国正式登场,中华民族伟大复兴的梦想正逐步实现。 从早期扶助农工支持共和的共产党、到土地革命战争时期打土豪分田地的共产党、到接受整编主张枪口一致对外的共产党、到打倒蒋介石解放全中国的共产党、到排除万难建设新中国的共产党、到改革开放实现经济腾飞的共产党、再到今天成熟理性坚定自信的共产党,它走过了艰难曲折的探索之路。	

续表

步骤	班会具体流程	备注
(三)青年与信仰	中国共产党从诞生的那天起，就集合了很多民族精英。直到今天，它仍然集合了中国最优秀的人众，集中了一批有远大政治抱负和献身激情的政治精英。这个精英集团，虽然经历过自身成长的曲曲折折，在不同的时期犯过大大小小的错误，但你可以看到，在所有历史的重要关头，它都神奇地选择了唯一正确的道路。 同学们，在中国，没有任何其他政治力量可以替代这样一个坚强辉煌的精英集团，没有任何什么力量能够比我们党更能引领我们前行。 学生陷入思考。 辅导员：现在，我再带领同学们一起来看一段视频短片。 学生观看视频。 辅导员：同学们，请问大家看完这段视频有什么感受？ 学生回答。 辅导员：同学们，这是我们党最新的一段宣传片《中国共产党与你一起在路上》。正如视频里所说，党与在座的每一位同学一样，她也在一天天地进步与成熟，对于社会优秀青年的代表——大学生来说，加入这样一个先进的组织，并为之矢志不渝奋斗，是当代青年学生的正确选择。	
(四)信仰与行动	**【环节七】师生互动，落小落细：我们追随信仰的脚步** 辅导员：讲到这里，我要问同学们了，“热爱党，热爱社会主义”，从小到大，大家都知道，那么我们曾做过哪些追随党的实际行动呢？ 学生思考。 辅导员：同学们，首先让我们来听一段音乐。(播放音乐)请问这首歌大家听过吗？ 学生：听过，是少先队队歌。 辅导员：对，中国少年儿童的群众组织——中国少年先锋队的队歌，想必绝大多数同学都听过。大家还记得小时候系上红领巾时的心情吗？对很多人来说，那是记忆中的美好存在。从那时候开始，我们就在向共产主义方向前行了。 同学们，接下来让我们一起来看几个物品。(展示团徽和团员证)请问大家认识这两件东西吗？ 学生：认识，是团徽和团员证。 辅导员：不错，这是绝大多数同学在初中、高中阶段入团时的必备物品。大家还能想起入团宣誓时的场景吗？那时候，我们很多人就加入了中国共产党领导的先进青年的群众组织，在实践中学习中国特色社会主义和共产主义。老师手上还有一沓信纸。大家仔细看这又是什么？(展示入党申请书)	通过现场互动、故事讲述和辅导员总结的形式，引导学生意识到“信仰”就在自己身边，就在自己曾经的生活学习之中，最终将感性的认识落实到实践行动。

续表

步骤	班会具体流程	备注
(四)信仰与行动	学生：是入党申请书。 辅导员：大家讲的完全正确，这是开学以来，各位同学交给老师的入党申请书。同学们，其实从小学系上红领巾，到中学入团宣誓，直至大学递交入党申请书，绝大部分同学都在自觉和不自觉地追随党的脚步。信仰并不遥远，她其实就在我们每个人身边，就在每个人的经历和实践过程之中。 **【环节八】身边感动，榜样示范：追逐信仰永不言弃** 辅导员：历史上有许许多多爱党忧党的优秀人物事迹，他们是我们的学习榜样。但也还有很多同学会说，这些人我也只是在书上或电视上看到，他们离我们太遥远了。那么今天我就要介绍一位学长给大家认识。 学生期待。 辅导员：他叫周琦，是我校美术学院2010级艺术设计专业学生。周琦家庭条件不好，父亲身患多种病痛、母亲不幸遭遇车祸，家庭债台高筑，所以两个蘸了点辣酱的馒头常常是他的午饭，但困苦让他格外坚强。他学习勤奋，表现突出，获得学校奖学金，先后获得学校“暑期社会实践先进个人”、学院“优秀学生会干部”等荣誉。 可不幸的是，2012年7月他被确诊为白血病。他一遍遍告诉自己，一定要坚持下来，绝不能让关心他的人失望。“老师的关心、同学的帮助和社会无数爱心人士的援助，让我无时无刻不想着康复，以便能尽快地回报他们”。2013年4月，他在经济依然十分困难的情况下，坚持捐出500元钱给雅安地震灾区，希望能一点一点回报社会。 2012年5月周琦参加了党校学习，并以优异的成绩通过了党校结业考试。在北京住院期间，他在病床上说，“入党是我最大的心愿”。经过学院党组织的严格考察，召开群众座谈会，最后决定批准周琦的入党申请。2013年初，学院党委在北京就诊医院里举行了周琦同学入党宣誓仪式。 患病期间，他仍坚持学习理论知识，积极参与爱心活动，以自己的行动努力践行共产党员的标准。他的事迹感动和影响了很多人，被评为2013年“中国大学生自强之星”。 学生感触并思考。 辅导员：周琦学长的事迹，大家感触最深的是什么呢？ 学生讨论。 辅导员：刚才大家讲得都很好，我来给大家总结一下。你们的学长周琦，几经曲折在病房里入党的故事告诉我们，对信仰的追逐要矢志不渝、永不言弃。	

续表

步骤	班会具体流程	备注
(四)信仰与行动	**【环节九】导员支着,落实行动:付诸实际行动** 辅导员:同学们,通过今天的班会,我们明白了为什么要有信仰,青年人应该选择什么样的信仰。作为刚入学的大学生,追求马克思主义,追随代表中国社会前行方向的党,应该成为每一位有志青年的正确选择。那么我们如何才能早日加入党组织呢?我送给大家四句话: (1)坚守信仰:不徘徊。要信任党、拥护党,对党矢志不渝,永不言弃。 (2)勇敢前行:不抱怨。要乐观、自信,不怨天尤人、不杞人忧天,勇敢地面对困难和挑战,勇敢地迎接压力和未来。 (3)踏实学习:不冒进。既要主动学习政治理论知识,关注时政热点;也要努力学习专业文化知识,争做能为社会主义建设做贡献的新青年。 (4)积极实践:不等待。要珍惜每次党团活动、党校培训机会,自觉、主动关心和帮助同学,积极投身勤工助学、济贫扶困等社会实践和志愿服务活动,在实践锻炼中不断深化对党和党的事业的认识。 今天的班会到此结束,祝愿同学们早日成为一名光荣的共产党员。 [注意事项]注意采用朴素的语言做好主题的总结和升华,班会结束前,动员同学们积极表态发言。	

十二、注意事项

1. 主题班会前

(1)现场卫生:由生活委员和各寝室长负责;

(2)活动秩序:由纪律委员带头,全体班委共同协作;

(3)活动宣传:由宣传委员负责撰写宣传稿及照相,并进行及时报道,还可将活动内容上传至班级微博、QQ群等新媒体,一方面让学生再一次回想班会内容,另一方面也能扩大班会的影响力;

(4)音响效果:提前检查教室音响设备,并预备一个移动扩音器。

2. 班会过程中

在与学生进行互动中,一定要注意掌控好现场,避免学生随意发言,导致现场混乱。另外,还要注意观察学生的反应与表现,及时做出有针对性的细微调整与反馈，优化班会的实际效果。

3. 主题班会后

（1）辅导员自身需要总结班会中存在的不足和成功经验，不断完善主题班会的内容与形式；

（2）思想政治教育是一个循序渐进的过程，往往很难通过一次班会就让学生深刻领悟班会目的，达到班会效果。这就需要辅导员及时了解学生对班会的反馈情况，注意观察学生的日常行为表现，适时再通过班会、个别谈心或者素质拓展活动等途径来进一步强化班会效果。

十三、总结

本主题班会主要由辅导员主导，鼓励学生参与到班会的讨论环节，引导学生理性地看待现实社会问题，通过历史故事、身边真实人物的事迹和自身的成长经历，让学生真正意识到自己一直都在追寻马克思主义科学信仰。

对于大一新生们的“入党热”，辅导员应该持肯定和鼓励的态度，因为这本身就是学生在政治上进步的表现。但同时还应认识到，引导学生树立科学的信仰是一个不断渐近、不断深入的过程，必须坚持多样化、长效化，持续不断地开展继续教育活动才能达到预期效果。

由于时间所限，本主题设计不期望通过一次班会就达到教育效果，而是引发学生认识到树立正确信仰的重要性。同时，引导教育学生必须不断地进行理论学习和实践锻炼，增强社会责任感和政治上进心，明确政治方向，丰富社会阅历，使自己在入党问题上逐步提高自觉性，进而树立和坚守马克思主义科学信仰。

考研压力不是事儿

——考研与压力相伴

一、班会主题

考研压力不是事——考研与压力相伴

二、班会地点

多媒体教室

三、班会时间

大三下学期

四、班会对象

大三年级学生

五、主讲人

涂薇

六、班会背景及目的

1. 班会背景

考研是高校毕业生提升自身素质、实现心中梦想的重要历程，我校每年报考研究生的同学不在少数，帮助学生进行压力调适是考研辅导中的重要一环。

面临着较大的考研与就业压力，同学们希望自己在大学毕业前期有所收获，但有时往往因为压力过大，感到迷茫与无助，加上环境因素的影响，容易情绪波动。

为了更好地促进学生身心健康发展，帮助学生以积极进取的态度面对未来的学习与生活，特策划开展此次主题班会。

2. 班会目的

(1)让学生明白考研压力是客观存在的。压力是面对挑战、威胁，或所拥有的资源与要求有所差距时内在的感受。当一件事和以前做的事没有差别时，不会感到有压力；当需要人们从舒适区走出来，完成新的任务时，任务要求与自身资源、能力的差距便会造成压力状态，考研便是促使学生做出改变的压力事件。

(2)了解考研压力产生的原因。压力是一种情绪体验，它不是凭空产生的，是人们对于事件的解释。考研过程中，有宏观的来自社会、学校的压力，也有微观的来自个体的非理性观念、目标期望与准备状态的冲突等压力。帮助同学们对考研压力来源做深刻剖析，使他们明白不需要被动接受压力，完全可以通过调整心理弹性、提高自制力来做压力的主人。

(3)帮助学生合理管理考研压力。从认识压力入手，引出压力管理的策略，需把考研压力分解。一方面，考研压力有一部分是来自拖延，拖延带来的焦虑与压抑情绪是适度的压力，提醒大家需要行动起来，这时压力是正能量。另一方面，人的身心好比一个容器，情绪能量在这个容器中进行循环，身心容器中承载的负情绪能量过多时，则需要通过宣泄情绪、自我接纳、改变对事件持有的错误信念等，然后提出健康生活方式是应对压力的长效机制。

七、方法与手段

利用漫画、问卷调查、案例、音频、视频等，综合采用问题引导、案例分析、小组讨论、互动游戏、总结陈述以及情境陶冶等方法。在班会过程中注重以下几点：

(1)坚持教育与自我教育相结合。既充分发挥辅导员的教育引导作用，又充分调动学生的积极性和主动性。

(2)坚持解决思想问题与解决实际问题相结合。在以理服人的同时，做到以情感人，增强思想政治教育实际效果。

(3)坚持继承优良传统与改进创新相结合。在发挥传统教育优势的同时，注重利用新媒体和自媒体，做到贴近实际、贴近生活、贴近学生。

八、班会准备

1. 环境准备

布置黑板，摆放座位，渲染环境，营造轻松舒适的外部氛围。

2. 人员准备

班会主持人即辅导员，班会参加人员即大三年级学生（提前做好回答问题学生的预案工作）。

3. 资料和道具准备

搜集相关图片、新闻、案例，制作调查问卷，准备素质拓展认证手册、互动游戏需要的展板、白纸和糖果。

4. 多媒体准备

制作PPT，准备好多媒体教室，同时安排专人拍摄视频。

5. 学生准备

班会开始前根据学生的状态适时进行小游戏，提升学生的班会参与积极性；在班会过程中择机提问，引导学生主动思考。

6. 问题准备

对可能存在的问题做好处理准备，例如问题讨论中产生的各种可能答案、同学之间答案争端的处理、班会现场气氛的活跃等。

九、预期效果

（1）了解生活与压力相伴，了解压力的普遍存在性。

（2）了解考研压力产生的原因，并能有效改变自我认知。

（3）能够掌握科学的压力管理方法，未来的生活中能够灵活使用。

十、环节设置与时间分配

（一）班会导入：分享漫画内容，引发思考共鸣（5分钟）

【环节一】漫画分享，产生共鸣：曹小愁的考研生活

通过播放网络流行的考研漫画《曹小愁的考研生活》，给同学们似曾相识的感觉，营造班会轻松氛围。

【环节二】短信呈现,引出现象:列举学生的压力短信

展示学生发给辅导员的“短信”,提出学生目前客观存在的考研压力问题,引发大家共鸣。

【环节三】初测压力,直观感受:手臂测试压力状况

回归现实,用手臂测量法了解同学们目前感受到的考研压力状况,紧接着引出本次班会的主题,“考研压力不是事——考研与压力相伴”。

(二)进入主题:科学认识压力,提升管理能力(40分钟)

【环节四】分析内容,总结原因:我们为什么有压力

通过“压力贴吧”活动,让大家分享交流自身想法,教师全面剖析考研压力产生的原因,因为知晓原因才是解决问题的基本前提,从而让大家明白任何压力都是我们思维加工的结果,然后运用朋辈辅导,提出应对问题的思路和方法。

【环节五】导员支着,提出对策:我们该如何合理管理压力

在了解考研压力来源的基础上,注重引导学生压力需要通过两方面处理。一是当压力以拖延、无聊状态呈现时,只有通过行动才能提升动力,所以我们需要压力带给我们动力;二是过度暴露在较高压力状态下时,若出现不良身心反应,知道通过情绪舒缓的方式释放压力能量。

(三)总结升华:感悟压力真谛,付诸实际行动(5分钟)

【环节六】情感升华,落实行动:从改变自我认知做起

再次阐明主题,将班会的内容升华至实际行动层面,利用班会结束前的重要时机,通过展示绘本,希望大家换角度看待当前考研压力问题。

十一、过程设计

步骤	班会具体流程	备注
(一)班会导入	**【环节一】漫画分享,产生共鸣:曹小愁的考研生活** 辅导员:同学们,大家上午好,今天想先和大家分享一组在网络上非常流行的漫画,叫做《曹小愁的考研生活》。漫画讲述的是大四学子考研过程中的酸甜苦辣,有感冒的折磨、自习室的溜号,也有挡也挡不住的学习灵感和共同奋斗的同学情,因此很多有过考研经历的网友称找到了组织,难以忘记那段奋斗	利用漫画,给学生呈现真实考研状态,大致了解自己的

续表

步骤	班会具体流程	备注
(一)班会导入	的青春历程。 学生轻松地欣赏漫画。 辅导员:相信大家会有一些似曾相识的感觉,其实我也一样,让我又想起了我在准备研究生考试时那些情绪交织的岁月。 **【环节二】短信呈现,引出现象:列举学生的压力短信** 辅导员:这段时间我收到了同学们的一些消息。(呈现短信)你们能感受到什么? 学生回答(略)。 辅导员:没错,正在备考路上努力奋斗的同学们,面临着考研带来的巨大压力。那我想问问大家,有没有碰到类似的情形?我们先做个小调查。 **【环节三】初测压力,直观感受:手臂测试压力状况** 辅导员:我们进行简单的压力测试,先测试大家这段时间感受到的学习压力有多大。用不同的手臂方向表示压力强度大小,分为从很大到没有感到压力五个等级。再测试压力对生活的负面影响有多大。同样是用手臂方向来表示压力强度的大小。所谓的负面影响就是时常影响睡眠,胃口不好,或者感到焦虑等。 学生回答(略)。 辅导员:谢谢大家配合。通过测试,可以看到,大家面对考研或多或少都感受到了一些压力。那么如何正视、缓解考研带来的种种压力?今天我们就聊一聊考研路上有关压力的那些事(略)。 辅导员:压力是面对挑战、威胁,或所拥有的资源与要求有所差距时内在的感受。 从美国心理学家Erikson的调查研究结论我们可以发现,不同年龄的人面临不同性质的压力。对于青少年来说,升学竞争是最大的生活压力来源,而这也是我们同学目前正在努力尝试的事情。硕士研究生考试的要求高于我们目前掌握的知识和技能水平,这种距离差便造成了内心的压力。	压力状况。
(二)进入主题	**【环节四】分析内容,总结原因:我们为什么有压力** 辅导员:我明白了考研压力是大家普遍都有的正常感受,但是长时间处于高压力状态下会让我们感到不舒服,比如焦虑、烦躁,或是出现头晕、失眠的状况。当我们想解决一类问题时,要先清楚问题背后的真实原因,才能有的放矢,现在我们来对自己的考研压力做一个审视,是什么时常困扰我们?希望大家能够真诚客观地交流。	

续表

步骤	班会具体流程	备注
(二)进入主题	[压力贴吧] 每位同学发一张便利贴,写2~3个在考研复习中感觉经常困扰自己的事件或想法,然后贴在黑板上,每个组派一名组员到黑板上随机选择5张便利贴,小组讨论。 学生活动并思考。 辅导员:同学们,看了大家写的考研压力事件,你们认为到底是什么造成了我们的压力? 学生回答(略)。 辅导员:综合同学们的观点,我们一起总结一下: (1)来自社会的。世界变化太快,我们的努力不知是否能赶得上未来的发展。美国作家托夫勒在《未来的冲击》中写道:在社会的剧变下,短暂性的讯息不断袭扰人类的感觉,新奇性的事物不断撞击人类的认知能力,而多样化的选择则不断搅乱人类的判断能力。当人类无法适应这三股联袂而来的变动刺激时,便导致了变动的疾病:未来的冲击。 (2)来自学校的。有的同学说学校硬件条件不好,找个看书的位置都找不到,影响自己复习的心情了。或者课程设置不合理,到了大四都还有课,没有完整的复习时间。寝室里有同学睡觉打呼噜,休息不好,影响看书效率。 (3)来自家庭的。家里经济条件不好,父母不太支持考研,或者家人期望太高,总是过问考研复习的事,弄得心烦意乱。 (4)来自自身的。觉得只有考上研究生才能证明自己的能力,如果失败了就表示自己无能;考研目标明确,但因为目标过高或过低,看书动力不足,感觉自己准备的不好。还有可能因为情感因素,影响自己的选择。 那么,针对这几类考研压力的来源,我们能不能有一些应对的方法呢?请各小组做一些分享。 学生回答(略)。 辅导员:谢谢大家的分享,相信大家在分享交流之后会对我们的压力有更多的了解。我们来看看这个案例(略),如果两位老师被要求到市里参加公开课教学比赛,你们觉得哪位老师的压力会大一些呢? 学生回答(略)。 辅导员:同学们说得很对,压力的大小更多的与人们的性格、气质、价值观相联系,和人们对事件的解释有关,与事件本身没有意义,所以我们怎么理解一件事,才是产生压力的根本原因。	教师总结、学生互助,总结压力产生的原因。

续表

步骤	班会具体流程	备注
(二)进入主题	**【环节五】导员支着,提出对策:我们该如何合理管理压力** 辅导员:面对压力,我们需要有两方面的认识,压力等情绪的存在首先对我们是有好处的,是一种正能量。首先我们看到两幅漫画(略)。 第一幅漫画名叫*fight or flight*,说的是人们面对急性压力时的心理反应。面对危险,身体的消化系统、免疫系统等与压力无关的系统都会减缓甚至停止,让出更多资源给逃跑或战斗提供能量,这就是为什么在大型考试前后,很多人会食欲不振,或者感到身体虚弱,因为能量都集中到大脑中,让我们做出最舒服合理的决策并付诸实施。 第二幅漫画叫《我只有在巨大压力下才能高效工作》,说的是在正性压力(好压力)的作用下,人们被激发和鼓舞的情景。也就是说,只有在压力作用下,我们才能正常的生存和发展。 学生点头表示认可。 辅导员:当一件事跟你以前做的事没什么差别的时候,我们不会有任何压力,做事情游刃有余。当一件事很吸引你的时候,甚至可以看作一种负压力。唯有当一件事让你感到类似逆水行舟的时候,才算有压力了。考研便带有类似的性质,压力很大程度上会以"拖延"的形式表现出来:有要做的事,却没有采取任何行动,压力不时会冒出来。 可一旦你开始行动,打第一通电话、发第一封邮件、阅读第一篇英文、梳理第一个知识点、做第一个安排……只要踏出第一步,你就会发现压力会大大减轻。 所以,在你感受到压力的时候,应该先去找到这件让你揪心却一直被你"忽略"的事,然后找到解决办法,并立刻行动。 应对压力的能量是自制力,是个体的意志力。当意志力充沛时,压力就相对不那么敏感,因为个体相信自己可以搞定。但当意志力降低时,压力便相应上涨。往往工作越多,个体可能情绪越不稳定,因为没有足够的自制力来控制情绪。所以,有效的安排考研复习和生活,使自制力的消耗和恢复达到平衡,才能更好地应对压力。 学生再次点头表示认可。 辅导员:下面是一个关于压力最新研究的TED讲座节选,希望给大家提供一个关于压力的管理的新视角。(略) 关于我们如何看待压力,如果认为压力是有害的,那么对身心的负面影响就会非常大;如果认为压力是客观存在的、与生活共存,则不会对身心产生负面影响,反而能够成为工作的动力。	让学生学会一些解压方法。

续表

步骤	班会具体流程	备注
(二)进入主题	从前面的一些分析中，我们知道保持适度压力的重要性，“人无压力轻飘飘，井无压力不喷油”，先把自己现在可以做的事情做好，最后除了等待别无他法的时候，再去求助其他缓解压力的方式。因为过度的暴露在高强度压力下，身体长时间处于压力唤醒状态，容易身心失衡。所以，如果出现头疼、经常性失眠、暴躁、焦虑，影响正常学习和生活时，我们应该通过缓解压力的方法去处理。 学生小声议论。 辅导员：知道我们开考研压力管理的主题班会，以前的学长学姐也以过来人的经历给我们提供了一些好的方法。 播放学长学姐录制的视频。(略) 辅导员：大家可以看出，考研压力如果长时间让你产生不良的身心反应，那么我们要学会用健康的方式及时舒缓，避免情绪能量压在身体中。我们可以选择与家人和朋友聊天，勤于沟通，或利用积极的自我暗示。比如，想象着自己考入了理想的学府，想象着自己在校园徜徉，想象着自己在研究室做实验等。在心里告诉自己：“这就是我的理想，我愿意为我的理想去付出去奋斗!”有了这样的心理预期，人就会有前进的动力。想象之后，脑海中会留下一个积极的记忆印痕；而在遇到真实的情境后，记忆就会被激活，从而指引人的思维和行动。 充足的睡眠、均衡饮食和运动都能带给我们好的体验。运动能缓解压力，一是有压力时能量和信息都集中在身体中，通过运动及时消耗了过多能量，清除了冗余的信息残留。二是运动会产生让人体愉悦的多巴胺，从而平稳情绪，转移注意力。 现在我带大家做一次小的放松训练，这种训练方法能达到放松目的，舒缓身心。 平静舒适地坐定，闭上眼睛，想一想让你不安、焦虑的是什么，然后开始深呼吸，平和悠长地呼吸。用鼻子吸气，腹部随之鼓起，然后用嘴吹气，这些不愉快变成了一个个气泡，在面前漂浮；用鼻子深长地吸气，用嘴轻轻地吹起，想象中，那些气泡被我们吹起，一个接一个地越飘越远。几分钟后，这些气泡已不见踪影，心里顿时轻松许多。	
(三)总结升华	**【环节六】情感升华，落实行动：从改变自我认知做起** 辅导员：同学们，风雨考研路，考研与压力并存。最后请大家欣赏一本绘本图片，学会把压力变动力。	

十二、注意事项

1. 主题班会前

(1)教室卫生:由生活委员和各寝室长负责;

(2)现场秩序:由纪律委员带头,全体班委共同协作;

(3)班会宣传:由宣传委员负责拍照及撰写宣传稿,并及时上传至学院新闻网站。

2. 班会过程中

(1)注意调动学生的积极性,引导学生带着问题进行思考;

(2)涉及一些理论知识以浅显易懂的方式讲解,通过活动和游戏帮助学生掌握知识。

3. 主题班会后

(1)对班会的过程进行全面总结与反思,以丰富并完善主题班会的内容与形式;

(2)深入了解学生的班会感受,进行后续引导,固化和延伸班会的作用与效果;

(3)通过活动宣传、微博讨论、上传视频等方式,扩大本次主题班会的影响。

十三、总结

(1)对于本主题班会的设计,要考虑多样的活动形式与基础理论的有机结合,避免理论的枯燥讲解,否则学生难以接受。

(2)对于整个班会的全局把控很重要,特别是互动环节,要提前预想可能发生的情况和解决策略。

(3)对于压力管理,本身有较新的科学研究成果,但与一般压力观点相左,需要综合应用。

防骗Style

——别让你的手机成为骗子的工具

一、班会主题

防骗Style——别让你的手机成为骗子的工具

二、班会地点

多媒体教室

三、班会时间

大一开学初期

四、班会对象

大一年级新生

五、主讲人

程紫丹、涂薇、凌从祥

六、班会背景及目的

1. 班会背景

现代社会，手机是每个人的必备品，更是大学生身边的主要伴侣。但是，手机在带来方便的同时，也被不法分子利用，成为诈骗的重要工具。

作为“天之骄子”的大学生既年轻又有文化，但是大学生手机受骗的事件屡见不鲜，且受骗率呈持续上升趋势。现如今的大学生从小到大都是“两耳不闻窗外事，一心只读圣贤书”，唯一的任务就是搞好学习，所以大部分的学校教育都是围绕着应试教育在转。而在生活上，父母大包大揽，社会经验十分缺乏。当离开父母之后，涉世未深的大学生往往成为骗子眼中的“肥肉”。可以说，虽然如今很多孩子的文化程度已经是大学生水平了，但防骗意识却和小学生没什么区别。大学生被骗子上“防骗课”，代价过于沉重，不但给自己造成了物质损失，也带来了极大的精神伤害。因此，在平时的高校学生工作中要高度重视这一问题，做到未雨绸缪、防患未然，对大学生进行必要的防骗教育。

2. 班会目的

（1）了解手机诈骗的种类与特点，提高防范能力。通过情景短剧、案例分析及视频素材，帮助学生了解常见的手机诈骗类型和新兴的通信软件诈骗类型，找准不同诈骗类型的特点，从而提高辨别和防范手机诈骗的能力。

（2）分析大学生频繁被骗的原因，增强防骗意识。针对校园里大学生频繁被骗的现象，发动学生结合自身见闻自主进行讨论，依据学生讨论，帮助学生理清受骗的主要原因，增强学生的防骗意识。

（3）领悟养成理性健康思维方式的重要性，增强防骗修养。在找到原因的基础上，让学生思考防骗与修身之间的关系，明白理性健康思维方式的重要意义，增强学生的防骗修养，提升学生个人素质。

（4）掌握防骗具体方法与技巧，增强防骗意识，维护正义。介绍防骗知识，帮助学生掌握防骗技巧和方法，增强学生的防骗意识，培养大学生的正气。

七、方法与手段

为了提高主题班会的教育效果，避免灌输式教育，在班会的实施过程中综合采用问题引导、案例分析、小组讨论、互动问答、总结陈述以及情境陶冶等方法，充分调动学生的积极性和主动性。同时，利用情境短剧、案例、音频、视频、图片等素材，增强班会的趣味性，提升教育实效。

八、班会准备

1. 素材准备

收集班会实施所需的案例、图片、视频、文字等素材。

2. 情景短剧准备

班会之前选取典型案例及真实发生在学生中的受骗案例，安排学生根据受骗案例撰写剧本并排练。

3. 会场准备

准备好班会所需的电脑、投影仪、表演情境短剧的道具；打扫会场，营造整洁、轻松、舒适的外部氛围。

4. 人员准备

安排学生会干部维持会场秩序，引导新生按顺序入座；安排场务人员搬道具；安排专人拍摄视频。

5. 问题准备

对可能存在的问题做好预案，例如问题讨论中产生的各种可能答案、同学之间答案争端的处理、班会现场气氛的活跃等。

九、预期效果

(1)明晰受骗原因，增强防骗意识；

(2)掌握防骗技能，提升防骗修养；

(3)强化责任意识，积极宣传防骗。

十、环节设置与时间分配

(一)班会导入：创设情境，引发思考(5分钟)

【环节一】图片导入，创设情境

以手机诈骗信息截屏图片作为导入主题的手段，突出主题，引起共鸣，吸引学生注意力。

【环节二】问题导入，引发思考

在图片导入的基础上，提问学生是否也遇到过类似的诈骗信息，当时是怎么做的。学生自由回答。设此环节目的有两个：一是通过学生的自主回答，了解学生的安全防骗意识情况；二是通过提问讨论，引导学生思考，发挥学生的主体地位。

（二）进入主题：增强防骗意识，提高防骗能力（35分钟）

【环节三】知：了解骗局Style

灌输式的安全教育讲座由于形式生硬，很多学生都在底下玩手机，没有实际效果。所以，采取同学们喜闻乐见的形式是实现安全教育成效的关键。在这一思路指引下，本次班会通过学生自主编排情景短剧形式来生动再现各类骗局，调动学生的主动性，让学生在轻松愉快的氛围中增强防骗意识和掌握自我保护的方法。

［情景短剧表演］

事先选取不同类型的大学生受骗案例分配给学生小组，小组成员负责撰写剧本、选择演员和排练，然后在班会上进行表演。每一个情景剧表演完毕后，教师会做一个小结，向学生指明防骗的注意事项。

［总结常见骗局Style］

学生情境短剧表演结束后，结合情境短剧总结归纳手机诈骗的常见种类，引导学生从感性认识上升到理性认识，了解手机诈骗的类型。骗局Style一：恐吓型；骗局Style二：利诱型；骗局Style三：煽情型。

［介绍新兴的骗局Style］

通过播放视频素材，介绍通信软件诈骗的三种主要种类，警示学生提防新兴的通信软件诈骗。

【环节四】析：总结受骗原因

通过情景短剧的表演及各种骗局的总结，让学生自主讨论上当受骗的原因，加深学生对于上当受骗的反思，从而提高学生的自我防范意识。然后，在学生回答讨论的基础上，总结归纳出上当受骗的主要原因。原因主要有：急功近利；贪图便宜；投机取巧；疏忽大意；安全意识淡薄；不了解手机诈骗，缺乏社会经验等。

【环节五】悟：防骗需要“修身”

通过对骗局及上当受骗原因的分析，提出防骗需要“修身”的观点。因为，上当受骗在主观上主要是由于没有理性健康的思维方式，缺乏安全防范意识。从而，引导学生进行讨论，明确防骗“修身”的重要性，并强化安全防范素养。

最后，结合学生分组讨论的结果，说明防骗修身的主要切入点：要保持理性健康的思维方式；面对利诱，"冷""静"结合。"冷"，即冷处理，让"热情"冷下来；"静"，安心下来做理性分析；提高安全防范意识。

【环节六】行：掌握防骗Style

发动学生讨论分析防骗的具体方法和技巧，让学生掌握具体的防骗方法和技巧，提高应对手机诈骗的能力。

通过提问讨论，让学生明确个人信息的具体内容及如何保护好个人信息。然后再掌握一些应对手机诈骗的具体方法。

(三)总结升华：向他人积极宣传防骗，分享防骗Style(5分钟)

【环节七】向他人积极宣传防骗，分享防骗Style

班会上虽然分析了诈骗手段的种类和特点，列举了防范诈骗的一些具体方法，但是这远远不够。技术不断更新，骗子的手段会越来越多，诈骗还是无处不在。防骗最主要的是每个人要有防范意识。请每一位同学积极向他人宣传防骗方法，发扬社会正气，让骗子无容身之所。

【环节八】深化安全教育的主题，列举其他的安全隐患

由手机防骗延伸，深化安全教育的主题，提醒同学们除了防骗，还要防止其他的安全方面存在的隐患，并列举。

十一、过程设计

步骤	班会具体流程	备注
(一)班会导入	**【环节一】图片导入，创设情境** 辅导员：同学们，《我是歌手》这个综艺节目大家都很熟悉。前不久，我收到"《我是歌手》栏目组"发给我的一条短信(多媒体放手机诈骗信息截屏图片)。 **【环节二】问题导入，引发思考** 辅导员：同学们，你们有没有收到过类似的信息？如果收到这样的信息，你会怎么做？(点学生回答，活跃班会气氛。) 学生自由回答(略)。 辅导员：看来同学们对这样的诈骗信息都有所了解，也有同学遇到过这样的情况。现代人的"手机依赖症"让手机成为诈骗团伙的"帮凶"，我们身边的手机诈骗Style五花八门，一不小心就会掉入手机诈骗陷阱。我们要如何做才能避免掉入骗子的陷阱，保护好自己的安全呢？带着这些问题，进入我们今天的主题班会：防骗Style——别让你的手机成为骗子的工具。	

续表

步骤	班会具体流程	备注
(二)进入主题	**【环节三】知:了解骗局Style** [情景短剧表演] 辅导员:在刚才的回答中,同学们提到了一些骗局的种类。其实,手机诈骗种类繁多,经常发生在我们身边。不信,你瞧。(辅导员退出讲台,情景剧开始。共安排三个情景剧。) 学生观看情景剧表演。 辅导员:(情景剧表演完毕之后,辅导员登场。)感谢表演者带来的精彩表演。同学们观看了以上三个情景剧表演,有没有识破每个短剧的骗局? 学生:我识破骗局了。 学生:我还没有完全识破骗局。 辅导员:请识破骗局的同学分享一下自己的“破案思路”。 学生自主回答。 辅导员:同学们,你们刚才都看得很认真,很多同学还看出短剧内骗子的真面目。下面我们就一起来分析一下这三类常见的骗局Style。将三个情景剧中的“骗子”带上堂来,让他们自己来“自首”。 扮演骗子的演员向班会学生解释骗术。 [总结常见骗局Style] 辅导员:刚才“骗子们”已经向各位同学“自首”了,下面我们一起来给他们“定罪”。 骗局Style一:“恐吓型”。第一个情景剧表演的是“恐吓型”诈骗。这类诈骗的主要特点就是冒充公安机关或其他政府部门以法院传票、违反法律规定的方式对受骗者进行恐吓,扰乱受骗者的理智思维,随之要求受骗者用汇钱或转账的方式解决事端,从而达到诈骗的目的。 骗局Style二:“利诱型”。第二个情景剧表演的是“利诱型”诈骗。此种诈骗往往以钱财为诱饵,通过发送中奖、网络低价代购、高薪兼职等信息诱骗受害者上当,从而套取受骗者的银行卡号等个人信息,然后通过科技手段将受骗者银行卡中的钱转走。 骗局Style三:“煽情型”。第三个情景剧表演的是“煽情型”诈骗。此种诈骗常冒充医生或警察以“假车祸或摔伤住院”为名诈骗学生家长。 [介绍新兴的骗局Style] 辅导员:随着技术的改进和发展,现在的手机诈骗也是日新月异,各种新兴的手机诈骗层出不穷,其中各种通信软件的诈骗已经成为手机诈骗的又一个大陷阱。同学们平时经常会去一些有免费WIFI的场所“蹭网”吧?	

续表

步骤	班会具体流程	备注
(二)进入主题	学生嬉笑,纷纷回答是。 辅导员:其实,免费的WIFI是很危险的,请看视频。(播放《危险WIFI》视频) 学生观看视频。 辅导员:看了这个视频之后,大家是不是倒吸一口冷气啊。接下来还有更令人生惧的。同学们,2015年春节最火的通信软件是哪一款? 学生:微信红包。 辅导员:对,就是微信红包。估计大家平时没有少抢红包。但是,大家在抢红包的时候有没有想过,有时候微信红包也是诈骗陷阱呢?请大家观看视频。(播放视频) 学生观看视频。 辅导员:同学们看到视频中发生的事情,可以用“万万没想到”五个字来概括。以上这两个视频诈骗的只是钱财,更严重的还有威胁到人身安全的。我们一起来看下一个案例。(播放视频) 学生观看视频。 辅导员:同学们,微信的“定位”“摇一摇”等功能为不法分子提供途径。骗子可以装成“高富帅”或“白富美”,与人搭讪,骗取信任,进而以借钱、商业资金紧张、手术等为由骗取钱财。 **【环节四】析:总结受骗原因** 辅导员:同学们,作为“天之骄子”的你们既年轻又有文化,但是大学生手机受骗的事件仍屡见不鲜,受骗率呈持续上升趋势。为何大学生成为骗子眼中的“肥肉”?请大家分组讨论一下有哪些原因导致我们上当受骗。 学生分组讨论,各小组将讨论意见展示(略)。 辅导员:(在小组展示讨论意见之后,辅导员总结分析上当受骗的原因。)大家讨论的都很充分,总的来说,我们上当受骗的原因主要有:急功近利;贪图便宜;投机取巧;疏忽大意;安全意识淡薄;不了解手机诈骗,缺乏社会经验等。 **【环节五】悟:防骗需要“修身”** 辅导员:大家刚才分析了种种上当受骗的原因,所以我感悟防骗需要我们提高自身修养,即防骗需“修身”。大家可能觉得防骗怎么会和修身扯上关系,那么请大家思考讨论一下防骗与修身之间的关系。 学生思考讨论,自主举手回答(略)。 辅导员:同学们刚才讲的都有道理,也认识到了防骗与修身之间的关系,下面与同学们分享一下我自己的感悟。很多时候,上当受骗都是因为贪图利益,急功近利,没有养成理性的思	

续表

步骤	班会具体流程	备注
(二)进入主题	维。所以,我们要保持理性健康的思维方式,面对利诱时,要“冷”“静”结合。同时,疏忽大意、安全意识淡薄、缺乏社会经验根源在于自己主观上没有安全防范意识,所以要不断提高自己的防范意识。 **【环节六】行:掌握防骗Style** 辅导员:面对种种诈骗陷阱,请同学们分享一下面对诈骗陷阱时,我们该怎么做? 学生自主回答(略)。 辅导员:同学们刚才讲了很多防骗的技巧。其实,防范诈骗的第一招就是保护好个人信息。很多诈骗得逞的关键就在于获取了受骗者的个人信息。那么,同学们,我们的个人信息有哪些啊? 学生自主回答(略)。 辅导员:(在学生回答的基础上,归纳总结出个人信息的重要方面。)个人信息主要包括个人基本情况、联系方式、账号、密码等。明确了个人信息的内容后,我们如何去保护好个人信息不外泄? 学生讨论回答(略)。 辅导员:大家想的也很细致,我总结了一些保护个人信息的方法:不要随意透露你的个人信息、养成良好的上网习惯、把信息存到安全的地方、隐藏包含个人信息的手机应用、使用第三方应用保护。在保护好个人信息不泄露的同时,我们还需要掌握一些其他技术性的防骗技巧。主要有:“权威机构”别慌张,实在不行去“自首”;冒充“熟人”别轻信,谈话技巧很重要;短信“求救”多验证;交友要谨慎,谨防上当;如果被骗,立即冻结银行卡账户及支付方式。	
(三)总结升华	**【环节七】向他人积极宣传防骗,分享防骗Style** 辅导员:同学们,班会上虽然分析了诈骗手段的种类和特点,列举了防范诈骗的一些具体方法,但是这远远不够。技术不断更新,骗子的手段会越来越多,诈骗还是无处不在。防骗最主要的是每个人要有防范意识。请每一位同学积极向他人宣传防骗方法,发扬社会正气,让骗子无容身之所。 **【环节八】深化安全教育的主题,列举其他的安全隐患** 辅导员:同学们,在我们的大学生涯中,除了手机诈骗之外,我们的生活中还有许多其他的安全隐患,例如传销兼职诈骗、交通安全、用电安全、饮食安全等。大家一定要提高自己的安全意识,保护自己,远离安全隐患。	

十二、总结

本次主题班会辅导员积极引导，学生主动参与，利用情景短剧、视频、图片等素材，综合采用多种方法，以大学生喜闻乐见、易于接受的方式进行安全教育，充分发挥学生的主体性和积极性，寓教于乐，潜移默化地教育学生，提高安全教育效果。此次班会既是讲方法，更是意识培养，班会中虽然举了一些诈骗案例，但是无法穷尽，所以重点在于培养学生的防骗意识。但由于时间所限，本次班会方案设计的初衷并不是期望仅仅通过一次班会就达到教育效果，而是以此为引，在今后的工作中，设计开展一系列主题班会和实践活动，不断强化学生的安全意识，提升学生的防骗意识与能力。

因为有你，向阳花开

——做一名温暖的青年志愿者

一、班会主题

因为有你，向阳花开——做一名温暖的青年志愿者

二、班会地点

多媒体教室

三、班会时间

大一下学期

四、班会对象

大一年级学生

五、主讲人

赵全胜、陈露

六、班会背景及目的

1. 班会背景

我们身处一个伟大的时代，国家的国际地位日益提升，国民经济高速发展，人民生活水平大幅提高。人们对未来充满信心，希望能实现自身和民族的梦想。社会的精神环境不断恶化，人与人的关系日渐疏远，对和自己无关的人和事，人们表现得极为冷漠乃至于冷酷。在这样一个时代里，仍然有这样一群人，他们不求回报，甘于奉献，他们的足迹遍布大江南北，他们的身影活跃在扶弱助残、救灾抢险、环境保护、社区建设等各个领

域。他们有一个响亮的名字，那就是——志愿者；他们高举着一面旗帜，那就是“奉献、友爱、互助、进步”的志愿者精神。这个崭新时代需要志愿者精神，因为志愿者精神无论是对个人健全成长和全面发展，还是对社会的融洽和谐，都具有重要意义。时值“学雷锋”主题活动，鼓励大一新生勇担使命，争做一名温暖的青年志愿者。

2. 班会目的

(1)引导学生正确认识志愿者、志愿服务、志愿服务精神及起源。通过案例解说、榜样事迹分享，引导学生客观认识志愿者、志愿服务及其精神，思考志愿服务的意义，让学生对志愿服务活动产生认同。

(2)分析开展志愿服务活动的原因。通过爱心支教感人案例，阐释志愿服务在当下时代的重要性，激发学生对志愿服务的热情。

(3)剖析当前大学生志愿服务存在的问题。以“爱心献血”的多重性目的为出发点，探讨当前大学生志愿服务活动存在的问题，剖析问题存在的原因，引导学生进行自我反思。

(4)指导学生如何开展志愿服务，并付诸实际行动。用趣味的方式、幽默的语言，引导学生学会如何开展志愿服务活动，以及需要注意的几大方面，激励学生加入志愿者的团队里来。

七、班会准备

1. 环境准备

布置黑板，摆放座位，渲染环境，营造轻松舒适的外部氛围。

2. 人员准备

班会主持人即辅导员，班会参加人员即大一年级学生(提前做好回答问题学生的预案工作)。

3. 素材准备

搜集相关图片、新闻、案例、视频等。

4. 多媒体准备

制作PPT，准备好多媒体教室，安排专人拍摄视频。

5. 问题准备

对可能存在的问题做好预案，例如问题讨论中产生的各种可能答案、同学之间答案争端的处理、班会现场气氛的活跃等。

八、预期效果

(1)能正确认识志愿者、志愿服务的内涵与意义,弘扬志愿者服务精神;

(2)参与志愿服务的意愿增强,并在引导下剖析当前大学生志愿服务存在的问题,并思考解决或规避办法;

(3)感悟到志愿服务的真谛,意识到当下中国志愿服务存在的重要意义,产生参加志愿服务、奉献社会的使命感;

(4)初步掌握如何开展志愿服务活动,并付诸行动,做到内化于心、外化于行。

九、环节设置与时间分配

(一)班会导入:引入志愿服务主题(2分钟)

【环节一】感人事例,引入主题:志愿服务在中国

在正式开始班会之前,将中国社会多种类型的志愿服务事例采用排比的方式罗列,导入本次班会“志愿服务”这一主题,使学生对志愿服务产生初步印象。

(二)进入主题:感悟志愿真谛,激发志愿热情(40分钟)

【环节二】名人风采,诠释真谛:讲述身边榜样人物,传承志愿服务精神

通过吴青山、古孜里努尔两位志愿服务典型人物的事迹介绍,在看、听、说的过程中,引导学生全面客观地认识志愿者、志愿服务、志愿服务精神及其起源,并对志愿服务活动产生认同感和向往感。

【环节三】观看视频,触动情弦:阐释志愿服务意义,点燃志愿服务热情

《希望树》这部微电影讲述的是一名支教老师到云南偏远山区大拉坝小学支教的感人故事,这种支教类型的志愿服务与在校大学生联系紧密,容易引发学生情感共鸣。通过观看这部电影,激发学生参与志愿服务、帮助弱势人群的强烈愿望。特别需要注意,在讨论中注意引导学生明晰志愿服务的深刻意义。

【环节四】对话分享，启发思考：剖析当前大学生志愿服务存在的问题

此环节为转折，根据爱心献血这一“对话分享”，指出当前大学生志愿服务存在缺乏主动、畏惧挫折、停在表面、流于形式、动机不纯等问题，引发学生对大学生志愿服务的思考。

【环节五】深思熟虑，充分准备：志愿者们，你们准备好了吗

通过与之前的“对话分享”前后呼应，让学生认识到开展志愿服务仅有一腔热情还远远不够，为了避免问题、保证效果，还需认真准备。站在学生角度，通过活动开展前、实施中、结束后三个阶段，具体指导学生如何开展志愿服务活动以及相关注意事项。

（三）总结升华：付诸实际行动（3分钟）

【环节六】千里之行，始于足下：志愿者们，你们还等什么

用特殊案例进一步引导学生、触动学生，让学生将所思、所想、所学落实为具体行动，固化教育效果。

十、过程设计

步骤	班会具体流程	备注
（一）班会导入	**【环节一】感人事例，引入主题：志愿服务在中国** 辅导员：各位同学，大家下午好！在开始今天的班会之前，我想跟大家一起看这样一些图片（略）。 有这样一群人，他们自发奔赴灾区加入救援大军。因为他们的无私付出，更多生命得以挽救。2008年5月12日，四川省汶川县发生里氏8.0级地震，造成近7万人遇难。事故发生后，亿万国人感同身受，心急如焚。 有这样一群人，他们在最美的青春奔赴西部，用爱心和智慧帮助一个个有梦的孩子，用点点滴滴的付出去温暖孩子们的心灵，浇灌每一处需要知识的贫瘠土地。 有这样一群人，他们用优良的素质、良好的礼仪、优质服务技能传播奥林匹克精神，为来自世界各地的运动员提供公平祥和的竞赛环境，让奥运会得以顺利进行。 有这样一群人，他们牺牲休息时间，走进敬老院，像亲生儿女一样将关心与关爱带给孤独的老人，排解他们精神上的空虚和寂寞，让他们的晚年生活过得更健康温馨。 还有这样一群人，他们投身环保事业，用实际行动践行环保梦，用实际行动引导公众参与环保工作，让每一个公民自觉	通过多种类型的志愿服务，导入本次班会主题。

续表

步骤	班会具体流程	备注
(一)班会导入	承担保护环境的责任,让环境保护深入人心。 因为有这一群人,汶川的生命得以挽救! 因为有这一群人,西部的孩子得以实现梦想! 因为有这一群人,祖国的运动盛会得以圆满举办! 因为有这一群人,孤独的老人们得以安享晚年! 因为有这一群人,我们才能在更美好的环境中生活,享受阳光。 这些满怀热情、无私奉献、不求回报的他们,让社会变得更加美好。 下面,正式进入我们今天的主题班会:因为有你,向阳花开——做一名温暖的青年志愿者。	
(二)进入主题	**【环节二】名人风采,诠释真谛:讲述身边榜样人物,传承志愿服务精神** 辅导员:让我们先来认识一下两位名人,他们出名不是因为歌唱得多棒、戏演得多真、人长得多美,而是因为他们所做的事情。 首先,我们通过一段小视频来认识第一位名人(略)。 视频中讲述的吴青山,是我校一名普通的辅导员老师,但不普通的是,他是第十四届"中国青年五四奖章"安徽省唯一获得者、全国"助人为乐好人"、全国"百佳大学生"。 荣誉的背后,是他感人的事迹。2004年,正在读研的他与同学一道发起"爱心接力",创办了全国首个市级公益家教组织——芜湖市五四爱心学校。该学校利用周末时间,免费为全市贫困家庭子女辅导功课。在他的努力下,现已创办11所爱心分校,汇集大学生志愿者3000余人,受助学生已逾千人,志愿服务时长10万多小时。2010年,吴青山又倡导发起成立了"五四爱心基金",帮助贫困学子完成学业。 "我希望能够把我有限的知识传授给他们,尽我的绵薄之力去帮助那些和我有着相同经历和愿望的孩子。"这就是他的感言。 第二位名人是个新疆维吾尔族姑娘,她叫古孜里努尔·艾尼瓦尔,是我校2011级心理学专业本科生,也是"中国大学生自强之星"标兵,"安徽省五四青年奖章"获得者。 在校期间,她深入芜湖市各中小学开展心理健康辅导,为500多名学生累计服务超过1000小时。四年来,她坚持无偿献血,累计超过1000毫升,她的事迹被《中国青年报》头版、《光明日报》等深入报道,她是少数民族学生学习的标杆,是民族团结的先锋,是志愿服务的榜样。 学校的鉴定表里这样评价她:从新疆吐鲁番到江城芜湖,从天山牧羊女竞选到大学团支书,从"连汉语都不会说"到如今	用身边的真实案例引导学生对志愿服务的全面的认识,在看、听、说的过程中引发学生进行深层次思考,让志愿者精神深入学生心中。

续表

步骤	班会具体流程	备注
(二)进入主题	为数百名汉族学生开展心理辅导，来自新疆的维吾尔族姑娘古孜里努尔·艾尼瓦尔，用自己的努力在安徽师大圆了自己的“自强梦”。 同学们，领略了这两位名人的事迹风采，大家对志愿服务有没有新的认识和感想？ 学生思考并回答(略)。 辅导员：不论是爱心支教帮助他人完成学业的吴青山老师，还是自强自立、无私奉献的古孜里努尔，他们都有一个共同的名字——志愿者；他们这种不求回报、无私奉献的自发行为就是志愿服务；他们身上所展现出的这种奉献、友爱、互助、进步的精神就是志愿服务精神。 其实，志愿服务不是中国才有。早在19世纪初，当时欧美等国的宗教慈善活动就是志愿服务活动的雏形。 志愿服务也不是现在才有。中国古代儒家的“仁者爱人”、道家的“积善成仙”、佛教的“慈悲为怀”都有着浓厚的济世助人思想，与志愿精神是一致的。 学生点头表示赞同。 辅导员：同学们，再深入思考下，这两位名人并没有做出惊天动地的大事业，只是平常小事，也许你也能做到，但为什么他们被视为榜样，广为称赞？ 学生回答原因(略)。 辅导员：伟大的毛主席曾经说过，“一个人做一件好事并不难，难的是做一辈子好事”。开展志愿服务活动，关键是发自内心、持之以恒。志愿服务也不是这些榜样名人的专属，其实，在我们身边有很多普普通通的志愿者，虽然默默无名，但他们在汶川地震、北京奥运会、社区服务、社会公益等方面发挥了重要的作用。 **【环节三】观看视频，触动情弦：阐释志愿服务意义，点燃志愿服务热情** 辅导员：通过对志愿服务的介绍，大家都了解了志愿服务是以奉献、牺牲为主的工作，其中充满了困难与艰辛、挑战与风险，但为什么还有很多人愿意参与志愿服务活动，成为志愿者呢？ 接下来，让我们来观看一段关于爱心支教山区孩子的微视频，大家也许从中能找到答案。 学生观看视频。 辅导员：看完视频后，相信同学们都有很多感触，大家都说说自己的想法。 学生表达观后感。(例：老师，我觉得视频中那位支教老师非常伟大，他为了孩子能够学习知识，毅然放弃山外的自由和	通过观看《希望树》微视频，激发学生参与志愿服务的欲望。特别应该注意的是引导学生明晰志愿服务的深刻意义。

续表

步骤	班会具体流程	备注
(二)进入主题	自己的艺术梦想,在贫瘠的山区坚持三年,用自己的青春来浇灌这些孩子成长。) 辅导员:“赠人玫瑰,手有余香”,视频中的支教老师值得我们每个人去学习。其实,志愿者在服务他人、服务社会的同时,自身也得到了提高,心灵也得到了升华。参与志愿服务既是“助人”,也是“自助”;既是“乐人”,也是“乐己”;既是在帮助他人、服务社会,也是在传递爱心与传播文明。 学生表达自己想法。(例:看到视频中那些淳朴的孩子、残破的桌子,再想想现在的我,身处美丽安逸的大学校园,可以自由地学习知识、享受生活,心里面很难受,我很想尽我所能去帮助这些孩子。) 辅导员:是的,现实社会中有很多需要帮助的人,他们也许是贫困山区的孩子,也许是风烛残年的孤独老人,也许是身患残疾的折翼天使;现实社会中也有很多需要大家共同协作的大事,比如北京奥运会、上海世博会、汶川大地震。帮助这些需要帮助的人,参与这些需要大家齐心协作的事,不仅是国家、社会的责任,也是我们每位有爱心、有责任心的大学生应该践行的光荣使命。志愿服务工作不仅体现了个人价值,也促进了社会的和谐、国家的进步。 那么我们现场做个小调研,愿意参加志愿服务活动的同学,请举手。 学生举手表达自身观点(略)。(可能大部分同学举手表达愿意参加志愿服务活动,但也有少数同学未举手。) 辅导员:未举手同学可否阐述不愿参加志愿服务活动的理由? 学生回答不愿参加志愿服务活动的理由。(例:其实,我也知道志愿服务的出发点是好的。我原来也非常愿意参加各种志愿活动,但在参加活动的过程中,感到有很多与自己期望不符,甚至令自己不满的地方。比如有一次进社区开展志愿活动,社区的主任为了拍几张照片,竟然把同学们已经拣好的垃圾从垃圾袋中倒出来,让同学们再捡,感觉就是在走形式,所以之后我再也不愿意参加这些志愿活动了。) 辅导员:这位同学的理由是,他原本也非常愿意参加此类活动,但在参加活动的过程中,出现了一些问题,导致他逐渐丧失了参加志愿活动的兴趣。(根据学生的回答,辅导员尽可能引导到大学生志愿服务存在的问题上。) **【环节四】对话分享,启发思考:剖析当前大学生志愿服务存在的问题** 辅导员:相信同学们在大学一个多学期的时间里,已经参	承上启下,根据针对爱心献血这一“对话分享”,剖析当前大学生志愿服务存在的问题,引发对于志愿服务的思考。

续表

步骤	班会具体流程	备注
(二)进入主题	加过各种各样的志愿服务活动，比如义务支教、爱心献血、打扫公园等，在参加活动中，也可能会遇到类似这位同学遇到的问题。那么现实中，同学们究竟是怎样看待这些志愿服务活动的，大家来看看以下几位同学关于爱心献血志愿服务活动的一段对话。 同学A："同学，辅导员让我们明天去参加志愿爱心献血活动啊！" 同学B："针管那么粗，一下子抽那么多血，肯定伤身体，还是不去吧！" 同学C："听说献血有A模块0.5学分加的哦！" 同学D："加1个学分也不去！ 血站从学校免费采血，再高价卖给病人，他们赚大了！" 同学E："哈哈，我正好还没满18周岁，到时候去做个样子就行啦！" 辅导员：听到以上这些话时，你的第一感觉是什么？ 是不是自己曾经也有过这样类似的想法。 学生现场作答，给出自己的看法。 辅导员：我们来具体分析下以上几位同学的对话，看看他们代表的观点和反映出的当前大学生志愿服务存在的问题： 同学A——被逼迫，缺乏主动性； 同学B——怕困难，存在畏惧感； 同学C——超现实，目的功利化； 同学D——欠了解，认识有偏见； 同学E——走过场，活动形式化。 **【环节五】深思熟虑，充分准备：志愿者们，你们准备好了吗** 辅导员：事实证明，开展志愿服务活动仅有一腔热情，还远远不够，为了避免出现上述问题，达到活动预期效果，我们在志愿活动开展前、实施中、结束后都要做好充分准备。 [开展前]精心策划，充分准备，找准自身定位和对象所需 (1)让学化学的我们去修电器吧！ (2)让闷葫芦的我去敬老院逗老爷爷老奶奶开心吧！ (3)让我们加入五四爱心学校去捡垃圾吧！ (4)不过马路也要扶着奶奶过马路！ 辅导员：大家是不是觉得很好笑？ 是的，的确很好笑。但在笑过之后你们又悟出了什么呢？ 学生：开展志愿服务活动，要做自己擅长的事。 辅导员：在做志愿服务的过程中，最重要的一点就是——找准自己的定位，并了解对象所需。即认识自己，认识志愿组织和志愿项目，认识服务对象。	站在学生角度，通过开展前、实施中、结束后三个阶段，具体指导学生如何开展志愿服务活动。

续表

步骤	班会具体流程	备注
(二)进入主题	无论做什么事情,能否透彻清醒地认识自己和服务对象都是最重要的。为了更好地适应志愿服务的需要,找准自己的定位,并明晰服务对象所需,才能从中得到价值感,才能最大限度地发挥自身潜能。 [实施中]注重细节,讲究实效,保证活动安全 (1)背心拖鞋做服务? (1)为了完成任务摆拍敷衍? (3)"旱鸭子"跳湖救人? (4)唯我独尊? 辅导员:以上这些同学有一定的志愿服务意识,但是,并没有达到一名高素质志愿者的要求。即文明礼仪是形象,责任心是金子,有效沟通是虹桥,专业技能是法宝,团队合作是力量。 辅导员:"志愿者的微笑是最好的名片",志愿服务不仅仅是简单的体力劳动,更是奉献爱心、传递友爱、传承文明和展示风采,因此每一名志愿者都要具备良好的素质,以无愧于志愿者崇高的使命。 2002年11月30日,可可西里民间环保组织"绿色江河"的索南达杰保护站两名志愿者在保护区外围被困,被活活冻死在野外的吉普车上。这起严重事故的发生引起了社会的广泛关注,也引发了我们对目前社会上日益增多的志愿活动的一些思考…… 志愿者的工作是严肃的,它要求志愿者本人具备良好的身体素质和文化修养,有时还必须具备一定的特殊知识和技能。这次发生在可可西里民间保护站的意外死亡事故,很大程度上也是因为当事人缺乏足够的野外生存常识。 因此,志愿者的人身安全是志愿服务持续开展的基本前提,走出校园、走向社会开展志愿服务的我们尤其要注意,要树立安全意识,掌握安全常识,学习自救知识。 [结束后]总结经验,反思不足,提升实践能力 辅导员:很多同学参加志愿服务活动,都存在这样一个误区,认为活动参加完就完事了。其实不然,志愿活动结束后还有很多后期工作需要做。志愿者需要一起讨论活动开展的得与失,总结经验,反思不足,在今后的志愿活动中要考虑这些问题。 (1)我为他人带来了什么? (2)我自己收获了什么? (3)下次应该注意什么?	

续表

步骤	班会具体流程	备注
(三)总结升华	**【环节六】千里之行,始于足下:志愿者们,你们还等什么** 辅导员:志愿服务已经成为我们生活的重要组成部分,小到社区邻里互助服务,大到国际人道主义援助活动,志愿者的身影无处不在。 廖智,绵竹汉旺镇舞蹈老师,在5·12地震中失去双腿,想通过义演为家乡灾民筹款捐衣。2013年4月,雅安地震后,她奔赴抢险救灾一线当志愿者。 邹国兴,2013年6月加入南京公共文明引导志愿服务队,早在2011年他就被查出患有多发性骨髓瘤。青奥会期间,他带着病痛坚守在岗位上,无论刮风下雨,都会准时在站台上进行志愿服务。到2014年8月份,他志愿服务时长累计已达到1260小时,被江苏省委宣传部评为江苏最美人物之“最美青奥城市志愿者”。 他们都到志愿者的队伍中来了,正值青春大好年华的你们还在等什么！伸出你的手,初次相识却已是朋友;挽起你的手,风雨同舟并肩向前走! 辅导员:好的,班会结束之后,请每一位同学完成一份适合自己的志愿服务计划。 今天的班会到此结束,让我们下次再见。	用特殊案例进一步引导学生,触动学生,让学生将所思、所想落实为具体行动,固化教育效果。

十一、总结

(1)主题班会时间有限,班会内容不宜展开,关键是让学生感受到志愿服务过程中的温暖感觉,意识到参加“学雷锋”志愿活动的重要意义。

(2)对于班会气氛的把控要张弛有度,注意调动学生的积极性,引导学生带着问题进行思考,自己分析找出问题的答案。

(3)针对班级学生组织的相关志愿活动进行过程指导,约谈相关学生骨干谈志愿感悟,进一步深化班会的效果和影响,确保主题班会的实效性。

(4)志愿服务活动重在实践,对志愿者精神的培育也不可操之过急。要在实践中锤炼,让同学们带着青春的激情,争做一名温暖的青年志愿者。

前“功”尽弃，无“率”无忧

一、班会主题

前“功”尽弃,无“率”无忧

二、班会地点

多媒体教室

三、班会时间

大一上学期

四、班会对象

大一年级新生

五、主讲人

张玥

六、班会背景及目的

1. 班会背景

秋冬季节天气干燥,易发生火灾,而寝室因违规电器导致火灾的事故也屡见不鲜。在学校,寝室内使用违规电器现象屡禁不止,同时学生对于寝室安全用电意识薄弱,安全防范意识不强。为了提高同学们的安全防范意识,避免给自己和他人造成不必要的损失,特此召开杜绝使用违规电器主题班会,降低安全隐患,进一步增强同学们对宿舍安全用电知识的了解,增强同学们遵守校规校纪的意识,共同创建文明校园、和谐校园。

2. 班会目的

(1)分类识别寝室电器,了解违规电器的范围。在帮助学生充分了解、识别寝室各类电器的基础上，让学生知道哪些是违规电器，哪些是可使用的安全电器。

（2）分析在寝室内禁止使用违规电器的原因。针对学生为了方便快捷使用热得快、电饭锅、电热毯等问题，从真实案例入手，用理论向学生说明使用违规电器危及生命安全。

（3）引导学生牢记安全用电常识，遵守校规校纪。引导学生认识到在寝室使用违规电器带来的危害，培养学生群体安全用电的意识。把违规电器造成意外事故的可能性消弭在萌芽状态，从而根治"寝室安全隐患"问题，并号召广大同学自觉遵守学校相关规章制度，做到从我做起，安全用电，为构建文明、和谐的校园贡献自己的力量。

七、班会准备

（1）提前两周召开班委会，商讨班会方案。

（2）制定主题，搜集相关材料，撰写策划书，制作PPT。

（3）提前布置会场，准备放映PPT的电脑、投影仪、话筒、电池等道具。

（4）需要注意的问题：

①班会的流畅性。班会过程流畅，避免冷场，通过赠送小礼品和表演歌舞来活跃气氛。

②层次的递进性。各个环节层层递进，由是什么到为什么再到怎么办，潜移默化影响学生，正确对待主题思想。

③案例的典型性。案例必须真实，且对学生具有说服力。

八、环节设置与时间分配

（一）班会导入：分享图片，引出话题（3分钟）

触目惊心的图片引发学生思考，显示违规电器的危害性。

（二）进入主题：杜绝违规电器，加强学生认知（30分钟）

【环节一】辨一辨：谁能分得清

展示寝室所涉及电器图片，学生进行抢答哪些是违规电器，对什么是违规电器有清楚的认知。

【环节二】看一看：违规电器

展示新闻资料，真实的案例引起学生重视；分析在寝室使用违规电器引起火灾的原理，增加说服力；播放视频《"热得快"惹祸》，让学生讨论并明确使用违规电器的严重后果。

【环节三】议一议：电器大围剿

让学生说出心声，探讨如何杜绝学生使用违规电器，老师加以引导，并收集对学校收缴违规电器的意见；播放视频《聚焦宿舍违规电器》，探讨对学校收缴违规电器的正确态度。

（三）总结升华：增强安全意识，遵守校规校纪（15分钟）

【环节四】学一学：分享你我他

学生各抒己见，一起学习寝室防火及安全用电的方法，强调遵守校规校纪的重要性，强化安全教育。

【环节五】签一签：我们来宣誓

再次点明班会主题，集体宣誓，许下承诺，落实行动。

九、过程设计

步骤	班会具体流程	备注
（一）班会导入	[导入]观看图片集（图略） 辅导员：生命只一季！且行且珍惜！ 看完了这些触目惊心的图片，相信大家了解我们今天班会的主题了，没错，就是杜绝使用违规电器。说起违规电器啊，我想同学们脑海里一定会飞快地闪过诸如"吹风机""热得快""电饭煲""电磁炉"这样的物体画面，但是不是每位同学都知道哪些电器属于违规电器呢？	分享图片，引出话题。触目惊心的图片引发学生思考，显示违规电器的危害性。
（二）进入主题	**【环节一】辨一辨：谁能分得清** 展示PPT，每页都有一些电器图片，每组请一位同学分辨违规电器，答对者所在小组加分。 辅导员：让我们看一组图片，认识一下这些违规电器。（图略） **【环节二】看一看：违规电器** 辅导员：同学们，我想以上这些电器你们应该都不陌生吧。	

续表

<table>
<tr><th>步骤</th><th>班会具体流程</th><th>备注</th></tr>
<tr><td>(二)进入主题</td><td>然而我们当中有多少人想过，这些被称为“寝室炸弹”的违规电器，如吹风机、热得快，会给我们带来多大的危险呢？我这里有一份资料，请大家看一下。
［PPT播放图片］

高校安全事故频发 上海向大学生亮安全警示黄牌 中国教育新闻网 2009-04-22 00:00
安全隐患现象进行揭示。据悉，为了提高学生体质和生存技能，市教委计划用3-5年时间，让本市所有学生人人都会游泳。 宿舍用电安全隐患多 "... 高校安全监管存四大隐患 沈阳工业大学近日发生一起一大四男生将同寝室两名同学杀害的恶性案件。记者在采访中了解到，尽管事件带有偶发...

昌大科院学生寝室火灾敲响校园安全警钟 四川新闻网 2014-01-07 10:09
事件回顾:2013年12月22日下午14时，南昌大学科学技术学院九栋女生宿舍楼510室起火，学生迅速离开宿舍楼，并告知老师和拨打火警电话。经过... 安全的基本要求。消防安全未验收，就让学生入驻，这无疑是给消防安全埋下了隐患，将学生置于了一个可能存在消防安全问题的住宿生活环境中...

夏天移动电源安全问题多 正确使用避免隐患 华强北电脑网 2014-07-08 11:27
今年6月20日，武汉市白沙洲大道一高校女生宿舍一寝室失火，而失火的原因是学生使用的"移动电源"出现了自燃导致的。据悉，当时这名女生将"... 导致寝室的窗户全部烧毁。 现在已经进入了炎热的夏季，高温对于移动电源使用安全的影响不容忽视，更是造成移动电源频频出现燃烧事件的主...

南昌高校寝室火灾敲响校园消防安全警钟(组图) 荆楚网 2014-01-07 09:43

事件回顾:2013年12月22日下午14时，南昌大学科学技术学院九栋女生宿舍楼510室起火，学生迅速离开宿舍楼，并告知老师和拨打火警电话。经过... 安全的基本要求。消防安全未验收，就让学生入驻，这无疑是给消防安全埋下了隐患，将学生置于了一个可能存在消防安全问题的住宿生活环境中... [2条相同新闻]

南宁高校男生养6只鹦鹉2只狗 安全存隐患 中国青年网 2013-11-13 16:19

走进去，就像走进动物世界。这事就发生在南宁市某高校的一间学生寝室里。如今，在寝室饲养宠物，越来越受高校大学生的喜爱，特别是饲养乌龟、金鱼、猫、狗等宠物是大多数大学生养宠发烧友的心头爱。 然而，有高校明确表示，禁止在学生宿舍养宠物，以免造成卫生隐患。 事件 大学生寝... [25条相同新闻]

上海高校紧急排查安全隐患 重点查违规用电 腾讯 2008-11-15 11:15
事件，要求各高校、各区县教育局高度重视学生安全工作，立即对本高校、本区县寄宿制学校进行一次全面细致的安全隐患检查，一旦发现安全隐... 新制定的《园区防火须知》，已经在复旦各个学生生活园区的所有寝室楼内张贴。 据介绍，该校学生寝室楼里的电闸经过设计，只要电量超过一定...

辅导员：违规电器是怎样对我们造成危害的呢？科学的解释是这样的：使用违规电器极易引起电线超负荷，造成电流增加，电线发热，超得越多，发热也越快。电线绝缘层允许温度一般为60℃，如果线路长期过负荷运行，线路发热量增大，绝缘层加速老化；当温度大于250℃时，绝缘层会发生自燃，并与电线分离，造成短路而发生火灾事故。
大学宿舍中，电路限流，如果功率过大，很容易引起电线短路造成火灾。一个电水壶就可以让寝室失火，更何况“热得快”、电饭煲和电磁炉呢！这其中的危害不可小觑！</td><td>分析为什么不能使用违规电器：新闻资料展示，真实的案例引起学生重视；分析在寝室使用违规电器引起火灾的原理，增加说服力；播放视频，让学生讨论并明确使用违规电器的严重后果。</td></tr>
</table>

续表

步骤	班会具体流程	备注
(二)进入主题	学生:嗯,我明白了,使用违规电器固然是有危险存在的。可是我们的小伙伴往往会怀存着“侥幸心理”,想来这种小概率事件应该不会摊到自己身上的吧。 辅导员:小概率?同学们,咱们跟上帝做交易可是“砂锅里捣蒜——一锤子的买卖”啊,见过回头钱,有见过回头命的吗?这种事情怎么能依据概率大小来处理呢?我相信你讲的这种心理肯定很多人都会存有,不过大家看完下面这个短片就知道什么叫做“追悔莫及”了! [播放视频](略) 辅导员:同学们,看完这段视频,你们的“小宇宙”有没有稍微被震到一点呢?唉,这位姑娘真是不幸。要是没有那根“热得快”,相信她的大好年华会被书写得别样精彩。马上要毕业了,差一点就可以迈出校园走向新的人生舞台了。 记得电影《唐山大地震》里有一句经典的台词:“没了,才知道啥叫没了。”同学们,生命是一个不可逆的过程,我们开不起这种“差一点”的玩笑,一幕幕的悲剧都在鞭策我们要“且活且珍惜”。 **【环节三】议一议:电器大围剿** 学生:嗯,说得有道理,可这个貌似不关乎我们使不使用违规电器啊。况且如果我们谨慎点使用,这种悲剧状况应该可以避免的吧。 辅导员:那你的意思是,还是想用违规电器咯? 学生:我只是做一个假设而已,我想假设我们能小心一点使用,未必会有意外事故降临到寝室吧。 [讨论发言] 辅导员:唉,看来这个问题只能叫大家帮我们解决了。请各位同学说一说,如何杜绝使用大功率电器,大家希望学校怎么做呢?(PPT播放议题,各小组讨论,由小组组长总结发言) 辅导员:怎么样?这回你还坚持自己的观点吗? 学生:其实我个人是这么想的,学校禁止我们使用违规电器的确对我们的生活造成了诸多不便,但是比起生命受到威胁,我们才不得不做出“两害相权取其轻”的抉择。 辅导员:是的,有句话叫做“小心驶得万年船”,我们只有先懂得爱惜自己的生命,然后才能觉悟保障他人的安全。 学生:不过我还有一个疑问,学校既然要收缴宿舍的违规电器,那我们的正常生活会不会因为校方频繁的突击检查而受到干扰呢? 辅导员:这个问题问得好,我们再来看一段视频,看完这段视频我们再来讨论吧。	让学生说出心声,探讨如何杜绝学生使用违规电器,老师加以引导,并收集对学校收缴违规电器的意见;播放视频,探讨对学校收缴违规电器的正确态度。

续表：

步骤	班会具体流程	备注
(二)进入主题	[播放视频](略) 辅导员：这段视频，对你有什么启发？ 学生：我觉得校方和学生都应该互相尊重，我们配合校方的收缴行动，校方也应该尊重我们的生活隐私，至少应该做到男女生寝室分别由男女生检查员来检查吧。 辅导员：嗯，说得好。针对这个问题，我想采访一下同学们，你们觉得学校应该如何做到在查寝和收缴违规电器的同时也尊重我们的隐私呢？ [现场采访]采访对象为5人左右(略) 辅导员：我来总结一下，其实啊，正如刚才视频里那位老师说得那样，收缴违规电器不是目的，重要的是学校能在我们形成事故之前把创造危机的可能性降为零，这是学校对我们人身安全负责任的一种体现。希望学校能把这种釜底抽薪的办法通过科学化与合理化的渠道来付诸现实，也请各位同学积极配合校方的行动。	
(三)总结升华	**【环节四】学一学：分享你我他** 辅导员：通过前面的讨论，我发现使用违规电器的同学大多数都是怀揣着侥幸的心理，似乎根本察觉不到危险的存在。可当危险真的来临时，大家却手足无措，只能苦苦呻吟。 危险往往都是毫无征兆地光临我们的生活。既然如此，那我们应该如何预防寝室发生火灾等意外事故呢？当寝室的火灾等意外事故不可遏止地发生时，我们应该如何组织自救和营救他人呢？ [微课堂之寝室安全小妙招] 寝室是学生经常活动的场所，因此，必须做到： (1)不乱拉乱接电线，以防超负荷； (2)不躺在床上吸烟，不乱扔烟头； (3)不在蚊帐内点蜡烛看书； (4)不要把点燃的蚊香贴靠床沿、窗帘； (5)不使用电褥、电熨斗、电炉子、“热得快”等违章电器； (6)不使用酒精炉、煤油炉、汽油炉等； (7)不焚烧杂物； (8)不存放易燃易爆物品； (9)台灯不靠近枕头和被褥，养成人去灯关的好习惯； (10)不要用灯泡等取暖或烘烤衣物。 辅导员：除了我刚才念到的这些，大家还有没有其他的小妙招一起分享呢？ 同学们积极发言，告诉其他同学自己在寝室安全用电的小方法。	学生各抒己见，一起学习寝室防火及用电安全，强调遵守校规校纪的重要性，强化安全教育。

续表

步骤	班会具体流程	备注
(三)总结升华	[微课堂之校规校纪记心头] 辅导员:我们一定要遵守校规校纪,自觉约束自己的行为。在日常生活中,我们一定要养成良好的生活习惯,不要偷懒噢!大家来说一说,如何杜绝违规电器呢? **【环节五】签一签:我们来宣誓** 伴随着音乐,在观看图片的同时,班干部向同学们发放《安全倡议书》。而后让同学们起身,根据PPT的宣誓词,庄严宣誓,最后在承诺书上签自己的名字,郑重许诺。 安全倡议书 安全无小事,生命最宝贵,警钟要长鸣,从身边点滴的安全小事做起,我们承诺做到: (1)讲究寝室文明、维护寝室卫生; (2)不使用违规电器; (3)注意安全、防火防盗; (4)严格遵守校规校纪。 宣誓人:XXX 辅导员:安全——这两个字,不知同学们都听过多少遍了。像外出郊游,老师父母总会嘱咐我们注意安全;骑车上学,老师父母总会嘱咐我们注意车辆。安全,太重要了,因为安全是我们生命的保证,和我们的幸福生活息息相关。尤其是冬天快到了,很多电器可能会被一些同学使用,但是这些电器如果操作不当会引起火灾,每年高校中这样的例子比比皆是。希望经过本次班会,大家能够深知使用违规电器的危害,也希望同学们能少一点侥幸心理、多一点自律,给我们的宿舍创造一个安全、温馨的氛围,为我们的和谐宿舍、文明校园尽自己一份责任!	再次点明班会主题,集体宣誓,许下承诺,落实行动。

十、总结

本次班会通过丰富的知识宣讲,辅以多次体验式活动,与同学建立起良好的沟通平台,使得大家在娱乐的同时能够接受知识的灌输。这样违规电器使用的危险性不再成为同学们认知领域的盲区,大家都意识到了要远离大功率电器,树立起“安全寝室”和“文明寝室”的模范形象。主题班会后,可以安排在班级内部进行寝室清理活动,形成长效机制,定期检查,评选“文明寝室”。

新生活，我为自己代言

——新生入学适应教育主题班会

一、班会主题

新生活，我为自己代言——新生入学适应教育主题班会

二、班会地点

多媒体教室

三、班会时间

大一开学初期

四、班会对象

大一年级学生

五、主讲人

吴辉、张玥、王美

六、班会背景及目的

1. 班会背景

“良好的开端等于成功的一半。”经历过高考的洗礼，带着喜悦、兴奋的心情，怀着五彩斑斓的梦想，大学新生走进了多少人向往和憧憬的圣地——大学校园。当他们还对身边的各种事物充满着好奇和兴奋的时候，大学生活已悄然开始。于是带着这种感觉过了很长一段时间，他们可能会突然觉得，对这个梦想中的象牙塔很不习惯、很不适应。上课、自习、图书馆、教室、班委会、学生会、社团、入党、讲座、活动……面对这么多的

关键词，很多新生显得无所适从。

每一年的新生中总是有很多人不能很快地适应大学的学习和生活，由此造成的影响可能会延续2—4个学期乃至更长时间，甚至影响了个别学生的整个大学生涯。因此，对大一新生有计划、有针对性地开展适应性教育显得尤为重要。

2. 班会目的

通过本次班会，帮助学生找准大学生活的定位，培养学生的自我管理能力，提升学生的独立生活技能，让学生对大学生活的特点形成正确的认知，养成良好的生活习惯，做朝气蓬勃、健康向上的青年大学生。

七、方法与手段

(1)多媒体案例展示。

(2)师生互动交流。

八、班会准备

(1)提前两周召开班委会，商讨班会方案。给指定的班委布置材料搜集的任务，并结合班级实际，确定主题班会方案。

(2)向全班同学布置主题班会事宜，发挥班集体所有成员的主观能动性，重点让同学们自我发现问题，反思入学以来的所思所想所为与自己当初理想的大学生活的差距，并将信息反馈给辅导员。

(3)对同学们提交的具体问题进行初步甄选和提炼，并总结出相应的解决策略，结合自己搜集的视频、图片、数据及文字材料，制作多媒体课件。

(4)寻找5名校“十佳大学生”，做一段他们畅谈如何适应大学学习和生活的短视频，要内容精炼、信息量大。

(5)做好主题班会的其他准备工作。

九、预期效果

(1)通过多媒体课件展示和现场互动交流等教育形式，同学们了解自身的困惑，形成正确的认知。

(2)大一新生养成良好的生活习惯，提高独立生活的能力，形成自主管理的意识，从而更好地适应大学生活。

十、环节设置与时间分配

（一）班会导入：对比高中，认识大学生活（15分钟）

【环节一】热情开场，欢迎新生

一个精彩的开场白可以直接影响主题班会的效果，所以班会的开场白应该抓住学生的心，让人心潮澎湃。

【环节二】真实案例，敲响警钟

任何事情都具有两面性。新生对于大学生活充满了好奇与欣喜，但同时也面临着挑战与诱惑。良好的开端是成功的一半，为了让同学们走好初入校园的第一步，通过真实案例向同学们敲响警钟必不可少。

【环节三】对比高中，认识大学

新生初入学尚处于从高中阶段向大学阶段的过渡期。通过图表的形式分析对比高中和大学各方面的差异，让同学们对大学生活的特点有更深切的感受。

【环节四】结合理论，重视适应

基于达尔文生物进化论，结合长颈鹿和合欢树拉锯战式的进化过程，说明“适者生存”的道理，让同学们充分认识到提升大学初始阶段适应能力的必要性。

（二）进入主题：找出问题，寻求适应之法（20分钟）

【环节五】互动交流，发现问题

初入大学的困惑有哪些？采用“提问—回答”的方式，首先由几位同学结合自身特点谈谈自己对大学生活的认识与理解及初入大学以来的困惑，辅导员加以归类，然后再具体支着。

【环节六】归类总结，形成认知

对困惑进行分类总结，并深层次地分析这些困惑产生的原因，进一步加深同学们对这些困惑的认知。

【环节七】视频连线，典型指导

播放预先准备好的视频，让5名校“十佳大学生”畅谈自己在新生阶段是如何适应大学生活的。

【环节八】导员支着，活出自我

提出解决这些困惑的可行性办法。即针对不同的困惑，列举解决困惑的具体方法。

（三）总结升华：找准方法，过好新的生活（5分钟）

【环节九】总结成果，情感升华

对本次班会进行总结点评，并结合习近平总书记的经典语录发出倡议，鼓励同学们勇敢地张开怀抱拥抱美好的大学生活。

十一、过程设计

步骤	班会具体流程	备注
（一）班会导入	**【环节一】热情开场，欢迎新生** 以热情的开场白拉开班会序幕。 辅导员：亲爱的同学们，今天是10月20日，是你们来到师大的第45天。这一个月来，你们已经经历过军训、上课、学生会社团招新面试等各种活动，你们已经开始独立面对生活，独立处理形形色色的人际关系。今天我们将利用班会课的时间，帮大家梳理一下你们自入学以来遇到的问题。前面给大家播放的是你们非常熟悉的一段视频，借着这个视频，我们引出今天班会的主题——新生活，我为自己代言。（PPT展示一句话——我的青春我做主。） 辅导员：“我的青春我做主”这句话说起来容易做起来难。很多同学都会有这样的感受：没上大学前，总是憧憬着、想象着大学里有五湖四海的同学、知识渊博的教授、丰富多彩的课余生活、美好的爱情故事……然而上了大学之后，才发现大学不是当初想象的那样，学习任务繁重，课外活动应接不暇，和想象中的大学生活差异明显，自己的优越感也逐渐磨灭，或失落，或茫然。同学们有没有这样的感受？ 学生：有！ 辅导员：那么我同大家分享几个案例，看以下的这些现象。 **【环节二】真实案例，敲响警钟** 案例一：悲观失落等厌恶生活的现象（略） 案例二：好高骛远等冷落学习的现象（略） 案例三：人际关系紧张感的现象（略）	

续表

步骤	班会具体流程	备注
（一）班会导入	案例四：独立生活能力缺乏的现象（略） **【环节三】对比高中，认识大学** 辅导员：我们现在初入大学尚处于由高中向大学的过渡期，同样这也是大学生涯中较为关键的一个时期。这里有一张“大学与高中的比较”图表，现在我们来看看这两者之间在哪些方面存在差异。（PPT展示图表） 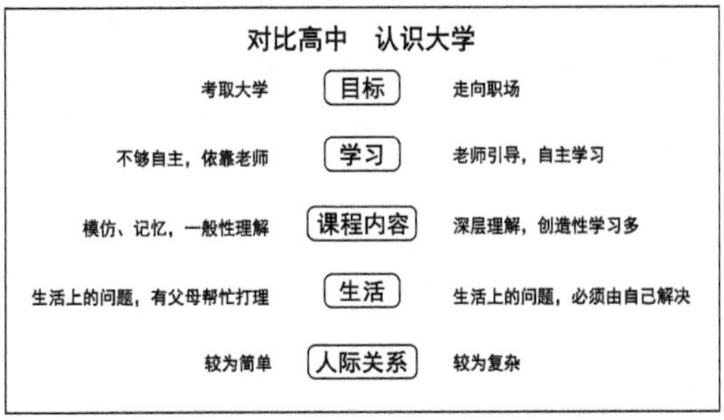 辅导员：图表从学习、人际关系、生活等方面向我们展示了大学生活和高中生活的不同。从图表中，我们可以明显看出大学生活对我们各方面的综合素质都提出了更高的要求。 面对这么多的不同，同学们会迷茫、会不知所措，这都是初入大学的正常现象。一些同学经过短暂的调整后，又重新找到了自己的定位，对大学有了更深的认识，大学生活也过得更加自信与从容；也有些同学放任自流，任由惰性滋生，等到毕业后后悔莫及。 **【环节四】结合理论，重视适应** 辅导员：数百万年前，在广袤的非洲大陆，由于大群的羚羊、角马、斑马几乎吃光了草原上的草，忍让的长颈鹿为了适应环境的变化，只好让脖子越长越长向“高层次”发展，它们充分利用自己身高脖长的优势，去吃驼刺合欢刺树冠上的叶子。而驼刺合欢树最初的防御措施是：在叶子间长出5厘米长像钢针一般坚硬的刺，这些刺其实是变态叶。长颈鹿则采用两种办法来对付：第一，长颈鹿的舌头、喉咙、食道和胃壁都长了厚厚的皮制“铠甲”，这样刺很难伤到它；第二，吃叶子时，长颈鹿从侧面捋着吃，不会碰到刺尖。长颈鹿的舌头长且窄，可以灵巧地卷住薄薄的叶子，把刺从叶子中挑出来。但驼刺合欢树又有了对付的新方法：一旦长颈鹿开始在一棵树上吃叶子，10分钟内，这棵树就开始在叶子里产生一种毒素，这种毒素被化学家称为单宁酸的鞣酸，动物吃了会有强烈的恶心感，于是不得不停止进食，否则就会危及生命。 长颈鹿又想出了新对策。它们在一棵驼刺合欢树上啃吃	通过展现相关真实案例，分析学生入学存在的问题；导入生动案例，结合理论，让学生对比高中，根据自身当前状况，认识大学新生活。

续表

步骤	班会具体流程	备注
(一)班会导入	叶子的时间从不超过5-10分钟,一旦尝出毒素的苦味,就踱向下一棵树。然而,驼刺合欢也想出了一种应对方法,不让长颈鹿得逞。原来,正在被长颈鹿啃吃的树不仅放出毒素保护自己,同时还释放出一种警告气味,向附近的同伴发出"敌人来了!赶快放毒!"的信号。借着风势,50米内的其他树都会收到警报,并开始释放毒素。当长颈鹿去吃叶子的时候,不到1分钟就得草草收兵。但长颈鹿也很狡猾,它一旦发觉嘴里的叶子开始变苦,便逆着风去找还没有收到警报的树…… 长颈鹿和驼刺合欢树在拉锯式的较量中共同适应彼此,进化成今天的模样,一个高的独一无二,不必为食物发愁;另一个美得让人沉醉,成为重要的园林树木。在座的大一新生们,大学的学习生活和高中的相比差异很大,你只有适应了它,你才能成长成才乃至成功。	
(二)进入主题	**【环节五】互动交流,发现问题** 辅导员:好的,接下来的时间,请大家积极踊跃一点,分享自己自入学以来遇到的问题。我们把问题摆出来,共同探讨。 学生1:课程重,节奏快,适应不过来,感到心情紧张,有点焦虑感。 学生2:高考考进师大是我发挥不好的缘故,感觉这里和我理想中的大学有差距。 学生3:竞争比中学多,感觉自己不够优秀了,丧失优越感。 学生4:什么都要自己来,离开了父母自己真的不适应。 **【环节六】归类总结,形成认知** 辅导员:大家提出的问题都非常的实际,也非常典型,如果这些问题我们不解决,那么会影响到大学生涯,甚至以后更长的时间。我给这些问题做一个分类: 学习类:节奏太快,老师讲课不像高中那么细致;大学的考核方式不再以学习为唯一;不知道怎么分配时间; 生活类:活动太多,都想参加,忙不过来;新环境适应起来很困难;对学校的设施不是很满意;想家; 交往类:每天和室友生活在一起,多少有点不习惯;不喜欢和陌生人过多交往。 学生点头表示赞同。 **【环节七】视频连线,典型指导** 辅导员:那么怎样适应好大学生活呢?接下来的时间我为大家请来了几位"大咖",他们既是我校2015年评选出的"十佳大学生",也是大学学习生活适应的达人,我们一起来看大屏幕。	发挥学生积极主动性,全体参与互动交流,提出自身困惑,分享感悟;老师总结归类三大类主要问题,结合视频支着,激励学生活出自我。

续表

步骤	班会具体流程	备注
(二)进入主题	学生认真观看。 **【环节八】导员支着，活出自我** 辅导员：在过去的十几年中，或许我们一直被指导，被安排，可是从你踏入大学校园的那天起，你就要开始做自己的主人了。只有做自己的主人，主动适应大学的学习和生活，才能把握自己人生的方向。在这里，老师给大家支上三招，希望对你们有所帮助。 学习上，要抓住自己的上课时间，同时积极培育和找到自己的兴趣点，把握认真上课的底线； 生活上，以寝室为单位，规划好十几平方米的空间，四个人都要充满正能量，充满青春气息；学会自己动手，学会勇敢面对； 交往上，学会与人积极交往，学会平和、谦虚和换位思考。	
(三)总结升华	**【环节九】总结成果，情感升华** 辅导员：同学们，通过这次班会课，我想大家应该对大学生活有了更深入的了解和认识，希望你们能够自我反思，严格要求自己，走好大学生涯的第一步。 习近平总书记曾说过：青年的价值取向决定了未来整个社会的价值取向，而青年又处在价值观形成和确立的时期，抓好这一时期的价值观养成十分重要。这就像穿衣服扣扣子一样，如果第一粒扣子扣错了，剩余的扣子都会扣错。人生的扣子从一开始就要扣好。我们作为青年大学生，大学的扣子是不是从一开始就要扣好呢？ 学生：是！ 辅导员：班会的最后，我分享一段话，与大家共勉。 你只看到我的分数，却没看到我的努力。 你有你的生活，我有我的态度。 你嘲笑我异想天开，我可怜你总是等待。 你可以轻视我们年少轻狂，我会证明这是谁的时代。 大学注定是荣耀的旅程，但路上也少不了诱惑和挫败。 但那又怎样，哪怕山高水长，也要活得漂亮。 我是大学生，新生活，我为自己的代言。	通过总结的形式，引导学生将所思所想落实为具体行动，化解困惑，制订大学生活规划，活出自我新生活。

十二、注意事项

1. 班会的流畅性

本次班会一定要流畅到底，不能冷场，否则会严重影响教育的效果。

2. 层次的递进性

班会的环节必须要层层递进，环环相扣，这样才能直击学生的内心，让学生敢于认识自己、改变自己。

3. 案例的典型性

案例必须是真实、典型的，且具有十足的说服力。

十三、总结

班会结束后，辅导员要再次召集班委召开会议，听取学生对于班会的意见和建议，了解学生的心理诉求，总结班会所取得的成果。班会内容若存在不足之处，要加以修正，使得本次主题班会能够取得效果的最大化。

涵养高尚品德，你准备好了吗？

——师范生“师德”教育主题班会

一、班会主题

涵养高尚品德，你准备好了吗？——师范生“师德”教育主题班会

二、班会地点

多媒体教室

三、班会时间

大三上学期

四、班会对象

大三年级学生

五、主讲人

黄振新、张磊

六、班会背景及目的

1. 班会背景

国家繁荣、民族振兴、教育发展，需要有一支师德高尚、业务精湛、结构合理、充满活力的高素质专业化教师队伍。习近平总书记要求全国广大教师做有理想信念、有道德情操、有扎实学识、有仁爱之心的好老师，为发展具有中国特色、世界水平的现代教育，培养社会主义事业建设者和接班人做出贡献。但是，近年来，师德失范现象屡有发生，严重影响了教师

学为人师、行为世范的光辉形象，给教育界和学生带来了消极影响。为提高学生的师德素养，让即将出身社会从事教师工作的同学深刻领悟师德的内涵，恪守职业之道，成为党和人民满意的“四有”好老师，特地召开“师德”教育主题班会。

2. 班会目的

提高师范专业学生的德育素质，让学生充分领悟、理解“师德”的内涵，自觉担当立德树人的艰巨使命，争做有理想信念、有道德情操、有扎实学识、有仁爱之心的“四有”好老师。

七、方法与手段

利用音乐、图片、漫画、案例、新闻、视频等，综合采用情境陶冶、问题引导、案例分析、总结陈述等方法，充分调动学生的情感因素，让学生深刻领悟师德的内涵，明确守德之要和失德之害，自觉践行守德行为，做品德高尚的好老师。

八、班会准备

1. 环境准备

布置黑板，摆放座位，播放音乐，渲染环境，营造轻松、宁静的班会氛围。

2. 人员准备

辅导员充分做好班会主持准备工作，让全体同学适度了解班会内容，做好参与准备。安排好朗诵同学做好诗朗诵准备，参与讨论、回答问题同学做好讨论、答题准备。

3. 资料和道具准备

搜集整理好相关音乐、图片、漫画、案例、新闻、视频，制作好PPT，调试好音箱和话筒。

九、环节设置与时间分配

（一）班会导入（5分钟）

［诗朗诵］

以朗诵入题，配合图片（教师与学生合照）展示，背景音乐《夜的钢琴曲五》。通过诗朗诵和图片展示,引发情感共鸣,使学生初步感知“师德”的光辉。

[提问互动]

问题一:在你的求学生涯中,你对哪位老师的印象最深刻?为什么?

问题二:你想当老师吗?为什么?

通过提问引发学生的回忆与思考,使学生迅速融入班会情境,并从学生的答案中引出“师德教育”这一班会主题。

(二)进入主题(30分钟)

[师德内涵诠释]

(1)“师德”的定义。什么是“职业道德”?

(2)什么是“教师职业道德”?

(3)为什么“教师职业道德”比一般的“职业道德”要求更苛刻?

[令人痛心的师德失范]

打骂学生,收受贿赂,有偿家教,以伤害学生为乐,滥用职权,性侵学生等。

[令人感动的师德坚守]

(1)外交官夫妇的最美乡村教师照:朱敏才和孙丽娜;

(2)用生命守护学生的天使老师:张丽莉;

(3)用“爱”和“坚守”铸造不平凡的伟大教师:“孤岛灯塔”汪开宽,“大别山师魂”汪金权,“留守儿童学校女校长”汪付珍,“独臂乡村女教师”杜秀兰。

“做一行,爱一行”。此环节让学生理解教师行业的责任重大,教师岗位的神圣,倡导学生一颗红心向着教育事业。

(三)总结升华(5分钟)

[“四有”好老师的标准]

做好老师,要有理想信念;

做好老师,要有道德情操;

做好老师,要有扎实学识;

做好老师,要有仁爱之心。

[践行“师德”]

(1)作为一名“准教师”,我们应该如何做?

(2)写一句自我谨守师德的寄语,汇编成《2012级生物科学专业同学守师德明志》。

(3)集体宣誓。

十、过程设计

步骤	班会具体流程	备注
(一)班会导入	[诗朗诵] 两位同学伴乐诗朗诵《谢谢您,老师》,PPT播放系列老师与学生合照。 [提问互动] 辅导员:各位同学,大家好!听了刚才的朗诵,相信大家都有很深感触。我想问一下大家:在你学习生涯中,你对哪位老师的印象最深刻?为什么? 学生甲:我对××老师的印象最为深刻,因为老师上课幽默风趣,学生轻轻松松就能学到知识。 学生乙:我对××老师的印象最为深刻,因为老师不仅上课非常认真,生活中就像父母一样关爱我们。 …… 辅导员:刚才同学们回答得很好,有很多老师让我们感动,让我们留下了永恒的记忆,当然原因有很多,而最主要的一个原因就是他们光辉的品德。我们都是师范专业的学生,那么回顾初衷,当时我们为什么选择师范这个专业,为什么想当一名老师呢?毕业后,你是否依然选择教师这个职业,为什么呢? 学生甲:做老师是我的梦想,虽然教师岗位很平凡,但是可以做出不平凡的业绩,毕业后我会选择当一名老师。 学生乙:因为教师教书育人,很光荣,我以后也想当一名老师。 学生丙:和小孩相处很难、很累,需要有很大的耐心,我感觉自己做不了。 学生丁:觉得当老师很辛苦,待遇也不好,我感觉自己可能很难坚持下去,不太想当老师了。 辅导员:刚才几位同学回答得也很好,我们因为师德的光辉选择了师范这个专业。现在,有很多同学因教师的奉献、光荣坚持想当一位老师;也有一些同学因老师的苦、累以及待遇低不愿意再做老师了。老师想说,正是因为面对这种苦、累、待遇低的境况,老师们依然坚守着工作岗位,默默地奉献着,这正是教师的品格、魅力所在。所以有人说,老师是太阳底下最光辉的职业,人类灵魂的工程师。	通过伴乐诗朗诵,让学生初步感知“师德”的光辉。 通过提问印象最深刻的老师、学生是否想当老师,侧面展示教师的伟大和师德的光辉。

续表

步骤	班会具体流程	备注
(二)进入主题	一些同学因被老师高尚的品德所折服继续选择当老师，一些同学因教师工作需要在苦和累中坚守而放弃了当老师的想法，这也反映了教师的要求高、要求严，说明当老师要具有超出一般职业的坚守和奉献。那么，什么是师德？当老师要坚守哪些呢？我们继续探讨。 ［师德内涵诠释］ (1)什么是“职业道德”？ 职业道德是同人们的职业活动紧密联系的符合职业特点所要求的道德准则、道德情操与道德品质的总和。它既是对本职人员在职业活动中的行为标准和要求，同时又是职业对社会所负的道德责任与义务。 (2)什么是“教师职业道德”？ 教师职业道德，即“师德”，它是教师和一切教育工作者在从事教育活动中必须遵守的道德规范和行为准则，以及与之相适应的道德观念、情操和品质。 (3)为什么“教师职业道德”比一般的“职业道德”要求更苛刻？ 从工作内容来看，教师是教书育人的，“其身正，不令而行，其身不正，虽令不从”，教师本身必须先涵养好品德，遵从职业操守，然后才能育人。 从工作对象和结果来看，教师是文明传承的使者，是学生灵魂的工程师，直接关系到学生人格的塑造，影响着学生的成长和终身幸福。而一般职业的对象大多是无生命的产品。产品坏了可以再造，学生坏了缺憾永远无法补救。 从社会影响看，教师被社会推在高高的雕像底座上，影响到整个社会的进步和发展，所以其影响更深、更广、更远。 教师肩负着“为天地立心，为生民立命，为往圣继绝学，为万世开太平”的使命和职责。因此，教师的职业道德比一般职业道德要求更苛刻。 ［令人痛心的师德失范］ 教师是令人尊敬的，但是却有教师为师不尊，践踏着老师的尊严。 (1)虐待学生。 ①6岁女童遭老师虐待不能平躺(附图略)。某幼儿园老师体罚6岁女童，有照片显示，一小女孩两条大腿后侧布满淤青和肿块，不能平躺，只能趴着。 ②幼儿园老师用订书机订男童耳朵(附视频略)。幼儿园老师因学生说话，用订书机订男童耳朵，致使耳朵严重受伤，给学生身体造成了伤害，也使其心理留下了阴影。	诠释教师的职业道德，让学生认识到教师谨守师德的必要性。 通过案例解析，引导学生自觉远离失德行为。 通过案例解析，引导学生自觉远离失德行为。

续表

步骤	班会具体流程	备注
(二)进入主题	(2)失德众象。 ①收受贿赂(附图略)。因教师节当天没收到礼物,哈尔滨市某高级中学班主任在课堂上发飙,训斥学生整整一堂课,满嘴脏话。 ②有偿家教(附图略)。课堂上"留一手",课堂外有偿补课。 ③伤害学生为乐(附图略)。湖北武汉汉阳一小学班主任悬赏50元怂恿学生从二楼跳下,一四年级学生经不住诱惑跳下把腿摔断。 ④滥用职权(附图略)。安徽某校校长儿子大婚将喜宴设在学校食堂,因在食堂办婚宴能节省开支,给学生放了3天假。 ⑤性侵学生。给学生造成永恒的无法弥补的心灵创伤。 结论:这些失德行为如此龌龊,灵魂如此肮脏,摔伤的何止是师德?令人发指,遭人唾骂! 失德教师给学生造成了巨大的伤害,自己也将自食苦果!师德败坏者将被扫地出门……触犯法律的,必将受到法律的严惩!(展示几幅漫画——过渡到崇尚师德) [令人感动的师德坚守] 虽然有一些老师违背了师德,但是大部分老师还是坚守在自己的岗位上,用奉献和爱诠释着生命的真谛和师德的含义。 (1)外交官夫妇的最美夕照:朱敏才和孙丽娜(视频略)。 事迹材料:朱敏才曾是一名外交官,妻子孙丽娜曾是一名高级教师,退休后两人没有选择安逸的日子,而是奔赴贵州偏远山区支教。9年来,他们的足迹遍布贵州的望谟县、兴义市尖山苗寨、贵阳市孟关等地。他们教苗寨孩子唱歌、学习、讲英文,却没有与自己的孩子吃过一顿团圆饭。他们募集善款300多万,全部捐赠给贫困地区的孩子,自己却穿着满是破洞的衣服。2014年,朱敏才先生因突发脑出血,割破气管住在医院仍心系学生。孙丽娜老师因长时间在山区生活,加上高原强烈的紫外线照射,右眼全部失明,左眼视力只剩下0.03,却仍然微笑着给学生传递知识。 (2)用生命守护学生的天使老师:张丽莉(附图略)。 事迹材料:2012年5月8日20时38分,在佳木斯市胜利路北侧第四中学门前,一辆客车在等待师生上车时,因驾驶员误碰操纵杆致使车辆失控撞向学生。危急之下,教师张丽莉将学生推向一旁,自己却被碾到车下,造成双腿截肢,骨盆粉碎性骨折,张丽莉在危急时刻,凭着直觉挺身而出,用自己的血肉之躯阻挡住了肆虐的失控客车,挽救了她深爱的学生。 过渡:朱敏才、孙丽娜用晚年的爱心支教诠释了什么是夕	通过优秀教师感人事迹感染学生,引导学生做品德高尚的好老师。

续表

步骤	班会具体流程	备注
(二)进入主题	阳最美,晚照情浓;张丽莉用自己的身体挽救了学生,为我们展示了最美的天使。此外,还有一批教师,他们岗位很平凡,事迹很简单,但是他们用“爱”和“坚守”告诉我们什么是教师的伟大和不平凡…… (3)用“爱”和“坚守”铸造不平凡的伟大教师。 ①“孤岛灯塔”汪开宽(附图略)。 事迹材料:为了一句对乡亲们的承诺,27年他独自撑起一个人的教学点。学校环境简陋,没有自来水,他就每天从家中带;阴雨天停电,他就自费购买蜡烛发给学生;没有桌椅,他就省吃俭用捐出工资逐件添置。虽然身患高血压、心脏病,他却从未缺过孩子们一堂课。在他的无私关爱下,小小的教学点先后走出17名大学生、4名研究生。汪开宽年复一年的坚守感动无数人,被评为敬业奉献类“中国好人”。 ②“大别山师魂”汪金权(视频略)。 事迹材料:1987年,汪金权从华中师范大学中文系毕业,分配到有名的黄冈中学。有一天,汪金权前往蕲春四中看望老师顾凤鸣。四中在该县北部山区,与安徽交界。这里地处大山深处,交通闭塞,条件艰苦。交谈间,顾老师叹气说:“四中条件太差,留不住老师,也招不到好学生。”汪金权说:“那我调过来。”顾老师以为他随口说说,没想到,第二年汪老师真的调了过来。谈起当年的想法,他告诉记者:“我是从山区走出来的,当时看到四中很需要老师,为了支持山区教育,就义无反顾地到偏远的学校来了。这一待就是22年。”第一眼看到汪老师时,人们大多会吃一惊,因为年仅47岁的他,已是满头白发,面容消瘦,身材瘦弱,身上的旧西服已看不出原来的颜色。 ③“留守儿童学校女校长”汪付珍(附图略)。 以校为家,几十年如一日,把留守儿童当成自己的孩子。为了能接纳更多孩子们读书,学校几经搬迁,汪付珍带着老师自己砌花池,栽花种草,平整草场和道路;为了不让学生每日上学长途跋涉,汪付珍筹集资金购买空心砖,搭建简易棚子让远处学生居住。 ④“独臂乡村女教师”杜秀兰(附图略)。 事迹材料:杜秀兰在6岁时摔断了右手,因山村医疗条件差,最终严重感染而不得不切除了整个右臂。她克服了残疾人的一切不便,从小学读到了初中、高中。后来,看到山沟里七八岁的孩子竟然还没上学,她便萌发了办幼儿园的想法。1985年,她租了两间房子,办起了当地最早的一个幼儿园。她既是园长,又是保育员,更是孩子们的妈妈,一直坚守30年。	

续表

步骤	班会具体流程	备注
(二)进入主题	总结:这些人的事迹告诉我们,干一行、爱一行,在自己的岗位上兢兢业业,这就是最伟大的、最光荣的、最不平凡的!托马斯·曼说:“一个人如果对自己的职业坚信不疑,不心怀二志,他的心里就只知道有这个职业,只承认这个职业,也只尊重这个职业。”罗丹说:“现代人最大的缺点,就是对自己的职业缺乏爱心。” 思考:各位同学,从上面的例子我们可以看到,有好老师也有不好的老师。在两类老师中,我们将何去何从,是选择传承师德还是走向堕落?我想,你们的答案都是选择做一个品德高尚的好老师。	
(三)总结升华	[“四有”好老师的标准] (1)关于如何做好老师,习总书记给我们提出了“四有”好老师的标准,强调: 做好老师,要有理想信念;做好老师,要有道德情操; 做好老师,要有扎实学识;做好老师,要有仁爱之心。 (2)为了达到习总书记“四有”好老师的要求,将来能够成为党和人民满意的老师,我们在校要做到以下几点: 一要坚持理想和梦想。坚定做老师的梦想,领悟育人的价值。 二要提高自己的道德品行。品德高尚的老师才能培养出品德高尚的学生。 三要提高从教的能力。丰富的学识,扎实的专业素养,是传授知识、教好学生的基础,师范生要多读书,强化技能训练,提高能力。 四要涵养自己的仁爱之心。爱是教师工作的灵魂和生命,捧着一颗爱学生的心,才能勇于坚持,甘于奉献,成为合格优秀的老师。 (3)当然,不当老师的同学也要不断地涵养自己的品德高尚的品行是安身立命的根本,遵纪守法是做好公民的基本要求。不管大家以后做什么工作,都要遵守行业规则和职业道德,学会做人,做品德高尚的人。 [践行“师德”] 播放孩子们天真活泼、渴望知识的图片。 辅导员:各位同学,我们即将实习,以后我们中的很多人可能会走向教师岗位,面对天真活泼、渴望知识的孩子们,我们一定要守好师德,为孩子们点亮理想的明灯。 (1)作为一名“准教师”,我们应该做到以下几点: 依法执教,自觉遵守法律法规,宣传先进文化,不发表、不传播有害学生身心健康的思想和违背国家法律法规的任何言论。	升华思想,提高认识,落实行动,自觉做品德高尚的好老师。

续表

步骤	班会具体流程	备注
(三)总结升华	爱岗敬业，把教育作为一份提升学生和自己的神圣事业，不对工作敷衍塞责，不做任何有失师表形象的事。 热爱学生，尊重学生人格，尊重学生受教育权，平等公正对待学生，保护学生合法权益。不歧视、侮辱、体罚或变相体罚学生，对任何学生均一视同仁。 严谨治学，向课堂教学要质量，树立终身学习观念，不断进取。不违规加重学生课业负担，不从事以盈利为目的的有偿补课。 保证安全。尽职尽责地做好安全工作，坚持安全教育，强化安全管理，加强安全防范，保证学生在校期间的安全。 (2)写一句自我谨守师德的寄语，汇编成《2012级生物科学专业同学守师德明志》。 (3)集体宣誓。宣誓内容：“我们是光荣而幸福的安徽师范大学本科师范生。至真至善是我追求的境界，务本务实是我跳动的血脉。我们一定忠诚党的教育事业，履行教师的神圣职责，把全部精力和满腔真情献给教育事业。争做有理想信念、有道德情操、有扎实学识、有仁爱之心的‘四有’好老师，争做党和人民满意的好老师。”	

十一、总结

本主题班会由辅导员主导，以学生为主体，主要通过情感来感染、打动学生，对学生产生教育作用，帮助学生领悟师德的内涵，对失德行为嗤之以鼻，对好老师执着向往和追求。但由于时间所限，本主题设计不期望仅仅通过一次班会就达到教育效果，而是以此为引，让学生自己去学习、体悟师德的内涵，把好老师的标准落实到行动上。

总体来说，班会取得了良好的效果，同学们基本都能参与其中，受到教育，但案例的典型性、教育的深刻性、引领的长久期，值得继续加强。另外，本次主题班会由辅导员主持，如果由学生来主持、主导，是否会起到更好的教育效果。

考试作弊“成本”有多高

一、班会主题

考试作弊“成本”有多高

二、班会地点

多媒体教室

三、班会时间

大一上学期

四、班会对象

大一年级学生

五、主讲人

郭志春、何所惧、赵喆

六、班会背景及目的

1. 班会背景

考试是衡量学生知识掌握程度和教师教学水平的一个重要手段，是教学过程的一个重要环节。在市场经济大潮的强烈冲击下，社会上一些不良现象也渗透到高校之中，其中一个突出反映便是高校大学生考试作弊现象愈演愈烈，加强大学生诚信考试教育已经迫在眉睫。2015级新生的第一个学期即将进入尾声，同学们通过真诚的交流沟通，结交了新朋友，适应了新生活，学到了新知识。但我们也发现某些同学正积极向高年级学生请教考试作弊等所谓的“高分攻略”，这些都是错误的行为，是大学生失信行为的表现，不利于培养学生自身的诚信意识。我们计划利用本次主题班会，以考试作弊“成本”核算为主题，以大一新生为教育对象，在青年学生的大学生涯早期进行教育和引导，通过视频案例展示和身边作弊案例讨论分析等形式，帮助同学们充分认识到考试作弊行为形成的原因及其危害，养成良好的学习和应考习惯，增强诚信意识和自我管理能力。

2. 班会目的

(1)了解高校学生作弊现象的背景和动机。通过案例和数据分析，帮助学生了解现阶段高校学生作弊现象的背景和基本特点，认识作弊行为是失信行为，引导学生利用案例讨论分析总结作弊行为的动机。

(2)明晰考试作弊“成本”及危害。从刚性成本、经济成本、附加成本三个方面分析列举考试作弊所造成的短期和长远危害，认识到考试作弊所耗费的巨大代价。

(3)端正学习态度，提高学习效果。通过班会主题教育提高学生的思想认识，帮助学生端正自身的学习态度，着力做好学期末的复习迎考，并通过应考小贴士的提醒方式，帮助新生养成诚信考试好习惯，从而适应大学的考试氛围。

七、方法与手段

基于学情分析，本次班会以讲授为主，将案例分析法和问题讨论法贯穿于班会的始终。通过校内外典型实例分析，抓住学生的关注点，激发学生的主观能动性，使其能够主动参与讨论；由学生讨论逐步得出结论，帮助大学生全面认识考试作弊的危害，树立正确的价值取向，培养诚信考试的意识。在班会过程中注重以下几点：

(1)坚持教育与自我教育相结合。既充分发挥辅导员的教育引导作用，又充分调动学生的积极性和主动性。

(2)坚持解决思想问题与解决实际问题相结合。在以理服人的同时，做到以情感人，增强思想政治教育实际效果。

(3)坚持继承优良传统与改进创新相结合。在发挥传统教育优势的同时，注重利用新媒体和自媒体，做到贴近实际、贴近生活、贴近学生。

八、班会准备

1. 环境准备

布置黑板，摆放座位，渲染环境，营造轻松舒适的外部氛围。

2. 人员准备

班会主持人即辅导员，班会参加人员即大一年级学生。

3. 资料和道具准备

搜集相关图片、新闻、案例，准备互动游戏需要的材料、道具等。

4. 多媒体准备

制作PPT，利用多媒体教室开展班会活动，同时安排专人拍摄视频。

5. 问题准备

对可能存在的问题做好预案，例如问题讨论中产生的各种可能答案，同学之间答案争端的处理，班会现场气氛的活跃等。

九、预期效果

(1)全面认识考试作弊的危害，树立正确的价值取向，培养诚信考试的意识。

(2)以考试诚信为基础，端正自身学习态度，明确学习目标，合理规划大学生涯，掌握真才实学。

十、环节设置与时间分配

(一)班会导入：分享视频案例，引发思考讨论(10分钟)

【环节一】分享“自考神话”作弊事件，引导学生定性作弊行为

以黑龙江哈尔滨“自考神话”考试集体作弊事件新闻报道为导入材料，通过社会热点问题引起学生对该话题的兴趣和关注。带领学生分组讨论视频内涵，发表对该类作弊行为的个人观点。

【环节二】介绍作弊行为的背景和特点

通过数据调查，说明现阶段高校作弊行为和作弊心理的普遍性，分析该类现象的背景和特点，并结合上一环节的学生讨论，逐步引导学生对考试违纪行为的否定。

（二）进入主题：分析动机危害，引发学生重视（30分钟）

【环节三】分析作弊行为产生的动机

通过作弊案例的介绍，引导学生结合自己的学习经历和考试心理，开展作弊行为动机的讨论，并将讨论结果进行初步的归纳分类，并以此在班级进行动机调研。辅导员对学生的分类结果进行分析并总结。

【环节四】开展考试作弊“成本”核算

以学生自主讨论的形式进行归纳总结考试作弊所需花费的作弊“成本”，从刚性成本、经济成本、附加成本三个方面进行分析，帮助学生认识作弊行为对于自身情感和个人发展带来的严重危害。

【环节五】明确学习目标，提高学习成效

通过具体案例分析，激发学生的主观能动性，从思想上认识到在社会竞争日益激烈的背景下，只有充分利用好学生时光，努力提高自身素质，增强自身的综合能力，才能在日益激烈的社会竞争中站稳脚跟。同时向全体同学提出三点希望：一是提高思想认识，明确学习目的；二是做好生涯规划，增强学习动力；三是积极参与实践，巩固学习成效。

【环节六】传授诚信应考小贴士，培养诚信备考意识

针对学校期末考试，向学生详细介绍考前准备材料及考试的注意事项，帮助学生做好充分应考准备，养成诚信备考意识。

（三）总结升华：感悟考试真谛，付诸实际行动（5分钟）

【环节七】严肃考试纪律，杜绝考试作弊

再次回顾班会主题，明确作弊行为的性质和危害，通过集体宣誓，让学生进一步受到情与理的束缚，从而达到良好的教育效果。

十一、过程设计

步骤	班会具体流程	备注
（一）班会导入	**【环节一】分享“自考神话”作弊事件，引导学生定性作弊行为** 辅导员：同学们，大家下午好！离本学期的期末考试只有一个月了，这是你们进入大学以来的第一次正式考试，大家除了兴奋、激动，想必更多的是紧张。在考试中发挥出好的状态，取得好	

续表

步骤	班会具体流程	备注
(一)班会导入	的成绩,是同学们都想达到的目标。但是我也了解到,某些同学平时没有认真学习,现在正在考虑通过一些非正常手段(作弊)在期末考试中取得好成绩。作弊也许能带来还“不错”的效果,但在短暂“甜蜜的幸福”后又会有什么样的后果呢? 首先由我带同学们一起在百度搜索一下,看看网络上作弊行为的新闻。看到这个结果,同学们也许会有疑惑,作弊真的有这么严重的后果?还与学位相关!其实,除了丢失学位之外,学生替考作弊,可能还要被判刑。于2015年11月1日起施行的刑法修正案(九)新增规定:“在法律规定的国家考试中,组织作弊的,处三年以下有期徒刑或者拘役,并处或者单处罚金;情节严重的,处三年以上七年以下有期徒刑,并处罚金。”“代替他人或者让他人代替自己参加第一款规定的考试的,处拘役或者管制,并处或者单处罚金。”所以作弊不仅是我们思想和行为上诚信缺失的表现,更是一种违反法律的错误行为。 目前社会上诚信缺失现象较为严重,影响较大的有英语雅思考试作弊、江西高考替考等案例,相关人员都受到了相应的行政惩罚或法律制裁。请同学们观看一段视频,看看另一影响广泛的“自考神话”是怎样炮制的,看完之后请同学们谈谈自己的体会和感受。 (观看视频“自考神话”) 辅导员:各位同学分成几个小组,结合百度搜索结果和刑法修正案,谈谈刚才视频的内涵和心得体会。 学生谈谈自己的看法和感悟(略)。 (引导学生在讨论中再次明确作弊行为是失信违法行为。) 辅导员:说了那么多,各位同学有没有想过这种违法考生与默默苦读的学生的学习成本和效果是否公平一致呢? (引导学生对作弊行为进行否定。) 辅导员:同学们说的都很好。今天的班会我们就来讨论一下考试作弊的“成本”到底有多高。 **【环节二】介绍作弊行为的背景和特点** 辅导员:现在,我们来看看目前存在的一些考试作弊现象。据文献资料表明,当前高校大学生中超过70%的人曾经存在作弊的想法,其中超过20%的有实际行动,这是一种可怕现象,说明了我们的学生已经把作弊看作家常便饭。另外,高校二、三年级作弊概率明显高于一、四年级,这可能是二、三年级学生学习压力大、对大学考试存在一定的误解,所以产生行为上的偏差。对于这些现象,同学们又是怎么看的呢?如果你们班级或寝室中有同学作弊了,你的感受又是什么?请大家小组	通过新闻搜索和刑法条例直接给予学生认知上的刺激,使其明确作弊行为的性质。再通过视频和案例分享,引发学生对于考试作弊的重视和思考。

续表

<table>
<tr><th>步骤</th><th>班会具体流程</th><th>备注</th></tr>
<tr><td>(一)班会导入</td><td>讨论,并派代表分享你们的感受。
(引导学生认识到高校作弊现象的严重性,并假设身边同学作弊让学生谈论自己的感受,为后面的成本分析做铺垫。)
同学们谈论自己的看法(略)。
辅导员:同学们说的都很好,看来大家也认识到目前在高校中作弊现象的严重性,也认识到考试违纪行为是不好的行为,是一种失信行为,丧失了大学生的基本准则。</td><td></td></tr>
<tr><td>(二)进入主题</td><td>【环节三】分析作弊行为产生的动机
辅导员:既然同学们都知道考试作弊是一种失信行为,那我们每个同学就来思考一下,为什么我们知道考试作弊不好,还有这么多人作弊呢?看看下面的案例,请同学们再次小组讨论,发表自己的看法。
[案例]某专业学生赵某在《高等数学》补考考试中,由于复习不充分,害怕不能通过该科考试,请室友李某在考试期间坐在自己身边,便于为其传递答案。李某起初并不同意,后经同宿舍大部分同学劝说,最终同意,在考试过程中被监考教师当场发现。事后,赵某、李某均遭到了记过处分。
请同学们思考此案例中作弊的原因。
学生现场作答,给出自己的看法(略)。
辅导员:同学们都很会发现问题、分析问题、解决问题。在这里,我带着大家一起挖掘这个作弊现象到底是什么造成的。抓住几个关键词:复习不充分、害怕、经人劝说等。那我就带大家一起去分析考试作弊,全面了解作弊原因。
辅导员:结合同学们的答案,我们一起总结一下考试作弊的原因主要包括以下几个方面。
(1)争名求利型。学生在感觉自己学习成绩不理想时,为了三好学生和优秀学生干部的评选、奖学金的发放、贫困补助等方面的原因,甘愿冒着被抓的风险作弊。此外,老师、家长和社会大多偏爱学习成绩好的学生,一些学生为了得到更多的尊重就会选择为取得高分而作弊。
(2)投机取巧型。少数学生懒惰成性、贪图玩乐享受、不思进取,失去了学习的目标和动力。平时不努力学习,凭自己的实力考试时难以及格,为避免补考、重修,从而顺利毕业而甘冒风险。
(3)缺乏自信型。一些学生由于学习基础差,学习起来很吃力,自信心不足,总是对自己所掌握的知识不放心,因害怕成绩不及格会影响自身利益及以后的就业等,便想到以作弊的方法通过考试。
(4)心理失衡型。有些学生看到别的同学考试作弊轻而易</td><td>采用具体实例,通过案例分析和学生自由讨论,引导学生自主思考,探究考试作弊原因,并认识到考试作弊的危害。</td></tr>
</table>

续表

步骤	班会具体流程	备注
(二)进入主题	举,还取得了较好的成绩,使得一些学习努力的学生成绩反而不如考试作弊的学生,就会产生心态不平衡,认为不作弊太吃亏,进而也加入考试作弊的队伍之中。有些学生有着很强的自尊心和虚荣心,总想使自己在各方面都比别人强,对大家都非常看重的学科成绩更是如此,在自身实力达不到时就想通过作弊来获取高分。 (5)义气感情型。有的成绩较好的学生为了维持自己平日的人际交往关系,面对同学或好友的"求助",往往不加思考,毫不犹豫地伸出"友谊"之手,结果当然是助长了作弊者的气焰。 辅导员:各位同学,看到这些考试作弊原因,是不是找到了共鸣呢(开玩笑)?实际上,这些原因是普遍存在的。但考试作弊其实并不会因为一个原因产生,反而是多个原因结合驱使的。那我们只有了解本源,才能从根本上去除作弊想法。 **【环节四】开展考试作弊"成本"核算** 辅导员:在了解作弊原因之后,我们同学会想:一次作弊,一生遗憾。它会带来各种各样的后果,那就请同学们运用头脑风暴,想想作弊到底会带来哪些后果。 辅导员:咱们在座的同学谁能分享一下自己认为作弊有哪些后果? 学生回答(略)。 辅导员:很显然,大家都或多或少能够意识到作弊的后果,但都不够全面。下面咱们就来一起总结分析一下。作弊"成本"主要由三部分构成:一是刚性成本,比如开除学籍或留校察看、拿不到学位证、失去报考公务员资格等;二是经济成本,程度较轻的作弊会被要求重修该门课程,那么将会产生几百或上千元的重修费,而程度较重的作弊会导致留校察看,则学生就要多交一年的学费、住宿费;三是附加成本,比如因为作弊被处分而带来的心情沮丧、名誉受损、家人寒心、同学鄙视等。 同时,同学们应该能够发现,无论是哪一种成本,作弊者都要面临近期影响和长远危害。比如,刚性成本中,纪律处分和学位授予影响是短期的,但是诚信记录和发展机遇却是长期的;经济成本中,重修费、留级费等属于短期的,但大量时间和精力属于长期的;附加成本中,心理压力是近期的,也是长远的,个人名誉和就业影响却是长期的。 辅导员:请大家看一个案例,结合刚才说过的刚性成本、经济成本、附加成本分析案例中科研论文作弊对一个科学家来说,具有哪些影响。 请学生针对案例进行案例分析。	

续表

步骤	班会具体流程	备注
(二)进入主题	辅导员:再来看看我们学校是如何紧抓考风考纪的。《安徽师范大学学生手册》明确规定各类作弊行为,并视情节给予不同程度处分,各位同学能发现,标红色字体的处分内容中,记过是基本的,也就意味着拿不到学位证书,这样的处分是严厉的,也能看出我们的坚决态度。所以希望各位同学能理性对待考试。 辅导员:好,接下来,请同学们看看下面的案例,从自己的角度看看案例反映了什么问题,自己有什么感想。 [案例]大四求职阶段,就业指导中心老师在QQ群中发布了一条招聘信息,月薪5000~8000元,所有同学都跃跃欲试,当公布招聘条件有熟练掌握CAD时,一部分通过不正当手段拿到高分者在群中迅速安静,应聘者寥寥。 辅导员:请同学们思考这种现象的原因是什么。 学生回答(略)。 辅导员:同学们回答的都很不错,抓住了其中的关键点。其实,很多同学都在说,是金子总会发光,但是这建立在你自己是真正的金子基础上。要将自己锻造成金子,是需要靠平时的用功努力和勤学奋斗的。 **【环节五】明确学习目标,提高学习成效** 辅导员:那问题来了,既然这样总会被社会淘汰,那我们应该怎么做呢? 学生回答(略)。 辅导员:正是你们所想的那样,我们应该尽可能提升自己的学习成效,那如何做到呢?在这里我希望同学们能做到三点: (1)提高思想认识,明确学习目的,要知道只有通过辛勤付出,才有真才实学,才能发光; (2)做好生涯规划,增强学习动力,要明确自己的职业发展目标,并清楚这个目标需要具备哪些素质和技能,自己现在拥有哪些,还有哪些差距; (3)积极参与实践,巩固学习成效,将理论和实践相结合,真正做到学以致用,提升学习效率。 **【环节六】传授诚信应考小贴士,培养诚信备考意识** 辅导员:既然我们意识到我们应该做的,那现在回到我们今天主题班会本身。同学们要在最后的复习迎考中和考试期间做到诚信迎考,努力掌握一些应考小贴士。	通过案例分析,发挥学生主观能动性,让学生自己意识到考试作弊带来的危害是现实的,让学生自己理解并感悟自己应该怎么做,再加上辅导员总结,引导学生将所思所想落实为具体行动,固化教育效果。

续表：

步骤	班会具体流程	备注
(二)进入主题	首先，在复习阶段要翻全本、列提纲，做习题、写总结，再巩固、调心态，要真正做到认真准备，沉着应考。 其次，考前要准备好考试用具：准考证、学生证、身份证、2B铅笔、橡皮、黑色签字笔、手表等(必须为符合考场规定的物品，提前检查是否能正常使用)。 第三，要提前熟悉考场位置和考场环境，消除陌生场地引起的紧张心理，更加冷静沉着地对待考试。 第四，在正式开考前一定要清除考试桌面和课桌内的所有杂物，检查桌面是否有与考试有关的内容(如有需及时报告)，务必将手机关机并上交。 第五，服从监考老师的监督管理。不偷看、抄袭他人答卷或允许他人抄袭自己的试卷；严禁夹带以及其他违纪、舞弊行为。	
(三)总结升华	**【环节七】严肃考试纪律，杜绝考试作弊** 辅导员：好，让我们共同用特殊的方式——宣誓来下定决心，相互督促，相互影响，用我们的决心指导我们的行动，做到诚信考试。 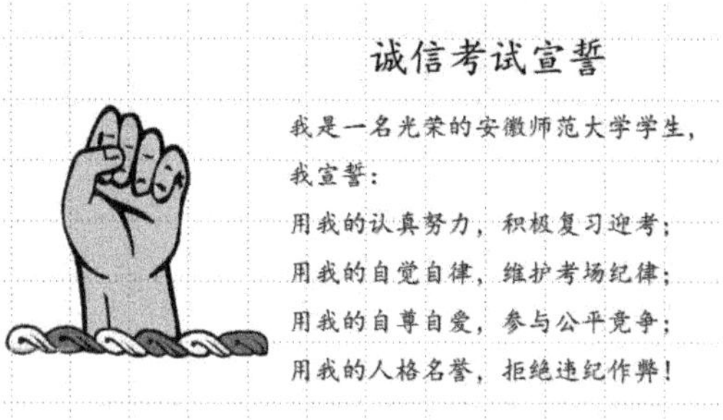 	

十二、注意事项

1. 主题班会前

(1)教室卫生：由生活委员和全体班委负责；

(2)现场秩序：由班长带头，全体班委共同协作；

(3)班会宣传：由宣传委员负责拍照及撰写宣传稿。

2. 班会过程中

(1)注意调动学生的积极性，引导学生带着问题进行思考；

(2)涉及一些理论知识以浅显易懂的方式讲解，通过活动和游戏帮助学生掌握知识。

3. 主题班会后

(1)对班会的过程进行全面总结与反思,以丰富并完善主题班会的内容与形式;

(2)深入了解学生的班会感受,并进行后续引导,固化和延伸班会的作用与效果;

(3)通过活动宣传、微博讨论、上传视频等方式,扩大本次主题班会的影响。

十三、总结

本次主题班会辅导员积极引导,学生主动参与,通过理论讲授、头脑风暴、案例分析、集体宣誓等方式帮助学生认识诚信考试的重要性,养成诚信考试的习惯,树立正确的价值观。更需注意的是,此次班会既是理论讲授,更是意识培养,需要循序渐进,切不可操之过急。本次主题班会以期末考试为话题导入,针对考试作弊进行因果分析,帮助学生明确学习目的,提高学习效率,养成良好的诚信考试习惯。但由于时间所限,本次班会方案设计的初衷并不是期望仅仅通过一次班会就达到教育效果,而是以此为引,在今后的工作中,设计开展一系列主题班会和实践活动,不断强化学生诚信备考意识,树立正确价值观。

总体来说,班会取得的效果不错,同学们基本都能参与其中,受到教育,但仍有少部分同学参与的积极性不高。本次主题班会是由辅导员主持的,如果学生能自发组织并由班委会成员主持召开,可能将更有利于学生的广泛参与和融入。今后主题班会的设计应当更加注重形式创新和丰富手段,将班会流程设计得更加新颖一些,并使每一位学生都能全身心地参与其中,以期获得更好的教育效果。

守护我们共同的家园

——大学生环保教育主题班会

一、班会主题

守护我们共同的家园——大学生环保教育主题班会

二、班会地点

多媒体教室

三、班会时间

大二上学期

四、班会对象

大二年级学生

五、主讲人

赵冰、陈潘、童华卿

六、班会背景及目的

1. 班会背景

环境是人类生存和发展的基本前提。环境为我们生存和发展提供了必需的资源和条件。随着社会经济的发展，环境问题已经作为一个不可回避的重要问题提上了我国政府的议事日程。保护环境，减轻环境污染，遏制生态恶化趋势，成为政府社会管理的重要任务。对于我们国家，保护环境是我国的一项基本国策，解决全国突出的环境问题，促进经济、社会与环境协调发展和实施可持续发展战略,是政府面临的重要而又艰巨的任务,党的十八大报告中正式提出了建设生态文明。

面对我国的环境污染情况,作为高校教育工作者,如何保持或进一步提升学生参与环保的积极性,如何创新工作方式方法,是摆在所有学校工作人员面前的重要问题。开展环境保护主题班会是进行环保教育的一项基础工作和重要内容,对学生充分认识环境保护的意义,提高学生参与度都具有充分价值。

2. 班会目的

(1)了解我国环境保护现状。从网络热词引入,使同学们通过讨论,共同了解我国的环保现状,认识到我国的环境污染已经到了临界点,污染治理是关系到中华民族存亡的重要工作。

(2)分析我国环境污染原因。针对我国现有的环境污染情况,以实例为依据帮助学生厘清造成此类环境污染的主要原因。

(3)明确大学生能做什么。在找到原因的基础上,根据时代的需求,要求学生以适合的方法和手段积极践行环境保护,为守护我们的家园贡献力量。

七、方法与手段

(1)引入法:从APEC蓝引入环境保护议题。

(2)比较法:前车之鉴,后来之师,从世界其他国家污染的历史中找到具体事例,比较我国污染长期发展可能导致的后果。

(3)演示法:以PPT讲解和播放视频让学生整体感知班会内容。

(4)分析法:根据调查问卷,分析环境保护具体情况。

(5)探究法:通过小组讨论,让学生分享对环保的认识与见解。

八、班会准备

1. 环境准备

布置黑板,摆放座位,渲染环境,营造轻松舒适的外部氛围。

2. 人员准备

班会主持人即辅导员,班会参加人员即大二年级学生(提前做好回答问题学生的预案工作)。

3. 资料和道具准备

搜集相关图片、新闻、案例，制作调查问卷。

4. 多媒体准备

制作PPT，利用多媒体教室开展班会活动，同时安排专人拍摄视频。

5. 学生准备

班会开始前根据学生的状态适时进行小游戏，提升学生的班会参与积极性；在班会过程中择机提问，引导学生主动思考。

6. 问题准备

对可能存在的问题做好预案，例如问题讨论中产生的各种可能答案，同学之间答案争端的处理，班会现场气氛的活跃等。

九、预期效果

(1)知：结合我国的污染现状，深知环保的意义。

(2)析：了解我国的环境污染原因并加以分析。

(3)悟：理清环保与大学生的关系，领悟其中道理。

(4)行：能解决如何开展环保实践的问题。

十、环节设置与时间分配

(一)班会导入：分享活动内容，引发思考共鸣(5分钟)

带领学生回顾这几年的网络流行词汇，尤其是关于环境保护的热词，比如2012年的“雾霾”、2013年的“APEC蓝”、2014年的“苍穹之下”。通过让学生思考这些热词产生的原因和背景，引发学生对环保教育主题班会的关注和兴趣。

(二)进入主题：守护家园，践行环保(40分钟)

【环节一】了解我国环境保护现状

现场给同学们5分钟的时间，以小组为单位进行讨论，然后说说看法。通过分析同学们所了解的环保现状，并介绍世界其他国家污染的具体事例，让同学们认识到我们不能再重蹈覆辙。

【环节二】分析我国环境污染的原因

引导学生从国家发展的角度寻找环境污染原因，并向学生展示污染修复的巨大成本，使得同学们认识到我们在发展经济的过程中绝对不能忽略污染给我们带来的负面效应。

【环节三】谈谈对环保的认知

通过前面的PPT展示和讨论，同学们对环境保护有了一定的了解。当前大学生对环保认知的程度如何呢？本环节以问卷调查分析结果导入，理清三层关系——“己与他、内与外、大与小”。

【环节四】大学生能做什么

在提出上面三点内容的基础上，让学生做到知行合一。能做的包括：牢固树立环境保护观念；注重日常生活环保宣传；积极参与各类环保活动等。鼓励广大同学积极投身到环保实践中去。

（三）总结升华：感悟环保真谛，付诸实际行动（5分钟）

再次阐明主题，将班会的内容升华至实际行动层面，利用班会结束前的重要时机，鼓励学生投身实践，做一个积极参与环保的文明人。

十一、过程设计

步骤	班会具体流程		备注
	辅导员活动	学生活动	
（一）班会导入	［开头］欢迎大家来到环保教育主题班会。 ［看图片］环境保护的热词出现频率越来越高，比如2012年的“雾霾”、2013年的“APEC蓝”、2014年的“苍穹之下”。这些词都曾经反复出现在我们的生活中。 ［提问］大家看完以后有何感想？ ［引导］几位同学的感想中共同提到了一个什么话题？ ［过渡］这也正是我们这次班会的主题。	［观看］认真观看网络热词图片。 ［思考］从这些词中发现了什么？	通过设计这个环节，让同学们思考环境的变化，引出环保话题。

续表

步骤	班会具体流程		备注
	辅导员活动	学生活动	
（二）进入主题	**【环节一】了解我国环保现状** ［提问］大家了解我国的环保现状吗？ ［PPT展示］世界其他国家污染的具体事例图片。 ［引导］同学们看完这些图片以后应该有些思考。	［观看］观看每张图片。 ［思考］边看这些图片边思考，我国会不会重蹈覆辙？	让大家了解我国的环保现状和其他国家的历史教训。
	【环节二】分析我国环境污染原因 ［PPT展示］从废气、污水、秸秆燃烧、农药残留等方面展示当前的污染源。 ［引导］引导学生对我国当前环境污染的深层次原因进行思考。同时带领学生分析污染修复的巨大成本与经济效益的关系。 ［总结］总结我国当前环境污染的深层次原因：人口增长及其对自然资源的需求对环境产生巨大压力；工业化发展速度快，经济增长方式粗放；环境保护资金投入不足；对环境保护的持久性、艰难性认识不足，对环境保护不重视。	［观看］观看PPT中的图片。 ［思考］认真思考环境污染原因。 ［活动］针对讨论后的结果，主动发表自己的真实看法。	通过对环境污染原因的分析，引导同学们真正思考环保这个话题。
	【环节三】谈谈对环保的认识 ［PPT展示］以调查问卷的方式将环境保护引入到校园中来，来引起同学们进行切身反思。 ［提问］大家对环保是如何认知的呢？ ［引导］展示调查问卷结果。 ［PPT展示］大学校园中有没有不环保的现象呢？答案是有。比如课桌垃圾、践踏草坪、乱丢垃圾、乱贴乱画等。 ［PPT展示］带领学生理清三层关系。 ［内容］理清三层关系——“己与他、内与外、大与小”，才能使同学们明确方向，端正态度，积极参与环保。 ［过渡］那我们作为大学生应如何做呢？	［观看］观看调查问卷。 ［思考］通过调查问卷分析我们的环保态度。 ［活动］在做环保之前，我们应该理清自己的思路。 ［讨论］共同讨论“己与他、内与外、大与小”的关系。	通过分析调查问卷，并寻找我们身边的不环保现象，共同讨论环保对我们日常生活的重要意义。